KB273752

관해기
觀海記
3

주강현의
관해기
일상과 역사를 가로지르는 우리 바다 읽기
觀海記
3
동쪽 바다
웅진 지식하우스

# '인문의 바다'로 떠나는
# '우리 바다 오디세이아'

그 섬에 가고 싶다고 하였을 때, 그 섬은 단순하게 바다에 솟구친 땅덩어리가 아니다. 그 무언가 우리를 잡아끄는, 정작 우리가 잊고 있던 시원의 그 무엇이다. 생명 탄생이 바다라는 '미궁의 자궁'을 통해서 가능했다면, 바다 안에서도 섬은 그 '미궁의 자궁'에서 조건 지워진 숙명의 땅이다. 그래서 서양인들은 미지의 섬 아틀란티스(Atlantis)를 믿어왔으며 '아틀란티스학(學)'까지 탄생시켰다. 우리에게도 이상향으로서의 섬은 하나의 분명한 대망(大望) 체계로 등장하였다. 일상의 삶에서 회구하던 이어도나 변혁기에 출현하였던 해도출병설(海島出兵說) 따위가 그것이다. 유토피아로서의 섬, 이상향으로서의 바다는 아직도 끝나지 않은 화두이다.

일찍이 천공 우라노스와 대지 가이아 사이에서 태어난 오케아노스(Oceanos)에서 대양(ocean)이 비롯되었다. 우리의 창세무가(創世巫歌)에서도 '천지 암흑하여

— 관해기 · 觀海記 —

4

하늘과 땅이 갈리고 바다가 생겨났다'고 하였다. 문화적 원형질로 볼 때, 바다의 탄생 자체가 신화적이다. 신화적이라 함은 무수한 은유, 끝없는 해석을 가능케 한다는 뜻이다. '위대한 어머니 바다'에서 생명이 태어났고, 모든 생명체의 장엄한 역사가 시작되었다. 오죽하면 철학자 바슐라르(G. Bachelard)가 '바다란 어머니이며 바닷물은 그 어머니에게서 나온 기적의 우유'라고 표현하였을까.

바다는 크고 깊고 유장하여 동서고금의 야광주 같은 이야기가 많으며, 박람강기(博覽强記)의 절대적 지식량이 요구되는 지구 유일무이의 미지의 공간이다. 이러한 바다를 온전하게 서술하기 위하여 이 책은 철저하게 '바다 중심의 세계관'에 입각하고 있다. 연전에 펴낸 《제국의 바다 식민의 바다》가 바다 중심의 동아시아사를 다루고 있다면, 이 책은 바다 중심의 일상의 삶을 다루고 있다. 동쪽·서쪽·남쪽바다라는 정확한 지역을 갖고 있음은 바닷가 민중들의 삶의 뿌리에 기반하여 서술되었음을 뜻한다. 따라서, '대한민국의 영토는 한반도와 그 부속도서로 한다.'고 명시한 헌법 제3조에 충실한 내용이 될 것이며, 다루는 범주가 왕돌초 같은 수중세계에까지 이를 것이다.

돌이켜보면, 우리의 바다와 '갯것'들은 총체적으로 소외되었으며, 일반의 바다에 관한 지식은 그야말로 일반적·상투적 수준을 벗어나지 못한다. 엄청난 사람들이 바다를 다녀오고 있지만, 정작 바다를 모르기 때문에 고작 파도나 구경하고 조개나 구워먹다 돌아온다. 바다를 우습게 여겨온 결과이다. 지식인들이 수행하는 고유의 전략 가운데 계몽주의 유산이 있으니, 어쩜 낡은 패러다임일 수도 있는 계몽적 입장이 바다에 관해서는 아직도 유효함을 안타까운 눈빛으로 바라볼 수밖에 없다.

바다책이기는 하지만 해양을 통한 부국강병, 대외 교류를 핑계 삼는 해양의 거대담론에 발목이 잡힌 논의는 가능한 피해갈 것이다. 비좁은 물길과 얕은 바다, 자잘한 잡고기와 어로에 목숨을 건 무지렁이 어민들, 그런 '익숙한 것'들에 바치는 헌사가 되기를 희망한다. 돌이켜보면 바다는 천출(賤出)로 내몰린 '갯것'들의 터전이었다. 문화사적으로 철저히 소외되었으며, 역사는 있되 기록은 없는 유사무서(有史無書)의 존재였다. 남은 기록의 절대량이 부족해 바닷가 삶과 역사의 재구성은 고단한 작업이다. 이런 까닭에 책을 풀어내는 방식도 필자가 늘 그래왔듯이 생활사, 구술사, 미시사, 일상사, 민속사 등을 통한 해양생활문화사의 복원이라는 형식을 취할 수밖에 없을 것이다.

이 작은 책을 위하여 어민뿐 아니라 많은 해양인들이 협조·자문하였다. 쉽게 풀어썼으되 해양학일반은 물론이고 해양생물학, 식생활사, 조류학, 조선공학, 환경생태학, 수중학 등의 온갖 전문적인 이야기들을 곳곳에 반영하였다. 바다가 포용적이고 종합적인 것인 만큼 어떤 바다연구도 학제연구가 될 수밖에 없는 운명일 것이다.

필자의 해양문화사 연작은 기존의 역사민속학자로서의 역할뿐 아니라 해양문화사가로서의 안목까지 요구하는 것이다. 그동안의 일련의 작업, 즉《조기에 관한 명상》(1998),《黃金の海·イシモチの海》(2003),《제국의 바다 식민의 바다》(2005), 그리고 금년에 800여 쪽의 방대한 분량으로 정리한바 있는《돌살—신이 내린 황금그물》(2006)에 연이은 연작물로 해양문화사를 축적시켜나가는 오랜 연구주제의 과정이기도 하다. 독도나 생태환경을 비롯하여 엄청나게 중요한 바다문제, 그러면서도 학계나 사회일반이나 그 누구도 좀처럼 '올인'하려고 하지 않는 이 빈약한 고리, 그러나 그 누군가는 묵묵히 하고 있어야 하지 않을까, 그런 의무감도 보태고 있다.

일상의 민속지식(folk-knowledge), 즉 민중들의 인지체계에서 주어지는 전통생태지식의 선택적 전략은 바다를 살리기 위한 유일의 방도이다. 이 서문을 쓰기 직전인 지난 5월, 제주도에서 만난 일본의 유명한 해양생태인류학자인 아키미치 토모야(秋道智彌, 총합지구환경학연구소) 교수는 자신의 30여 년에 걸친 태평양 조사

경험을 토로하면서, 현재의 바다를 지배하는 시스템이 국가주의, 혹은 근대주의라는 이름으로 자행된 폭력, 즉 어민들의 소유권과 토착적 권리 등을 통제·굴절시키고 소규모 생태어법이 아닌 오로지 산업적 어업으로 어업 자체를 재편한 20세기의 모순임을 역설한 바 있다. 그는 TEK(Traditional ecological knowledge)가 무시되고 SEK(Scientific ecological knowledge)만 강조되는 현실을 개탄하였다.

당연한 말이다. 오늘의 '바다경영', 심지어 이에 반대급부적인 생태환경운동조차도 TEK를 무시하고 SEK에 의존할 뿐이다. 세계 학계의 일각에서나마 이런 견해들이 표출되고 있음은 참으로 다행한 일이다. 어떤 측면에서는 '권력'이 되어버려 정체되어버린 생태환경운동가 자신들부터 경청해야한다. 우리는 이른바 전통생태, 혹은 민속지식으로 지칭될 만한 민중의 지혜에 입각한 새로운 바다관이 요구되는 분기점에 서 있다. 관해기는 필자가 고민하고 있는 이러한 시각의 일면을 드러내는 작업이기도 하다.

바다를 다니면서 늘 느끼는 바이지만 우리사회에 관행처럼 되어 있는 과학자와 전문가로서의 어민의 구분, 심지어 과학과 인문학의 구분이 무의미하거나 불필요하다는 점이다. 가령, 어느 특정 바닷가에서 과학자가 전문가일까, 어민이 전문가일까. 개개의 어민은 그 자신들이 과학자이고 실천가이며 미래의 설계자들이다. 레비-스트로스(C. Lévi-strauss)가 《야생의 사고(La Pansee Sauvage)》에서 언급하였듯이, 북극해의 시베리아인들은 눈과 얼음을 수십 종류로 구분한다. 그는 책의 서문 격에서 발자크의 《고대의 방(Le Cabinet des Antiques)》을 다음과 같이 재인용하고 있다.


다방면에서 그들이 업무를 살피는 데는

미개인이나 농부나 시골사람 같은 이들이 다시없다.

특히 사고에서 행동으로 넘어오게 되면,

그들이 모든 일을 완벽히 수행해내는 것을 볼 수 있다.

안데스 산맥의 척박한 풍토에서 살아온 어느 인디오 농민들은 100여 종의 감자를 키운다고 페루 종자은행이 보고한 바 있다. 민속지식의 중요성과 종다양성을 두루 설명하고 있는 바, 눈에 보이는 들판에서의 농민보다도 보이지 않는 바다에서의 어민들 민속지식이 한결 복잡할 것이며, 바다생물의 종다양성은 강조할 필요도 없을 것이다.

바다는 천의 얼굴을 지니고 있다. 바다밭이 다르면 비록 같은 종일지라도 조금씩 다르게 마련이다. 보목포구과 모슬포의 '자리'가 같을 수 없으며, 보목 내에서도 여(암초)의 상태에 따라 '자리'의 색감과 생김새, 심지어 맛까지 다르다. 절기에 따라서도 알이 찬 '알찬자리', 자잘한 '쉬자리', 산란하고 난 다음에 잡히는 '거죽자리' 등 이름도 다르고 맛도 다르다. 이 책에서 일관되게 관심을 부여하는 대목은 이러한 생물종다양성의 문제이고, 이는 문화종다양성의 문제이기도 하다.

월든 호숫가 통나무집의 은둔자이자 비서구적 전통의 인물인 소로우(Henry David Thoreau)는 '물은 대지의 피'라고 했다. 70%가 바다인, 지구 아닌 수구(水球)에서 물의 중요성은 피 이상일 것이다. 그 피가 오염되었다면? 정말 슬프고도 비극적인 일이 아닐 수 없다. 알도 레오폴드(Aldo Leopold)가 만년에 쓴 《모래군의 열두 달(A Sand Country Almanac)》에서 한 지적처럼, '인간은 진화의 오디세이아에서 다른 생물들의 동료 항해자일 뿐'이며, '생명세계의 장엄함과 영속성에 대한 경이감을 체득해야 한다'는 역설을 기억하자.

지금 같은 '싹쓸이어법'의 시대는 물고기들에게 지어지앙(池魚之殃), 즉 아무 이유도 없이 밀어닥치는 재앙 그 자체이다. 물고기가 물을 만난 듯 생태환경이 보존되는 여어득수(如魚得水)의 그날은 영영 오지 않으려는가.

이 책에서 '자본의 시간'이 있다면, '자연의 시간'이 별도로 있으며, '빠름의 시간'이 있다면 '느림의 시간'이 있다는 점에 방점을 찍고 있다. 바닷가에 가는 이들에게 이런 말을 들려주고 싶어진다.

평소에 차고 다니던 시계와 더불어 '자본의 시간'을 풀어버리고 자연력(自然曆,

Natural-almanac)이라는 '느림의 재부(財富)'를 배우고 돌아오라!

　'관해기(觀海記)'란 제목을 달았거니와, 지난 100여 년을 지나면서 그만 잃어버린 옛말을 다시 불러온 것이다. 현대식 표현으로는 '바다읽기', 혹은 '바다 가로지르기'인데, 관해는 보다 포괄적, 중층적 심미안을 품고 있어 한결 의젓한 품격을 지닌 말이라 생각된다. 일상에서도 되살려 새롭게 쓸 일이다.

　이 책에서 의도하는 '바다'는 단순한 자연적 바다만은 아니다. 들숨과 날숨을 호흡하는 '생명의 바다', 그리고 '인문의 바다'라는 은유적 함의를 오지랖 가득 퍼 담고 있다. 복합 학문적이고 중층적 서술로 접근해 가는 '생활문화사로서의 바다', 혹은 '바다의 문화사'를 의도한다. 그렇다면 이 같은 책의 지적 전통은 어디에 있을까. 전범을 알려준, 바다를 사랑하고 바다를 진정으로 이해했던 선인들이 너무도 많아서 모두 서술하기 곤란할 정도이다.

　진경산수의 현장을 찾아서 바닷가의 절경을 누빈 겸재 정선을 비롯한 당대의 화공들, 관해의 명소에서 글을 남긴 숱한 시인묵객들, 그리고 귀양지에서 한국 최초의 어보인 《우해이어보(牛海異魚譜)》를 남겨준 김려, 《임원십육지(林園十六志)》 등의 과학저술을 남겨준 서유구, 《도로고(道路考)》에서 조석의 비밀을 풀어쓴 신경준, 《경세유표(經世遺表)》에서 해도경영론을 부르짖었으며 《자산어보(玆山魚譜)》를 남겨준 정약용과 약전 형제, '쌀이 창자라면 수레와 배는 혈맥이라!'면서 바다를 통한 대외통상론을 최초로 본격 주창한 초정 박제가 등등의 지적 전통이 그것이다.

　이 책의 여로는 한반도 삼면을 두루 관통하고 있다. 멀리 남쪽바다의 서귀포로부터 출발하여 남제주, 제주시, 북제주, 강진, 해남, 순천, 남해, 사천, 고성(固城), 마산, 부산, 기장, 옹진, 인천, 태안, 서천, 홍성, 보령, 김제, 군산, 부안, 영광, 나주, 목포, 신안, 포항, 울진, 영덕, 울산, 양양, 속초, 강릉, 고성(高城), 진부령과 대관령, 통영, 그리고 북녘의 삼일포까지 여러 바닷가를 나다녔다. 연평도,

영홍도, 간월도, 안면도, 내파수도, 죽도, 외연도, 고군산군도, 비금도, 도초도, 타리도, 임자도, 재원도, 우이도, 울릉도, 우도, 비양도, 추자군도, 장섬, 나로도, 거제도 같은 섬들……. 그리고, 청초호와 삼일포 같은 석호에서, 순천만이나 가로림만 같은 만에서, 왕돌초나 이어도 같은 수중세계에서 이러저러한 사람들과 바다경관을 만났다. 새우, 조기와 굴비, 밴댕이, 굴, 홍어, 강달이, 민어, 청어와 과메기, 명태와 황태, 은어, 대게, 털게, 고래, 연어, 오징어, 홍합, 잘피군락, 숭어, 도다리, 볼락, 도루묵, 양미리, 자리, 방어, 전복, 멸치, 삼치, 굴, 숭어, 아귀, 멸치, 먹장어, 갯방어, 붕장어, 뱀장어 등등은 이 책에 등장하는 주인공들이니 그네들로 말미암아 살아가는 숱한 어민들도 만났다. 즉, 이 책의 진정한 1차적 저작권자는 그네들이다.

여러 전문가들의 도움을 받으면서 조사에 나섰으되 가능한 한 쉽고 간결하게 약술하고자 하였다. 세 책은 각각 독립적이되 상호 연결된다. 그리하여 바다를 전혀 모르는 이들도 이 책들을 통독하면 적어도 우리바다의 개괄적 현상과 '어제 같은 옛날'을 알 수 있게끔 의도하였다. 자연, 환경, 기술, 인간, 역사, 문화 등등의 상호 연관된 문제들, 석호 · 사구 · 갯벌, 그리고 섬과 여, 만과 하구 등등 우리바다가 안고 있는 제 요소들을 주목하면서 중층적으로 서술하였다. 600여 장의 도판들은 독자들의 이해를 돕기 위한 배려이기도 하지만 그 자체 우리시대 바다의 어제와 오늘을 기록한 아카이브로서의 가치도 지닌다고 믿는다.


도움 주신 분들, 동참하신 분들이 너무도 많아 서문에 적시하지 못하고, 책 말미에 가능한 한 모든 분들의 명단을 적시하는 것으로 감사의 뜻을 전한다. 웅진지식하우스 이수미 대표와의 10여 년이 넘는 인연, 편집부의 최윤경 님, 이석운 님에게 감사드린다. 책을 쓰게끔 인연을 만들어준 서울신문의 황진선 님, 뒷바라지를 아끼지 않은 심재억 님에게 세상의 인연법으로 인사드린다.

머리말을 쓰노라니 물때가 되었는지 물길 가득 바다 소리를 앞세운 밀물이 몰

려오고 해조음이 들리는 듯하다. 배를 띄울 참이다. 독자들과 떠나게 되는 이 도
도한 대항해에서 우리는 지금까지 몰랐던 미지의 보물섬에 닻을 내릴 것이다. 아
니면 황당하게도 해적이나 인어아가씨, 더러는 멍게 해삼에 소주라도 한잔 걸치
게 되는 행운을 누릴지 누가 알겠는가. 한꺼번에 모든 바다를 동시에 떠날 수 없
는즉, 제주도를 포함한 남쪽바다에서 출발하여 서쪽바다, 그리고 울릉도를 포함
한 동쪽바다에 이르는 삼면의 바다로 닻을 올린다. 그리하여 '우리바다 오디세
이아'를 꿈꾸며 대항해로 접어들어가 본다.

2006년 7월 한여름
서해와 한강이 만나는 기수대 옆의 일산땅
鼎鉢學研에서 **주강현**

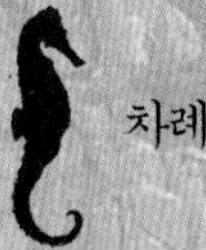

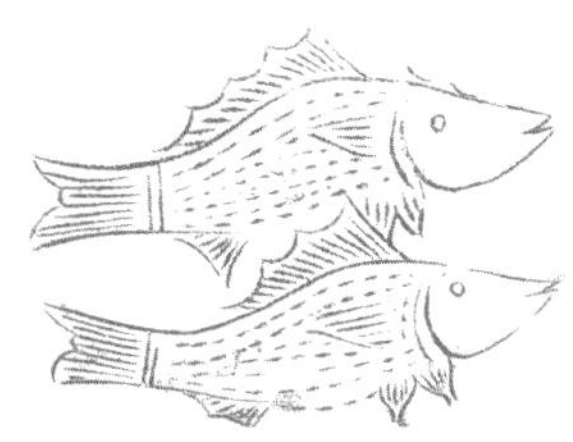

《일본일사(日本逸史)》에 이렇게 되어있다.

"차아천황(嵯峨天皇)의 칙서에, '수륙(水陸)에서 나는 이익은 공사(公私)가 다 같이 필요로 한다. 그러나 그것들을 때없이 잡으면 번성하지 못한다. 지금 백성들이 소년어를 잡기 좋아하는데 아무리 많이 잡아도 쓸모가 없다.'고 했다."

소년어(少年魚)란 세 글자가 아주 새롭다. 이는 촘촘한 그물을 웅덩이에 넣지 않는다는 뜻이다.

— 청장관 이덕무,《청장관전서(青莊館全書)》

# 구룡포 겨울바람 명품 만들어내다

## 동짓달에 떠오르는 진득한 맛

동지 무렵이면 당연히 춥다. 옷깃 여미는 추위가 계속되면 구룡포(九龍浦) 과메기가 한층 그리워진다. 추운 겨울에 제격이다. 초고추장에 찍어 파와 마늘을 얹고 다시마로 싸 한 입에 털어 넣은 뒤 소주 한잔 곁들이면 추위가 저만치 달아난다.

이 무렵, 구룡포구에서 사내들이 둘러앉아 무언가를 먹고 있다면 십중팔구 과메기다. 그만큼 과메기는 구룡포 특산품으로서 주소 성명이 분명하다. 구룡포는 서울 기준으로는 가장 먼 곳 중의 하나다. 그러나 먼 길 찾아온 만큼 제값을 하는 게 또한 과메기다. 구룡포 읍내는 물론이고 영일만 해변 곳곳의 덕장에서 과메기들이 맛을 들이며 입맛을 돋우고 있다.

본디 관목청어를 관목(貫目)으로 줄여 부르다가 관목이 '관메기'로, 다시금 '과메기' 또는 '과미기'로 변하였다. 오늘날은 '꽁치 과메기'지만 불과 얼마 전까지만 해도 과메기 하면 단연 '청어 과메기'였다. 그래서 과메기의 역사적 진실에 한결 가깝게 다가가려면 청어부터 제대로 알아야한다.

젊은 층에게는 청어의 각인된 이미지가 거의 없지만 노인들은 아직도 청어를 기억한다. 조선시대와 일제강점기 초기만 해도 동ㆍ서ㆍ남해안을 막론하고 상당히 많이 잡혔다. 서해의 경우, 황금 조기가 높은 지위를 누리기 전 '물고기의 임금'은 단연 청어였다.

푸른 등의 깔끔한 신사, 프록코트를 입은 것처럼 세련미를 풍기면서 해변으로 몰려와 알을 낳던 청어. 천청어(薦靑魚)라고 해서 왕실에도 진상했으며, 상인들이 많이 팔았다고 기록돼 있으니, 다수 어획되었음이 분명하다. 조선시대는 그야말로 '청어의 전성시대'였다.

사람들이 예전처럼 청어를 집 안에서 먹는 일은 거의 없다. 동네마다 '비웃'이라 하여 말린 청어를 팔러 다니던 비웃장사꾼의 걸쭉한 목소리도 들을 수 없다. 그 대신 21세기 초반의 한국인들은 고속도로 휴게소에서 파는 수입 청어구이를 즐겨 먹는다. 꽁치를 가공한 '신식 과메기'를 먹으면서, 예전에는 이 과메기를 청어로 만들었다는 사실조차 까마득히 잊어가고 있다.

청어의 산란기는 겨울~봄(주로 3~4월)이며, 이때가 되면 깊은 바다에서 떠올라 해조류가 무성한 암초들이 많은 얕은 연안이나 내만으로 떼를 지어 몰려와 해조류 등에 산란한다. 어느 물고기를 막론하고 산란기가 되면 생사를 모르고 산란에 열중하지만 청어의 산란광경도 마찬가지로 열광적이다. 이 열광적 광경은 산란이 시작될 때부터 끝날 때까지 계속된다. 푸른 하늘색의 바닷물이 우윳빛과 같은 백청색으로 변한다. 유럽인들은 이때의 물빛을 화이트그린(white green)이라고 부른다. 수놈이 방출하는 정액으로 바다 물빛이 변한다. 일식집 초밥에 섞인 '가스노코'가 그 청어알이란 사실을 아는 이도 많지 않다. 청어문화가 시쳇말로 '종을 쳤다'는 증거다.

## 흥망성쇠가 잦았던 청어

청어(*Clupea pallasii Valenciennes*)는 등어(동해안), 비웃, 구구대(서울), 고십청어(전남), 푸주치, 눈검쟁이(포항), 갈청어, 울산치(울산), 과목숙구기(경남, 경북) 등 부르는 방언이 많다. 청어는 회유성 어종이다. 서해안에서는 수온이 내려가는 10월경 황해 북부 및 발해만에서 남쪽으로 이동하여 서해의 근해역에서 월동을 하며, 봄이 되면 북쪽으로 이동한다. 동해안에서는 항상 수온이 섭씨 2~10도로 유지되는 저층냉수대에서 서식하며, 산란기 이외에는 해저 근처에 흩어져 서식하다가 산란기에 대군을 이루어 북상한다. 《자산어보(慈山魚譜)》에 등장하는 청어의 신상명세서 한 대목.

청어는 회유어다. 길이는 한 자 남짓 하며 몸이 좁고 빛깔이 푸르다. 물에서 오래 떨어져 있으면 대가리가 붉어진다. 맛은 담백하며 국을 끓이거나 구워 먹어도 좋고 어포를 만들어도 좋다. 정월이 되면 알을 낳기 위해 해안을 따라 떼를 지어 회유해오는데, 이때의 청어 떼는 수억 마리나 대열을 이루어 오므로 바다를 덮을 지경이다.

그물에 걸려든 청어 떼. 젊은 층에게는 청어의 각인된 이미지가 거의 없지만 노인들은 아직도 청어를 기억한다. 21세기 초반의 한국인들은 꽁치를 가공한 '신식 과메기'를 먹으면서, 예전에는 이 과메기를 청어로 만들었다는 사실조차 잊어가고 있다.

청어는 아무 때, 아무 곳에서나 많이 잡혔을까. 성호 이익은 재미있는 이야기를 들려준다.

지금 생산되는 청어는 옛날에도 있었는지 없었는지 알 수 없다. 그러나 해마다 가을철만 되면 함경도에서 생산되고 있는데, 형체가 아주 크게 생겼다. 추운 겨울이 되면 경상도에서 생산되고, 봄이 되면 차츰 전라도와 충청도로 옮겨간다. 봄과 여름 사이에는 황해도에서 생산되는데, 차츰 서쪽으로 옮겨짐에 따라 점점 잘아져서 천해지기 때문에 사람마다 먹지 않은 이가 없다(《星湖僿說》 6권).



21

울산(蔚山), 장기(長鬐) 사이에는 청어가 난다. 청어는 북도에서 처음으로 보이기 시작하여 강원도의 동해변을 따라 내려와서 11월에 이곳에서 잡히는데, 남쪽으로 내려올수록 점점 작아진다. 어상(魚商)들이 멀리 서울로 수송하는데, 반드시 동지 전에 서울에 도착시켜야 비싼 값을 받는다. 모든 연해에는 청어가 있다. 청어는 서남해를 경유하여 4월에 해주까지 와서는 더 북상하지 않고 멈춘다. 그러므로 어족이 이곳(영남)처럼 많은 곳이 없다(《星湖僿説》8권).

청어는 본디 동해 청어와 서해 청어가 별도로 있는 것으로 보이며, 품종도 다소 다르다고 본다. 서해 청어는 특별히 '비웃'이라고 불렀다. 동해의 청어와 황해의 청어가 내통하는 경우가 있다손 치더라도 수온이 낮아지는 겨울에 동해 청어가 전남 해안을 통하여 황해에 침입하는 정도였을 것이다. 사실 남해안산 청어의 서한(西限)은 경남 사천만 근처까지다.

이미 조선 전기의 허균은 《성소부부고(惺所覆瓿藁)》에서 "청어는 4종이 있다. 북도산은 크고 속이 희다. 경상도산은 껍질이 검고 속은 붉다. 전라도산은 조금 작으며 해주에서 잡은 것은 2월에 맛이 가장 좋다."고 하였다. 청어의 종류가 달랐음을 지적하고 있는 것이다.

서해 청어는 황해도와 충청도 사이에 널리 분포하여 그 이북지방에서는 귀하였다. 이 서해 청어가 동해 어족의 일파인 것 같으나 과거부터 이 두 바다의 청어가 서로 교류하고 있는지, 혹은 서해 청어가 독립적으로 몇 대를 거듭하여 번식하는 동안에 동해 청어와 관계가 어떻게 되었는지는 확실한 증거가 확인되지 않는다. 그러나 이 양쪽 청어는 적어도 수온에 따라 이동함이 분명한 것 같다. 청어는 해양조건의 변화에 따라서 그 기복이 매우 심



과메기덕장. 겨울에 접어들면서 구룡포 곳곳에 과메기를 말리는 손길이 분주하다. 과메기란 관목(貫目) 청어에서 유래하였으니 얼마 전까지만 해도 청어 과메기가 주종이었다.

동쪽바다

내장을 빼고 뼈를 바른 편과메기(왼쪽)와 내장까지 통째로 말린 통과메기(오른쪽)로 나뉘는 과메기는 구룡포의 매운 북서풍에 적당한 온도와 습도가 더해져 '구룡포의 명품'으로 거듭난다.

하다는 기록이 문헌에 자주 나타난다.《자산어보》의 기록이 그것이다.

건륭경오(乾隆庚午, 1750) 후, 10여 년 동안은 풍어였으나 중도에서 뜸하여졌다가 그 후 다시 가경임술(嘉慶壬戌, 1802)에 대풍어였으며, 을축년(1805) 후에는 또 쇠퇴하는 성쇠를 거듭했다. 이 물고기는 동지 전에 영남 좌도에 나타났다가 남해를 지나 해서로 들어간다. 서해에 들어온 청어 떼는 북으로 올라가 3월에는 해서에 나타난다. 해서에 나타난 청어는 남해의 청어에 비하면 배나 크다. 영남, 호남은 청어 떼의 회유의 성쇠가 서로 바꾸어진다.

이 같은 기록들은 청어 성쇠의 진폭이 컸음을 단적으로 드러낸다. 오늘날 동해안에 청어가 사라지고 끝내 과메기조차 꽁치로 대용하게 된 내력은 이와 같은 이유에서다.

## 가난한 선비들을 살찌게 했던 비유어

이순신의 《난중일기(亂中日記)》를 보면, 청어를 잡아 군량미와 바꾸는 대목이 확인된다. 물물교환의 중심이었던 쌀과 바꿀 정도로 환전 가치를 인정받았다는 증거다. 어획량에서도 절대적이었을 뿐더러 기름지고 크기도 커서 식량문제를 해결하는 데 큰 도움을 주었다. 기름기도 많고 맛도 좋을 뿐더러 큼직하고 값도 싸 예부터 가난한 선비들을 살찌게 한다는 의미의 비유어(肥儒魚)를 별명으로 얻기도 했다. 그만큼 중요한 단백질 보급원이었다.

청어는 주로 말려서 유통되었다. 교통이 불편하고 유통방식이 지극히 제한적인 조건 탓에 말린 청어를 두름으로 엮어 유통시킨 것이다. 건조품으로는 관목이 중요하다. 정약전은 관목청(貫目鯖)이라 하여 이렇게 말하고 있다.

모양은 청어와 같고, 두 눈이 뚫려 막히지 않았다. 맛은 청어보다 좋다. 이것으로 얼간포를 만들면 맛이 매우 좋다. 때문에 청어 얼간포도 다 관목청어라 부른다. 그러나 사실이 아니다. 영남 바다에서 잡히는 놈이 가장 드물고 귀하다.

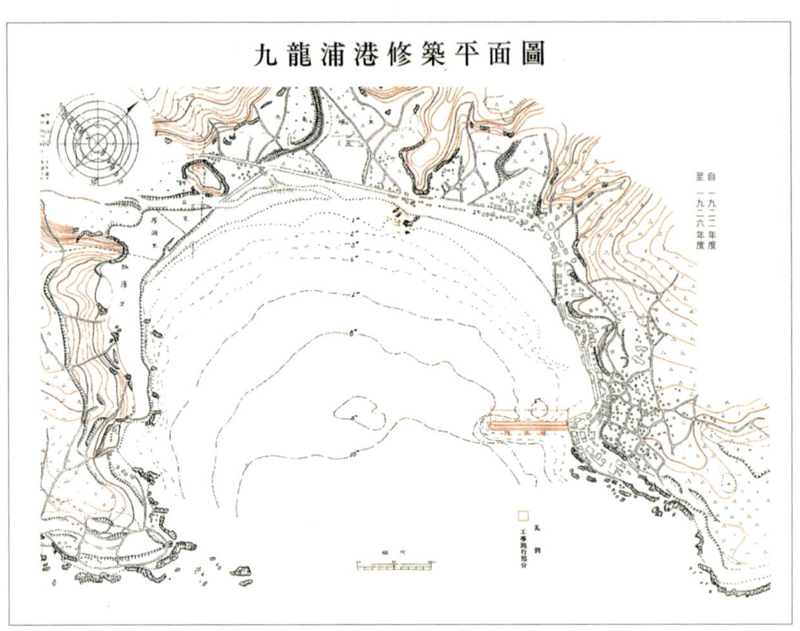


구룡포항 수축평면도(九龍浦港修築平面圖). 《조선토목사업지(朝鮮土木事業誌)》, 1943년.

　　오늘날 구룡포 일대의 명물 과메기를 말함이다. 과메기는 배를 갈라 내장을 빼내고 뼈를 추린 편과메기, 내장까지 통째로 말린 통과메기로 구분된다. 스무 마리를 한 두름으로 친다. 12월 첫 추위가 시작되면서부터 이듬해 1월 초순까지는 주로 통과메기를 만들며, 설날에 맞추어 출하한다. 배지기라 부르는 편과메기는 11월 정도면 만들기 시작한다.

　　통과메기는 짚으로 엮어서 덕장에 걸쳐만 놓으면 작업이 끝이지만 편과메기는 상당히 복잡한 공정을 거쳐야 한다. 할복과 세척 등을 거쳐야 하므로 인건비도 그만큼 많이 든다. 한 두름에 통은 6천 원, 편은 9천 원 정도하니, 노동력이 시가에 반영된 결과다. 사실 도시민들이 먹기에는 편과메기가 편하다. 따로 손볼 필요 없이 젓가락만 움직이면 되기 때문이다. 그렇지만 통과메기를 먹으려면 상당한 수고를 감수해야 한다. 내장을 모두 발라내야 하기 때문이다. 편과메기는 취식의 편리성에 맞추어 근년에 개

1940년대 포항 구룡포 포구. 바닷가에 왜식집들이 즐비한 것으로 보아 일본인들이 대거 진출했던 포구임을 알 수 있다.

발된 것이다.

편과메기는 불과 3~4일이면 상품이 되지만 통과메기는 무려 보름여를 말려야 한다. 과메기의 참맛을 즐기려는 이들은 전통적인 통과메기를 선호한다. 추운 날씨에 얼었다, 녹았다를 반복하면서 내장의 즙이 살에 스며들어 오묘한 맛을 내기 때문이다. 덕장에서 눈을 맞아가면서 명태가 황태로 변신하는 것과 같은 이치다. 그래서 과메기를 아는 이들은 통짜를 즐기는 것이다.

과거에는 경주 감포나 영덕 강구 쪽에서도 과메기를 많이 엮었으나 오늘날은 구룡포에만 남아 있다. 왜 수많은 동네 중에서 구룡포가 과메기 명소로 떠올랐을까. 실제로 포구에 들어서니 그 이유를 알 것 같다.

답은 바로 겨울바람의 힘이다. 동해로 삐죽 튀어나온 일명 '호랑이 꼬리' 쪽은 여간 춥지 않다. 같은 온도라도 바람으로 인하여 체감온도가 훨씬 낮다. 게다가 바람이 산을 넘어오면서 적절히 습한 기운을 품게 되고, 바람막이 산을 넘느라 적잖이 기세가 꺾여 구룡포쯤에 이르러서는 과메기 건조에 딱 들어맞는 기후조건을 만들어준다.

'구룡포 과메기' 영어법인의 정재덕(66세) 회장도 북서풍을 구룡포 과메기를 탄생시킨 주역으로 꼽는다. 여기에 온도, 습도가 더해져 과메기를 만드는 3대 조건을 갖추게 된다.

상품화되어 전국으로 퍼진 지는 불과 10여 년 안팎이다. 지역 상품이 전국 상품으로 확산된 좋은 모범 사례다. 물론 전국 상품은 먹기 편한 배지기가 주종이다. 꽁치로 과메기를 만든 역사 역시 10년이 채 안 된다. 구룡포 일대만큼 청어가 많이 잡히던 곳도 드물었으나 청어가 사라졌기 때문이다.

장기곶 가장 끝 쪽인 구만리에 가면 까꾸리개란 갯마을이 있다. 그곳에서는 풍파가 심한 날, 청어가 뭍으로 밀려나는 경우가 허다해 그걸 까꾸리(갈고리의 방언)로 끌어들였다는 뜻에서 이런 이름이 지어졌다 하니, 청어의 자취가 지명에도 묻어 있는 셈이다. 그러나 같은 등푸른 생선인 꽁치가 대거 잡히면서 청어는 곧장 대체되었다.

꽁치도 국내산이 줄어들자 북태평양산 수입 꽁치를 쓰고 있다. 꽁치가 귀할 때는 고등어보다도 훨씬 비쌌는데 수입산이 밀려들어오면서 어쩌다 횟집에서 '서비스'로 당연히 나오는 수산물로 '전락'하였다. 그러나 등 푸른 생선의 반열에서 꽁치는 상전이다. 또한 과메기로 먹기에는 국내산 꽁치보다 기름기가 많은 수입 꽁치가 오히려 제격이다. 기름기가 많아 쫄깃하고 한결 구수한 맛이 나기 때문이다. '꿩 대신 닭'이라고 '청어 대신 꽁치'란 속담이 등장할 순서 같다. 과메기에 '환장한' 사람들은 앉은 자리에서 꽁치 과메기를 수십 마리나 먹어치운다.

과메기 같은 얼간 생선은 의학적으로도 대단히 몸에 좋다. 기름기가 많아

바이칼 호숫가에서 브리야트족이 만들어 파는, 청어과 생선으로 훈제한 오물(2003년 여름 라스트비양카 가는 길에서 찍음).

비만에 영향을 줄 것 같지만 불포화지방산이라 걱정할 필요가 없다. 과메기를 담아놓은 접시를 유심히 지켜보았다. 시간이 지날수록 밑에 고인 기름들이 허옇게 엉겨붙는 소나 돼지기름과 달리 과메기 기름은 그대로다. 좋은 지방이라는 증거다. 청어나 꽁치나 모두 등푸른 생선이다. 물고기에는 기억력을 도와주고 혈액 속의 콜레스테롤을 감소시켜 동맥경화를 예방하는 DHA가 들어 있다. 특히 등푸른 생선에는 DHA가 풍부하게 함유되어 있으니, 고등어 · 정어리 · 까나리 · 꽁치 · 청어 · 방어 등이 그것이다.

등푸른 생선이 바람과 만나 숙성되면서 빚어낸 오묘한 맛은 다른 설명이 필요 없다. 지역의 역사와 문화, 자연 환경조건 등이 어우러져 그야말로 바닷가의 명품이 탄생한 것이니, 비록 청어의 문화사는 종막을 고했어도 과메기의 문화사가 보란 듯 그 자리를 지키고 있지 않은가.


## 터무니없이 이루어지지 않고 있는 생선의 명품화

이웃 일본만 하더라도 이 같은 특산품은 전국적으로 소문이 나 철마다

포항 죽도시장 가게마다 덕장에서 막 맛이 든 과메기가 손님을 기다리고 있다.

주문이 쇄도한다. 그러나 한국인들의 생선문화관은 대단히 소극적이고 보수적이어서, 자신들이 먹던 것 말고는 꺼리거나 조심스러워하는 경향이 뚜렷하다.

　청어요리만 해도 과거에 있던 것들을 모두 잃어버렸다. 청어는 젓을 담가먹기도 하였다. 빙허각이씨(憑虛閣李氏)가 1815년경에 쓴 《규합총서(閨閤叢書)》에 소개한 청어젓 담그기.

　　청어를 발 위에 펴놓고 소금을 뿌리고, 청어를 놓기를 층층이 놓고 돗자리로 덮어 밤을 재우면 어즙(魚汁)이 모두 발아래로 빠질 것이니, 즉시 독 속에 고기와 소금을 층층이 넣어 담그면 해가 묵어도 머리가 떨어지지 않고 좋다.

　　별난 젓갈 같다. 가공법으로 특히 눈길을 끄는 것은 훈제청어다. 《오주연

문장전산고(五洲衍文長箋散稿)》에서 연기를 쐬어 대량으로 훈제품을 만드는 방식이 선보이고 있다. 청어훈제가 별것인가. 농촌에서 밥을 짓기 위해 솔가지를 아궁이에 넣으면 이때 살창으로 연기가 빠져나간다. 그 살창에 청어를 걸어두면 훌륭한 자연식 훈제가 완성되는 것이다.

이래저래 청어는 널리 민중들의 사랑을 받았던 물고기다. 바이칼 호숫가에서 브리야트족들이 만들어 파는 청어과 생선으로 훈제한 오물(Omul)을 먹었던 기억이 난다. 익숙하지 않아서 맛은 별로였으나 훈제의 흥취가 유별났던 기억이 남아 있다. 이렇듯 국제적 관광상품으로 인기를 끌고 있으나 우리의 선조들이 먹던 청어훈제는 도대체 어디로 갔는가. 꽁치를 생으로 구워 파는 것보다 이 같은 특산물로 특화시켜 보급한다면 수입은 물론 겨울 식탁도 한결 풍성하지 않을까.

재미있는 사실은, 과메기를 부산 사람들은 거의 먹지 않는 대신 대구 사람들은 무척 즐긴다는 것이다. 나를 안내한 국립 등대박물관의 대구 출신 이형기 박사는 "아마 부산은 대용 수산물이 풍부한 반면 내륙인 대구는 대용 어류가 없어 그런 선호도를 보이는 게 아닐까 생각된다."고 말했다.

이 과메기가 구룡포 사람들의 삶에 지대한 영향을 미치고 있다. 2005년 기준 350억 원의 매출을 올렸으며 500여 명의 주민들이 전업으로 이 일에 종사한다. 구룡포 28개 동 대부분에서 과메기가 생산된다. 교통의 오지인 구룡포에 과메기마저 없다면 관광객들이 이처럼 많을 까닭이 없다.

아홉 마리 용이 승천한 포구라 하여 구룡포라 불렸으며, 한때 일본인들이 대거 유입돼 개척했던 포구. 그 구룡포가 과메기 하나로 전국에 알려지기 시작했다. 형산강 강물의 유입과 퇴적으로 갈대가 우거졌던 염습지에서 동해안 최대의 재래 어시장으로 변신한 포항 죽도시장에 가도 지금은 과메기 천지다. 이쯤 되면 포항을 상징하는 겨울철 제일의 특미로 과메기를 손꼽는다고 해도 조금도 이상할 것이 없지 않겠는가.

# 호랑이 꼬리서
# 만끽하는 수평선 끝
# 진홍빛 혓바닥

## 육지서 가장 먼저 해 뜨는 호미곶

우리나라에서 가장 먼저 해가 뜨는 곳은? 재론의 여지없이 독도나 울릉도다. 그러면 육지에서는 어디일까. 이 역시 재론의 여지없이 포항시 호미곶이다. 동경 129도 34분 3초인 이곳은 동해로 돌출되어 있어 몇 분이라도 먼저 새해 해맞이를 하려는 이들로 인산인해다.

동짓날 그곳을 찾았다. 정초가 아니라 웬 동지? 옛날에는 아세(亞歲, 작은설, 새해가 시작되는 날)라 하여 동지제사를 지내며 액운을 물리치는 날이다.

동지는 낮이 가장 짧고 밤이 가장 깊은 날이다. 밤이 깊으면 일출의 의미도 더욱 진한 법이다. 고대인들은 동짓날을 태양이 죽음에서 부활하는 날로 믿어 축제를 벌이고 태양신에게 제사까지 지냈다. 주(周)에서 당(唐)까지 오늘날의 정초가 아니라 동짓날에 시작하였던 것도 동지가 지닌 생명력과 광명의 부활력 때문이었다.

그러한 옛 전통을 되살려 동짓날에 호미곶으로 달려 내려간 것이다. 호미곶을 가려면 포항 시내에서 30여 분을 더 달려야 한다. 일출의 짧은 순간을 놓칠 것을 걱정하고 있는데, 서울에서부터 내내 동행한 해수부 항로표지 담당관실의 진한숙 사무관이 선뜻 장기곶등대에서의 1박을 권하였다.

"체험하고, 그냥 들르는 것하고는 천지 차이입니다."

등대는 많이 다녀보았지만 하룻밤 체험은 쉽질 않아 선뜻 등대의 관사에 여장을 풀었다. 마침 울릉도등대에서 찾아온 박영식, 정태영 등대지기와 포항 항만청의 정용호 과장과 조재준 계장 등 '등대 사나이'들이 모처럼 한자리에 모여 앉아 '이바구'에 여념이 없다. 등대지기, 좀더 정확히 말하자면 이들 항로표지원들의 삶 자체가 워낙 외롭고 고달프기 때문에 그들은 대단한 단결력을 과시한다. 그러지 않고는 고립된 등대지기의 삶을 견뎌낼 수가 없을 것이다.

밤새 북풍이 불었다. 등대의 칸델라가 빙빙 돌아가면서 쏘아대는 불빛이 요동치는 파도에 떨어지자 물빛이 기괴한 빛을 냈다. 수억 원을 호가하는 칸델라는 일일이 손으로 깎은 렌즈들의 집합체로 빛이 없어도 그 자체로 영롱한 빛을 내뿜고 있으니, 그냥 퍼지는 파장이 아니라 렌즈의 오묘한 프리즘이 연출해내는 '빛의 향연'인 셈이다.

해맞이 광장 한편에 자리 잡은 육중한 풍력 발전기의 대형 풍차가 엄청난 가속도로 돌았다. 동해로 돌출된 삼각지대답게 호미곶 바람은 상상을 초월한다. 이런 곳을 일제가 '토끼 꼬리'라 불렀으니 심하다는 생각이 든



33

다. 땅의 기세가 호랑이 꼬리임이 분명하다. 그것도 잠자는 호랑이가 아니라 태산을 흔들며 포효하는 호랑이 꼬리다.

일찍이 격암(格庵) 남사고(南師古, 1509~1571)가 호미곶을 호랑이 꼬리로 보았음은 역시 조선시대 절세의 풍수지리가다운 안목이다. 고산자(古山子) 김정호(金正浩, ?~1864)는 국토의 튀어나온 부분을 '확실하게' 이해하기 위하여 무려 일곱 번이나 답사 측정한 뒤에 호미곶이 한반도의 가장 동쪽임을 분명히 하였다. 동물의 꼬리란 '꼬리곰탕'이나 끓여먹는 대상이 아니다. 돌진할 때 몸의 균형과 스피드를 조절하고, 꼬리를 움직여서 온갖 신호를 보낸다. 꼬리치는 강아지에게서 꼬리를 빼앗는다고 상상해보라. 어쨌든 호랑이 꼬리에 얹혀서 잠을 잔 것 치고는 아주 편한 잠을 잤다. 등대의 침실이 생각보다 훨씬 따뜻했기 때문이다.


## 태양을 숭상한 '조선(朝鮮)'


새벽 6시 바다로 나갔다. 해가 가장 짧아서 '노루 꼬리' 같다는 동지답게 해가 뜨려면 아직 이르다. 신년도 아닌데 벌써 해맞이를 나온 이들이 서성거린다. 나처럼 새해맞이를 '당겨서' 맞으려는 사람들이다. 미국에서 나왔다는 교포 1.5세를 만났다. 부친은 미국인, 모친은 한국인이란다. 한국문화 체험을 하려고 겨울 연휴를 이용해서 '어머니 나라'에 왔으며, 동해 일출을 한반도의 제일 끝자락에서 맞이하고 싶어서 서울에서 달려왔단다. 그 정성이 대단하다.

해가 뜬다. 늘 그렇듯 일출 조건에서 제일 중요한 것은 구름이다. 구름이 가린다면 만사가 틀어진다. 수년 전, 동해 일출을 지켜보는데 먹장구름이 흘러가면서 끝내 해가 제 모양을 보여주지 않았다. 사람들의 실망이란, 해

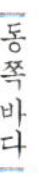

오늘날의 포항시에 있던 관아와 살림집들. 형산강과 영일만, 장기곶 등이 보인다.

맞이가 아니라 흡사 해의 죽음을 조문하러 온 표정들 같았다.

천만다행으로 해가 떠올랐다. 일출은 그야말로 순식간에 이루어진다. 뻘건 혓바닥, 아니면 좀 험하게 표현해 갓 잡은 동물의 붉은 간 같다고나 할까. 진홍빛을 불쑥 내밀며 천천히 바다로부터 치고 올라온다.

신라의 고승 원효(元曉)의 이름을 풀면 '첫새벽'이다. 새해 첫날, 첫새벽에 빛을 온몸으로 받아들이는 해맞이 전통은 흡사 힌두교도들이 빛의 주인인 크리슈나의 현현(顯現)을 맞이하는 것과 같다. 불가의《무량수경(無量壽經)》에 "빛은 외관(外觀)하고 생명은 내감(內感)한다."고 하였으니, 빛이 있는 곳에 무한한 공간이 조견되고, 목숨 있는 곳에 무한한 공간이 심증된다



35

〈욱일취도(旭日鷲圖)〉. 넘실대는 파도 너머 솟아오르는 아침 해를 바라보고 있는 독수리[鷲]를 그린 그림이다(전 정홍래(傳 鄭弘來), 18세기, 국립중앙박물관 소장).

는 뜻이다. 기독교에서도 예외는 아니어서 빛은 생명 그 자체로 인식된다. 그러한즉, '생명 있는 온갖 것'들이 해맞이 광장에 모여들어 빛에 감응하고 생명을 느끼고 돌아감은 새해 일출이 선사하는 가장 값진 선물일 것이다.

우리의 '조선(朝鮮)'은 날이 밝아오면서 가장 먼저 햇빛이 쪼이는 곳을 뜻한다. 신라의 건국 신화에 등장하는 계림(鷄林)은 닭을 상징하며, 닭은 첫새벽을 가장 먼저 알리는 동물이다. 고구려의 시조가 동명(東明)인 것도 '밝아오는 동쪽', 즉 새벽의 의미망을 내포한다. 새벽의 고어는 '새배'이며, 새배는 '새로 뵌다'는 뜻이다. 그 새배에서 설날의 세배(歲拜)가 나왔다. 그러한즉, 해맞이에는 태양을 새롭게 뵌다는 뜻이 포함되어 있다. 한국인들이 유별나게 해맞이를 전통적으로 강조해온 풍속에는 이 같은 역사적 배경이 깔려 있는 것이다. 아무래도 한국인의 태양숭배에 관하여 가장 적극적인 주장을 내놓은 사람은 육당 최남선이다. 그는 《조선상식문답(朝鮮常識問答)》에서 이렇게 주장한다.

> 대개 조선 민족은 옛날에 태양을 하느님으로 알고 자기네들은 이 하느님의 자손이라고 믿었는데 태양의 광명을 표시하는 의미로 흰빛을 신성하게 알아서 흰옷을 자랑삼아 입다가 나중에는 온 민족의 풍속을 이루고 만 것입니다.

그는 조선뿐 아니라 세계 어디서고 태양을 숭배하는 민족은 모두 흰빛을 신성하게 알고 또 흰옷 입기를 좋아하니 이를테면 이집트와 바빌론의 풍속이 그것이라고 하였다. 그의 '붉사상'을 흰옷 숭배에 적용한 것이다. 태양과 흰색 숭배, 고대사회의 제례의식이라는 측면을 고려하면 나름의 근거가 있는 주장이다. 위작이라는 논란이 있긴 하지만, 북애자(北崖子)가 썼다는 《규원사화(揆園史話)》를 보면 흰색을 영험스럽게 대하던 태도를 이렇게 말하고 있다.

> 흰 소를 잡아가지고 태백산록에서 하늘에 제사 지냈다. 예전에 법에 하늘에 제사 지낼 때는 반드시 먼저 좋은 날을 정하고 흰 소를 골라 잘 길러서 제사 지낼 때가 되면 그 소를 잡아 머리를 산천에 제물로 드리니 백두란 쇠머리를 말하는 것으로 여기에서 말미암은 것이다. 대개 하늘에 제사 지내고 조상에게 보답하는 예식은 단군에게서 비롯되었다.

흰 머리를 뜻하는 백두의 연원이 그럴듯하게 설명된 듯하다. 흰 동물을 숭배하는 민족관념은 백마, 백록, 백호 따위에서도 두드러진다. 백마는 늘 행운의 상징이었고, 한라산 꼭대기가 백록담이 된 것도 길조와 관련되며, 좌청룡 · 우백호에서 백호의 중요성을 강조할 필요는 없으리라.

호미곶 광장에는 연오랑과 세오녀 기념비가 세워져 있다. 그네들 부부가

일본으로 떠나자 신라의 해와 달이 빛을 잃었다고 《삼국유사》에 기록돼 있다. 사신을 보내어 비단을 받아오자, 해와 달이 다시 온전해졌다. 해와 달이 빛을 잃는 것처럼 비극적인 것이 없으니, 호미곶 해맞이에서 해마다 연오랑과 세오녀를 시민 가운데서 선출해 가장(假裝)의 축제를 벌이는 것도 빛을 간구하는 축제의 오랜 전통을 재현해낸 것이리라.

## 등탑 층마다 새겨진 배꽃 문장 눈길

호미곶 해맞이가 한결 유장하게 느껴지는 것은 바닷가 복판에 세워진 '상생(相生)의 손' 때문이다. 청동으로 빚어진 그 거대한 손 위로 해가 올라선다. 흡사 손으로 해를 받쳐 올리는 모습이다. 손노동으로 이룩된 인류의 문명을 상징하듯이 해와 손이 어우러져 감동을 자아낸다. 바닷가에 세워진 온갖 군더더기 조형물과 달리 상생의 손으로 해를 감싸 안으면서 한 해 내내 싸우지들 말고 오순도순 잘 살아가길 바라는 성싶다. 우리 정치인들부터 단체로 이곳에 와서 이런 가르침을 받아야 할 듯하다.

해맞이를 끝낸 이들은 등대박물관을 방문하곤 한다. 장기곶등대는 1908년 12월 20일에 완공되었으니, 2008년이면 100년을 맞는다. 서양 건축양

인근에 1908년 완공된 장기곶등대와 등대박물관이 있어 우리의 근대 해양문화를 말해주고 있다. 1906년(오른쪽)과 오늘날(왼쪽)의 장기곶등대 모습. 100년의 역사 그 자체다. '오얏 이(李)'의 상징물인 배꽃이 등탑 층마다 각인되어 있다(아래).

녹색의 융단을 깔아놓은 듯한 장기곶의 보리밭과 푸른 동해의 빛깔이 묘한 환상을 불러일으킨다.

식을 도입, 무려 26.4미터 6층 높이의 건조물을 철근 하나 사용하지 않고 오로지 벽돌로만 축조했다. 이러한 축조기술은 오늘날에도 결코 쉽지 않은 것이니 근대건축사의 살아 있는 학습장 아닌가.

국내 유일의 등대박물관이다. 유물 수집 과정을 묻자, 이문희 등대박물관장은 "전국 등대에 연락을 취하고 긴밀하게 네트워크로 연결되어 과거의 등대유물을 속속 수집하여 올린 덕분에 인멸해가던 근대문화유산이 집결되어 오늘의 등대박물관이 가능해진 것"이라고 간단하게 정리해준다.

장기곶에 가면 반드시 등탑의 층마다 붙어 있는 조선왕실 상징물인 이화(梨花) 문장을 보아둘 것을 권한다. 가문이나 왕실을 표시하는 특별한 꽃 모양이나 동물 문양을 뜻하는 문장으로 '오얏 이(李)'의 상징물인 배꽃이 등대마다 각인되어 있다. 풍전등화 신세였던 통감부 시절에 등대를 세우면서 무슨 연유에선지 배꽃을 층마다 새겼다. 일제강점기로 접어들자 일인들은 배꽃을 철판으로 가리고 자신들의 국화 문장을 덮어 씌웠다. 해방

이 되어 철판을 떼어내자 아무도 몰랐던 배꽃이 제 모습을 드러내어 오늘에 이른 것이다. 누군가 농을 던진다.

"이화여대생들은 반드시 한 번쯤 와야 할 필수 코스 아닙니까."

호랑이 꼬리가 토끼 꼬리로 강등되면서 모진 세월 내내 서러움을 받던 호미곶에 수십만 인파가 인산인해를 이루면서 동해 바닷가에서 한 해의 염원을 실어 보내는 것 자체가 이제 '신(新)세시풍속'으로 자리 잡은 것이니 감개무량할 뿐이다.

호미곶 일대는 보리판으로 뒤덮여 있다. 어려운 물 사정으로 논농사가 불가능한 지형의 특성을 살려 곳곳에 보리를 심어 마치 겨울바다에 녹색의 융단을 깔아놓은 듯하다. 이육사(李陸史) 시인이 포항의 포도원에서 시상을 떠올려 그의 명시 〈청포도〉를 창작하였다는 청포도비도 서 있어 바닷물과 더불어 이래저래 청색과 초록색의 시대를 연출하고 있다.

겨울보리의 녹색이 추위를 녹인다면, 호미곶의 봄바다에는 화사한 유채꽃이 만발하여 다시금 찾아오기를 기다린다고 하니 유혹의 강도가 너무 강하여 좀체 벗어나기 힘든 곳이 아닐까.


## 태양 앞에선 만인이 평등하더라


사람들은 왜 일출, 일몰만큼은 바다에서 맞이하려고 할까. 부상(扶桑, 신령스러운 나무가 있다는 동쪽 바다의 성스러운 곳)이다. 먼 동해바다에서 뜨는 해는 예부터 부상으로 간주되었으며, 거기에는 커다란 나무도 있어 음덕을 준다고 믿어왔다. 한국인에게만 동해가 소중한 것이 아니라 중국인들도 동해를 대단히 높게 쳤다. 서해안이 없는 중국인에게는 동해야말로 유일의 바다였다. 동해의 부상은 이렇듯 동아시아의 유구한 전통이다.

일몰과 일출은 언제나 장엄하다. 2005년 11월 블라디보스토크 가는 뱃전에서 찍은 동해의 일몰(왼쪽)과 울릉도에서 맞은 일출(오른쪽, 2006년 1월 1일 찍음).

따라서 일출의 풍경은 역시 동해다. 호미곶만 소중할까. 독도나 울릉도에서 맞는 일출도 각별하다. 독도는 출입이 제한적이지만 울릉도의 독도박물관에서 케이블카를 타고 올라가 맞이하는 일출도 매우 환상적이다. 비단 동해만이 아니라 남해 보리암에 올라서서 운해(雲海)를 바라보며 그림처럼 떠 있는 발아래 섬들의 풍경을 만끽함도 관해의 높은 경지다. 옛사람들이 관동팔경 등 정해진 명소에서 일출의 관해를 즐겼다면, 현대인들은 그런 좁은 장소로는 성이 차지 않는다. 승용차는 물론이고 버스까지 대

절해와서 정동진 같은 곳에서 적어도 수만 명 이상이 떼거지로 일출을 맞이한다. 호미곶도 그러하다. 당연히 TV 카메라맨이 앞장서고 "금년 한 해는 모두가 건강하세요, 부자 되세요." 식의 덕담이 새해 꼭두새벽부터 울려 퍼진다. 우리 시대의 해맞이 풍속은 이렇듯 매머드식으로 자리 잡았다.

일몰의 풍경 역시 다르지 않다. 태안반도의 학암포나 만리포, 강화도 동막해변에 드리운 마지막 석양의 처절한 붉음, 전남 진도 세방리의 해안도로에서 맞이하는 서해 낙조 등등 곳곳에 해넘이 명소가 산재한다. 그렇지만 알려진 명소에서 조용히 한 해를 사색하며 맞이하는 해넘이는 사실상 불가능하다. 해맞이 못지않게 해넘이도 매머드화되었기 때문이다.

해마다 해맞이를 떠나는 이들이 엄청 많기에 차제에 사족을 달아본다. 호미곶 해맞이공원처럼 그야말로 시설과 조건이 두루 갖추어져 볼 것도 많고 편리한 곳을 찾는 것이 좋을 것이고, 아니면 조그마한 어촌의 언덕에 올라 가족이나 연인끼리 동해 일출을 바라봄도 권할 만하다. 유명세 치르는 곳만 찾을 일은 아니란 뜻이다. 한 번쯤은 유명 해맞이, 해넘이 장소를 찾아보는 것을 말리고 싶지는 않지만, 두 번은 권하고 싶지 않다. 아니면, 이번의 나처럼 차라리 동짓날에 미리 와서 해맞이를 하는 것도 하나의 방법이 아닐까. 요즈음에는 곳곳에서 자그마한 해맞이 행사가 열려 해마다 '귀밝이술'도 권하면서 조촐한 축제를 벌이고 있으니, 이렇듯 전국 곳곳을 찾아보면 주차 걱정 없이 일출의 관해를 편하게 즐길 수 있는 알려지지 않은 곳이 산재해 있다.

그리스 신화에서 '새벽의 신' 에오스(Eos)는 장밋빛 손가락으로 여명(黎明)의 문을 연다. 새로운 하루가 새벽에서 시작되고 이는 곧 새로운 세계의 시작을 알린다. 어슴푸레한 하늘의 구름은 새벽이 몰고 오는 양떼이리라. 그러하니 구름 끼어 해 떠오르는 광경을 보지 못하면 또 어떠랴. 해는 반드시 양떼 같은 새벽 구름 속에서 눈을 비비고 있는 것이니 마음의

빛이 더욱 소중한 것일진대, 눈 감고 파도소리를 들으며 내일의 태양을 향하여 소리칠 일이다. 해는 어김없이 뜰 것이며, 일출은 어느 누구도 한 장소에서 한순간에만 볼 수 있는 것이니, 만인은 해 앞에서만큼은 평등한 것이다.

# 우리는 왜 펄떡이는 활어회만 좋아할까

## 어식과 생식문화권

먹을거리만큼 살아가는 데 소중한 게 또 있을까. 그런데 열심히 먹기만 하지 밥상의 안전에 대해서는 별로 생각이 없는 게 우리의 세태다. 회(膾)만 해도 먹는 데는 열심이지만 그에 상응한 정확한 인식이 부족해 '비싼 값 지불하고 값싸게 먹기' 일쑤다. 우리들의 회문화에 관한 고정관념을 점검할 필요성을 느낀다.

오랫동안 우리는 채식 위주의 삶을 살면서 그저 '고깃국' 먹는 것을 최대

한국인들이 가장 즐겨 먹는 횟감. 광어(왼쪽)와 우럭(오른쪽).

의 꿈으로 생각했다. 1970년대 산업화 이래로 곳곳에 음식점이 생겼다 하면 갈비집이었다. 전통적으로 가축이 귀했기 때문에 소, 돼지, 닭 같은 육식도 제한적 선택만 가능했던 후과다. 그러나 1970~1980년대가 동물성 단백질 섭취량이 엄청 늘어난 시기였다면, 경제적 부가 일정하게 축적된 1990년대부터는 해산물 소비가 급증한다. 특히 21세기로 접어들면서는 이른바 웰빙 슬로건이 내걸리면서 건강식인 해산물이 더 각광을 받고 있다. 사정이 돌변하고 있다. 생선 소비량이 급증하고 회에 관한 관심이 증대하고 있다. 회가 이렇게 대중화된 건 단군 이래 처음이다. 그런데 회에 관한 일반의 상식은 여전히 '바닥'이다.

　회의 문화적 우성(優性)은 역시 일본의 '사시미'다. 해양선진국 중에서도 회를 사양하는 민족이 많은 반면, 일본은 오랜 역사와 전통을 기반으로 이를 정교하게 발달시켜 세계화에 성공하고 있다. 김치 없는 우리 식탁이 뭔가 빠진 듯하다면 횟감 없는 일본 식탁도 쓸쓸한 풍경이리라. 평균수명보다 중요한 건강수명 순위에서 일본은 세계 1위다. 생선, 특히 횟감을 즐기는 식생활과 연관이 있을 법하다. 일본인에게 회는 밥과 같이 일상적인 것이며, 이제 '사시미'와 '스시'는 만국공통어로 통용되고 있지 않은가.

서양인은 본디 회를 즐기지 않았다. 심지어 서양인들은 생선을 날로 먹는 행위를 야만으로 보는 편견에 사로잡혀 있으며 중국에서도 불에 익혀 먹는 것이 일반적이다. '날고기를 먹는 종족'이란 뜻에서 붙여진 에스키모란 명칭도 문명과 야만을 가르는 차별에서 나왔다. 세계문명사는 대개 육식문화권, 어식(魚食)문화권, 채식문화권으로 삼대별이 가능하다. 어떤 경우에도 육식, 어식, 채식을 골고루 섞어 먹게 마련이지만 먹는 정도에 따라 그러한 구분이 가능할 것이다. 한국은 두말할 것 없이 채식이 발달하였다. 고기와 해물을 먹지 않는 것은 아니지만 상대적으로 채식이 발달한 나라다. 일본은 어식이 대단히 발전한 나라로 여겨지며, 대개의 서양인들은 육식을 선호하는 것으로 분류될 것이다. 일본인들은 어식을 즐기는 만큼 날생선, 즉 생식(生食)문화를 발달시켰으며 그 일본의 회문화가 세계적으로 전파되기에 이른 것이다.

회를 야만문화라 깔보던 서양 사람들이 어느 결에 회를 먹기 시작하였다. 물론 회가 진출했다지만 아직도 제한적이다. 그러나 미국 동부의 코넬대학 같은 대학촌에 가보니 그런 촌동네에도 초밥집이 진출해 있었다. 샌프란시스코 같은 해변은 두말할 것도 없다. 그런데 유심히 보면 초밥집은 있는데 수조는 보이지 않는다. 중국 광저우 같은 유수의 해양도시를 가보아도 수조를 두고 횟감을 파는 음식점은 없다. 일본 시모노세키(下關)에 있는 최대 규모의 어시장을 누비고 다녀도 수조는 없다. 왜 수조가 없을까. 의문은 곧 풀린다.

## 전치 10주의 중병 걸린 횟감



펄떡거리는 활어를 그 자리에서 회 쳐 먹는 사례는 전 세계적으로 드물다. 회는 살아 있는 활어(活魚)와 일단 죽여서 숙성시킨 선어(鮮魚)로 구별된다. 한국 사람들은 자기 눈으로 '확인 사살'해 그 자리에서 쳐낸 활어만을 굳게 신뢰한다.

그러나 먼 바닷가에서 시장이나 음식점으로 실려 오면서 온갖 사투를 벌이고, 중간 유통업자를 거쳐 최종 소비처로 팔려가는 과정을 생각하면 우스갯소리로 전치 10주 정도의 뇌진탕에 골절상을 입은 소위 '중병 걸린 생선'을 먹게 되는 꼴이다. 업자에 따라서는 운반 도중에 죽지 말라고 항생제를 뿌리기도 한다. 또한 바닷가에서 곧바로 옮겨온 물고기는 그대로 먹는 법이 아니다. 물고기도 스트레스를 받게 마련이므로 2~3일쯤 지난 다음에 잡아야 제격인데, 사람들은 바로 도착한 놈이 좋다고 그저 믿어버린다.

장사 잘되면 수일 내에 곧바로 팔려 나가겠지만 휴일이 겹치고 손님이 없으면 오랫동안 순번을 기다리며 수조에서 감옥 같은 나날을 보내야 한다. 수조의 물을 갈아주기는 하지만 이미 죽은 놈과 다름이 없다. 살의 진액은 빠지고 기가 풀려 죽은 듯이 살아갈 뿐이다. 사둘로 고기를 건져내면 순간적으로 놀라서 펄떡거리며 마지막 '저항'을 하게 마련이다. 그러면 사람들은 말한다.

"싱싱하구먼!"

"그럼요, 바로 잡아온 놈인데요!"

이렇게 알고 먹고 속고 먹게 마련이다. 이처럼 한국인들은 수족관에 관한 한 어떤 신앙 같은 경지에 접어든 상태다. 그래서 횟집에는 반드시 수조가 있어야 한다고 믿지만, '사시미의 나라' 일본에는 살아 있는 물고기만이 싱싱하다는 믿음은 없다. 회문화는 일본에서 들여왔으면서도 활어만을 선호하는 전통은 한국식이니 알다가도 모를 일이다.

한국인은 쫄깃한 횟감을 선호한다. 한마디로 '씹히는 맛'을 즐긴다. 그래서 갓 잡아 올린 놈을 즐긴다. 반면에 일본인들은 씹히는 맛보다 미각을 택

우리와 달리 일본인들은 선어를 즐기는데, 이제는 세계적인 음식이 된 초밥도 이런 그들의 음식문화를 반영한 것이다. 사진은 일본 시모노세키 가라토(唐戸) 어시장에서 일반인들에게 판매하는 복어 선어회. 수족관은 구경조차 할 수 없다.

한다. 가령, 우리는 자연산 전복의 이가 들어가지 않을 정도로 단단한 맛을 즐기는 반면에 일본인들은 오히려 양식 전복의 부드러움을 선호한다. 생선회 전문가인 조영제(부경대) 박사는 이를 양국의 식문화 차이로 설명한다.

우리는 넙치·우럭·농어같이 육질이 단단하여 씹히는 맛이 좋은 흰살 생선을 선호하고, 일본은 방어·참치·전갱이같이 육질은 연하지만 혀로 느끼는 맛이 좋은 붉은살 생선을 선호한다. 또 초밥과 횟감 비율이 8:2나 돼 "초밥을 먹기 위해 회를 먹는다."는 말이 생길 만큼 초밥을 즐긴다. 반면에 우리는 2:8로 회 선호도가 높다. 초밥을 먹기는 하지만 '뜨거운 밥'과 '국문화'에 익숙하기 때문에 회를 먹고 나서 매운탕이나 맑은 국으로 밥을 먹으면서 마무리하는 것이 관례다. 초밥을 즐기는 일본인은 활어보다 선어를 선택한다. 선어는 갓 잡은 활어보다 씹히는 맛은 떨어지지만 잡은 뒤 10~15시간이 지나면 육질부의 이노신산이 많아져 맛이 극대화된다. 그렇다면 선어와 활어의 장단점을 두루 취할 방도는 없을까. 그래서 등장한 것이 이른바 '싱싱회'다.

싱싱회란 선어의 일종으로, 갓 잡아서 위생적으로 손질한 뒤 냉동이 아닌 냉장 상태로 소비처에 공급하는 횟감을 뜻한다. 잡은 시간과 운송시간을 면밀하게 계산하여 시간만 놓치지 않는다면 대단히 신선하고 훌륭한 횟감이다. 그래서 이름조차 싱싱회다. 싱싱회 전문가 이인수(해양수산부 수산정책국) 박사는 이렇게 말한다.

> 해양수산부나 수협 등 전문가들의 노력에 비하면 세간의 인식이 전혀 바뀌지 않아 이런 시도가 고전을 면치 못하고 있습니다. 싱싱회로 가야 하는 행로는 분명한데 인식의 문제지요.

전체적 전략은 맞는데 그동안의 관습으로 인하여 실천이 되지 않는다는 고백이다. 눈앞에서 퍼덕이는 놈만을 싱싱하다고 믿는 우리의 음식관을 일조일석에 바꿀 수 없어 엄청난 고비용을 치르는 중이다. 활어 운송비가 들고, 음식점에도 수조를 설치해야 하며, 물갈이 등 관리비용이 많이 든다. 당연히 유통 중의 폐사율도 높다. 또 내장이나 뼈, 머리 같은 부산물이 50퍼센트나 되니 불필요한 운반이 되고 말아 원가가 비쌀 수밖에 없는 활어문화에 단단히 발목이 잡혀 있는 셈이다.

횟집촌을 가다 보면 '마리당 9,900원'이라고 내건 가격표를 자주 보게 된다. 500그램 정도의 미숙어를 이렇게 파는데, 그걸 모르는 사람들은 '싼 게 비지떡'인 줄도 모르고 이를 선호한다. 성장한 1킬로그램 이상 크기는 별로 좋아하지 않는다. 그러다 보니 양식장 출하 때도 500그램짜리 미숙어는 비싸게 팔리는 반면 오래 키워 맛이 있는 놈은 싸구려로 팔리는 엉뚱한 일이 발생한다. 사실 1킬로그램짜리를 시켜도 정량을 주는 경우는 거의 없다. 소비자만 '봉'이 되고 있으니 우리 수산물도 정량화, 규격화 단계로 들어서야 하지 않을까.

## 선어, 활어 장점 두루 살린 싱싱회

우리나라 최대의 싱싱회 공장인 포항의 한국빙온을 찾았다. 횟집을 연상하면 안 된다. 어엿한 공장이다. 1일 5~10톤을 생산할 수 있는 설비를 갖추고 있다. 수조에서 건진 회는 즉살해 얼음물에 씻는다. 내장을 바르고, 탈피기로 껍질을 벗긴 뒤 다시 얼음물에 채운다. 살균한 타월로 말아서 탈수하고, 적절하게 다듬어 진공 포장해 얼음에 재워 냉장 상태로 유통시킨다. 직원들은 위생복을 입고, 소독을 해가면서 공정에 임한다. 바닷가에서 갓 잡아 퍼덕거리는 횟감을 그대로 위생처리, 일사불란하게 유통시키는 시스템이다.

깨끗한 음식점도 있지만 너저분한 조건에서 도마나 행주조차 제대로 소독하지 않는 횟집과 비교해볼 일이다. 한국빙온의 장석원 대표는 "위생적으로 처리되기 때문에 식품이 절대 안전하고, 싸게 공급할 수 있다."고 설명한다. 그의 설명에 따르면 이런 방식으로 회를 먹을 경우 최고 30~40퍼센트 선에서 절반까지 가격을 낮출 수 있단다. 회가 대중화되었다고는 하지만 아직도 싼 가격만 아니다. 그런데 수십 퍼센트까지 눅은 가격에 먹을 수 있다니 진지하게 고려해볼 일이다.

술집 분위기인 횟집에 주부가 아이들을 데리고 가기 쑥스러운 경우도 많다. 저변 확산을 위해 가정에까지 회가 공급되려면 현재의 횟집이나 횟감 판매구조로는 어림없다. 아무리 싱싱하다 해도 직접 회를 뜰 수 있는 기술은 아무나 갖지 못하기 때문이다. 이런 점에서 선어 공급은 소비자들에게 돌아가는 이점이 크다. 또 연간 한국인의 횟감 소비액이 6조~7조 원에 달한다고 볼 때 엄청난 이득이 창출될 것이다. 그런데 왜 우리는 여전히 눈앞에서 퍼덕거리는 횟감만을 좋아할까. 한번 잘못 길들여진 문화는 쉽게 고쳐지지 않는다. 창해를 누비는 싱싱한 바닷고기에 관한 '상상의 공동체'가 우리의 뇌리에 흡사 꿈처럼 박혀 있기 때문이다.

현실은 이렇다. 창해를 누비는 싱싱한 물고기는 거의 없다. 횟감의 90퍼센트 이상은 양식이다. 자연산은 잡히더라도 소량일 뿐더러 자연산을 마구잡이로 훑어내는 소형 기선저인망(일명 고데구리)은 어족보호 차원에서 금지시켜야 하기 때문에 자연산 선호 자체가 반환경적인 습속이기도 하다.

어차피 이제는 양식어류를 먹고 살아야 한다. 자원이 절대적으로 줄어든 탓도 있지만 한국인들의 횟감 선호도가 급등한 데다 늘어난 외식문화의 수요까지 감당하려면 자연산으로는 어림도 없다. 따라서 과학적, 합리적으로 양식업을 확충해야 하며, 소비와 유통도 코페르니쿠스적인 사고의 전환이 필요한 시점에 와 있다.


## 값싸고 맛있고 안전하게, 어떤 선택을 할 것인가


혹 바닷가에 즐비한 횟집이 야기하는 엄청난 생태오염을 생각해본 적이 있는가. 환경운동단체 어느 누구도 이 문제를 제기하지 않는다. 민중이 먹고사는 문제라는 단 한 가지 이유로 횟집에서 배출하는 엄청난 부산물과 박테리아로 오염된 수조의 물, 쓰레기 분리수거 등에 대해 너무나 무관심하다.

더 이상 이런 바닷가 횟집들이 낭만의 대상이어서는 안 된다. 전 세계 어디에도 이만한 물량으로 수조가 즐비한 바닷가 풍경은 존재하지 않는다. 샌프란시스코의 워터프런트(Fisherman's Warf)를 거닐어보아도 수족관은 볼 수 없다. 시모노세키의 그 광대한 가라토(唐戶) 어시장에도 수족관은 눈에 뜨이지 않는다. 오밀조밀하게 '싱싱회'나 초밥을 팔고 있을 뿐이다. 가라토 어시장의 규모는 서울의 가락동 어시장에 비하여 훨씬 작지만 수족

더 이상 자연산 활어를 기대할 수 없는 상황이라면 양식 어류를 위생적으로 가공, 유통시키는 선어에 눈길을 돌리는 것이 연간 6조~7조 원대에 이를 만큼 거대한 회 시장의 거품을 빼는 길이기도 하다. 전문가들은 지금의 회 값은 엄밀하게 따져 많게는 65퍼센트까지도 거품일 수 있다고 말한다.

**1, 2** 싱싱회를 가공하고 있는 거제도의 일운수산 양식장과 출하하기 위해 광어를 잡는 광경.

**3, 4, 5,** 포항의 초현대식 싱싱회 공장인 한국빙온의 깨끗한 시설과 엄격한 위생 관리. 넙치를 얼음물에 담갔다가 포장하기 위해 손질하는 모습을 통하여 싱싱회가 활어보다 훨씬 위생적으로 가공됨을 알 수 있다.

관 없이 회만을 팔고 있기에 상점 수는 오히려 많고 청결도는 비할 바가 아니다. 한마디로 수산시장에서 바닥에 흘린 물방울 구경하기가 어렵다. 도쿄의 스즈키(筑地) 어시장도 마찬가지다. 중국의 상하이에서도, 광저우에서도 수족관은 구경할 수 없었다. 왜 우리나라만이 수족관의 활어를 선호하는 것일까. 회문화의 선진국이 일본이라면, 그것만은 일본을 따라가야 하는 것이 아닐까.

무를 당근으로 알고, 쑥갓을 상추로 알고 먹는 소비자는 없다. 그런데 '모듬회'라는, 내용물이 무엇인지도 모르는 회를 먹는 소비자들이 의외로 많다. 횟집 주인은 소비자에게 무슨 회인지를 분명히 설명해줄 의무가 있다. 횟감의 생산자 실명제가 이뤄지지 않아 항생제에 찌든 값싼 중국산이 슬쩍 끼어든다. 어디에서 누가 잡았는지, 어느 양식장에서 누가 길렀는지도 모른 채 소비자들은 그저 먹고 값만 치른다. 생산과 유통, 소비의 절차와 과정이 선명하게 드러나는 싱싱회로 전환되어야 한다.

국회에서는 이영호 의원이 주도하고 바다포럼과 한국수산회 등이 주최한 '비브리오 패혈증을 법정 전염병에서 제외시키자.'는 요지의 입법공청회가 여러 번 열렸다. 여름철만 되면 비브리오 경계령이 발동되어 전국의 횟집들이 문을 닫는다. 비브리오는 노약자 등 신체가 약한 사람에게만 나타나는 식중독일 뿐 법정 전염병으로 지정할 병증이 아닌데도 언론 등의 과장 보도 때문에 국민들이 '공포의 전염병'으로 잘못 알게 됐다는 것이다. 물론 익히지 않은 횟감을 불결한 곳에서 조리해 판다면, 비브리오 패혈증 등의 병이 생길 것은 자명하다. 조리해 먹는 육고기와 달리 횟감은 말 그대로 '날것'이다. 열악한 음식점에서 비위생적으로 조리하다 보면 식품 안전은 누구도 장담할 수 없게 된다. 더러운 그릇, 씻지 않은 도마, 병균이 들끓는 행주 등을 누가 다 감시하랴. 덕분에 이른바 비브리오 파동만 일어나면 전국의 횟집들은 문을 닫아야 하고 양식업자와 어민들은 죽음

직전이다.

이제 원산지 표기가 분명하고, 정량을 지키고, 세무서에서 세수를 분명히 파악할 수 있고, 소비자는 위생적인 양질의 회를 눅은 가격에 먹고, 양어장은 안정적 판로를 확보하고, 비브리오 파동 같은 위험 부담에서도 벗어나는 '윈-윈 전략'을 선택해야 할 시점이 아닐까. 거제도에서 대형 양식장을 경영하면서 싱싱회를 맨 처음 시작해 일본으로 수출하고, 한때 도쿄 스즈키 수산시장의 최대 판매량까지 올렸던 일운수산 김산세 회장의 지적을 뼈아프게 들어야 한다.

회를 어디 배 채우려고 먹습니까? 맛으로 승부해야죠. 수산양식도 미래 전략산업으로 거듭나야 하고 활어만 선호하는 소비자도 이제는 생각을 고칠 때가 됐다고 봅니다.

급격한 변화의 요구는 이제 우리의 식탁까지 당도해 있다. 상황과 조건이 이러한데 아직도 활어회의 펄펄 뛰는 그림만을 연상하고 있어야 할까. 선택은 우리에게 달려 있다. EHA, DHA 등 불포화지방산이 그득하고, 고혈압과 협심증, 심근경색, 뇌졸중 등에도 예방효과가 있고, 풍부한 식이섬유에 저칼로리 고단백식품인 바닷가의 건강한 수산식품을 더 값싸고 맛있고 안전하게 먹는 일은 그 어떤 일 못지않게 중요한 삶의 선택이다. 활어와 싱싱회, 어떤 선택을 해야 할 것인가.

# 감동의 모천회귀

## 기수(汽水)는 인간 삶 엮어낸 가장 중요한 곳

봉화에서 불영계곡을 거쳐 울진으로 길을 잡는다. 험한 길, 붉은 소나무가 울울창창(鬱鬱蒼蒼)하다. 백두대간 줄기에서 동해로 내리꽂히는 왕피천이 불어난 장맛비로 급살을 탄다. 우르르 쾅쾅. 전쟁이라도 났는가 싶다. 가파른 계곡을 내려가노라니 불현듯 동해다. 깊은 숲이 이어지다가 너무도 급작스럽게 바다가 나타나 당황스러울 정도다. '바다, 하늘, 계곡, 강이 만나는 곳'이란 울진군의 홍보 문구가 너무도 정확히 이를 설명해준다.

버젓한 강은 없어도 백두대간의 골짝 골짝에서 내린 물을 동해로 쏟아붓는다. 왕피천도 그 중의 하나다. 물의 급수를 따질 겨를이 없다. 너무도 깨끗하여 아직도 이런 물이 남아 있음에 감사, 또 감사드릴 뿐이다. 동해가 청정해역임은 이런 왕피천류의 청정지수에 힘입는다. 국내 최초의 민물고기 전시관인 '경북 민물고기 연구센터'가 경상도의 수많은 지역을 제치고 왕피천 하류에 자리 잡았음은 당연한 일 아닌가. 왕피천은 줄납자루, 몰개, 점몰개, 치리, 동사리, 새코미꾸리, 미유기, 퉁가리, 돌마자 등 다양한 민물고기 가족들이 살아가는 1급수다. 외래어종이 번식하지 않는 토종 하천이기도 하다.

내가 쏜살같이 내려간 방향과 정반대로 봄철의 은어 떼는 힘겹게 거슬러 올라왔으리라. 백두대간에 쌓인 눈이 녹고 얼음이 풀리면 은어는 백두대간 줄기로 향한다. 한여름 왕피천 중류쯤에서 성장한 은어는 불영계곡의 왕파리까지 올라가며, 웬만한 작은 댐은 거침없이 거슬러 오른다. 서식지에서 거의 고등어만큼 몸피를 불려 가을 무렵에 하류로 내려간다. 알을 낳은 은어는 1년생으로 생을 마치기에 1년어(一年魚)란 별칭이 붙었다. 치어들은 동해로 내려가서 겨울을 난 뒤 다시 봄이 오면 모천회귀(母川回歸)를 거듭한다. 삼척의 오십천, 양양의 남대천, 강구의 왕피천, 그리고 남해안의 섬진강에서도 은어들은 똑같은 일을 반복하고 있다. 그렇듯 돌고 도는 윤회의 법을 온몸으로 실천하여 끝내 우리를 감동시키고 만다.

강물과 바닷물을 정기적으로 오가는 연어, 송어, 황어, 은어 등과 같이 강에서 알을 낳고 부화된 새끼들이 바다로 갔다가 다시 강으로 돌아오는 부류를 모천회귀라고 한다. 그런데 모천회귀만 있는 것이 아니라 모해회유성(母海回遊性) 물고기도 있다. 뱀장어는 심해에서 산란한 후에 부화된 새끼들이 강물로 올라와 성장하며, 산란기가 돌아오면 다시 모해로 되돌아간다. 어느 경우에나 강의 하구가 중요하다. 기수대에 하구언이라도 들

어서면, 두말할 것 없이 은어들이 올라올 방도가 없는 것이다.

짠물과 민물이 만나는 기수(汽水)야말로 바다의 또 다른 비밀을 간직한 곳이며, 인간의 역사와 삶을 엮어낸 가장 중요한 곳이다. 크고 작은 동해의 읍성과 마을도 기수 근역에 자리 잡았으며, 울진도 예외가 아니다. 그런 까닭에 바다 생활사에서는 기수가 반드시 앞자리를 차지함이 마땅하다.

은어 떼처럼 나도 강구(江口)의 기수를 거쳐서 산으로 오른다. 계곡물에서 철저하게 자기 자리를 지키려고 영역 싸움을 벌이는 은어를 보니 '물고기 야전사령부'가 왕피천으로 옮겨진 듯한 느낌이다. 이들의 영역 투쟁은 전투적이다. 어류학자 정문기는 은어의 생활사를 연구하여 은어 떼는 먹 잇감인 이끼가 번식해 있는 장소를 찾으면 감시병까지 배치해놓고 점령군 같은 군대식 생활을 한다고 하였다. 자신의 생활구역 안에서 전부터 살던 다른 동물을 쫓아내고 침입자를 격퇴하는 매일매일의 투쟁을 벌인다. 다만 먹이가 다른 동물은 공생을 허락한다. 은어 역시 밥그릇 싸움에는 철저

은어는 1급수의 깨끗한 돌 틈에서 살아간다. 제주도 강정천의 은어. 빛깔이 갈색을 띠고 있다(왼쪽, 수중세계 이선명 제공). 왕피천의 수족관에 갇힌 은어. 빛깔이 은빛을 띠고 있다(오른쪽).

한 셈이다. 자신의 영역은 대략 3제곱미터로 매우 넓게 잡고 있다. 그런 군대식 사회생활을 계속하는 동안에 상류 분수령까지 올라간다.

그러나 다가오는 가을이면 그 힘겨운 투쟁도 막을 내릴 것이다. 하구의 산란장으로 줄달음칠 시간이기 때문이다. 은어의 최후를 보자. 산란 후, 기진맥진하여 마치 소매 끝에 메추리 붙듯 너덜거리는 껍질과 뼈대만 앙상하게 남아 강물에 떠내려간다. 떠내려가는 은어는 물새도 잡아먹지 않는다. 누군가 이를 "고요한 은어의 수장식(水葬式)"이라고 압축하여 말했다. 밥그릇 싸움에 철저한 삶, 그리고 생을 마치는 덧없는 삶, 그런 은어에게서 우리 인간을 본다.

바닷물과 민물이 섞인 환경에서 적당한 생화학적 밸런스를 보존해야만 이듬해 은어가 돌아올 수 있다. 바다에서 곧바로 모천으로 오기 전에 강구에서 잠시 머물고, 반대로 모천에서 바다로 갈 때도 강구에 머무르면서 생체 밸런스를 조절해야 한다. 바닷물과 민물의 변증법적 지평은 바로 기수에서 열린다. 바다와 강이 만나는 경계는 성스럽기까지 하다. 밀물, 썰물이 만나는 조간대의 갯벌이 보여주는 '경계의 미학'처럼 강구의 기수도 그 자체가 장엄(莊嚴)이다.

겸재 정선의 〈월송정도(越松亭圖)〉. 경북 울진군 평해읍 월송리에 있으며, 망양정과 함께 관동팔경의 하나로 주변의 눈과 같이 흰 모래사장과 울창한 송림으로 이름 높았던 곳이다. 화제에서 '月'이 아니라 '越'을 쓰고 있다(개인 소장).

## 은어 훈제를 왕피천의 '명품 생선'으로

장엄을 제대로 보기 위해서는 역시나 적당한 거리 유지가 필요한 법이다. 왕피천 하구의 끝자락을 지키는 망양정(望洋亭)에 오른다. 망양정은 '바다를 관망한다'는 뜻이니 나의 관해기처럼 수많은 시인묵객들도 일찍이 자신들의 관해기를 이곳에서 쏟아내지 않았겠는가.

두 개의 모래톱이 마주한 틈새를 비집고 왕피천이 동해로 흘러들고, 동해는 힘껏 바닷물을 민물로 밀어붙인다. 출신이 다른 물들의 싸움은 생각보다 격렬하지만 모래톱의 풍경은 고즈넉하기만 하다. 망양정의 위치는 너무도 절묘하여 숙종이 내린 "관동제일의 누(樓)"라는 친필 편액이 조금도 부끄럽지 않다. 오죽하면 겸재 정선이 〈망양정도(望洋亭圖)〉에서 다소 '과격한' 필치로, "바다로 솟구치듯 돌출한 누정"이라고 묘사했을까.

누정에서 감상에 젖을 수도 있겠지만, 좀더 현실적으로 강구를 바라보노라면 온갖 역사와 문화가 누적된 치열한 곳으로 다가오기도 한다. 왜구들이 떼 지어 몰려들던 침략의 현장. 아니면 강구에서 뗏목을 엮거나 배에 실어 멀리 부산까지 가던 포구. 그도 아니면 염전터였던 강구의 들판은 소금 굽던 이들이 진저리치며 고난의 삶을 살았던 곳이기도 하다. 소금이 귀하던 시절, 강구의 모래밭에 바닷물을 들이붓고, 모래에 엉긴 소금기를 빼내어 짠물을 만들고, 그 물을 졸여서 화염(火鹽)을 만들어냈다. 소금이 아예 생산되지 않는 백두대간의 산동네 사람들은 이들 소금을 대단히 비싼 값으로 사다 먹어야 했다. 아주 오래 전의 일들인지라 조만간 '전설'로 변해갈 것이다.

과거에 민중들의 먹거리에서 민물고기가 차지하는 비중이 엄청나게 컸다. 더군다나 은어처럼 바다와 강을 오가는 고기는 대단한 인기 어종이었다. 은어튀김의 우아한 맛을 경험한 이들은 그 인기도의 비결을 쉽게 이해할 수 있으리라.

은어는 말 그대로 은빛이다. 은어에서는 수박 향기가 난다. 은어는 맑은 냇물의 이끼를 먹고 산다. 비린내 대신에 향긋한 수박 향기가 나는 것만으로도 은어의 품격을 알 수 있다. 오죽

香魚

縷膾空煎酒鹽。炙賞篰燴。而不聽用薑椒。惡誤本真

香氣也。腸微苦齒爽於口頰。故賞全炙。此物鮨即

搞恰類蔡文姬南遷時。賴子成詩溪光涵鱗腮帶黄。

苦氣沁腸腹含香。香魚狀味盡矣。世推岐阜。然不及

隈河之美。隈產頭小身大。重踰二百星。脊上一帶凝

脂如蠟。故可鮠而不可鮨。鱉推芳莖。

일본에서도 은어를 향어로 표기하고 있다(羽倉簡堂, 《養小錄》).

살 냄새가 수박 향을 닮아 향어(香魚)로도 불리는 은어는 바다와 계류가 만나는 울진 왕피천에서 성스럽기까지 한 경계의 삶을 장엄하게 드러내며 윤회의 법속을 떠돈다. 사진은 왕피천 기수대에서의 은어낚시. 모래톱과 동해가 보인다.



하면 향어(香魚)라 불렸을까. 중국 서진(西晉)의 장화(張華)가 엮은 《박물지(博物誌)》에 이르길, "물고기 회를 먹고 남은 것을 강물에 버리니 그것이 고기로 되살아났다."고 한 바로 그 물고기다. 냉수성 어족인 은어는 찬 물고기인 만큼 맛도 담백하고 시원하다.

왕피천 사람들은 수경을 쓰고 급류 바위틈을 뒤져 작살로 은어를 잡아 올린다. 파리 모양의 낚시를 매달아 은어 새끼를 낚아내는 '파리낚시', 살아 있는 은어의 몸통에 바늘을 끼워 다른 은어를 유인하는 '놀림낚시', 미끼 없이 바늘 세 개를 엮은 '코걸이낚시', 그 무엇보다 돌멩이로 살을 막고 통발을 놓은 '살막기'가 중요했다. 은어는 빤짝거리는 물체를 좋아하기 때문에 금색 바늘을 매달아 물에 띄우면 빠른 물살에 어른거리는 광채를 보고 덥석 물게 된다. 화려한 것을 좋아하다가 끝내 목숨과 바꾸는 놈이다. 왕피천 태생의 주상준 울진문화원장의 증언에 따르면, 현재의 투망질이나 낚시질보다 앞의 어로방식이 더 보편적이었다고 한다.

은어는 튀겨 먹고, 회 쳐 먹고, 끓여 먹고, 훈제로 만들어 먹기도 한다. 산에서 잡은 큰 은어를 '산치'라 불렀는데, 주둥이에 대나무 꼬챙이를 끼워 가지런히 꽂아놓은 뒤 그 위에 두꺼운 종이를 덮어 훈증(熏蒸)으로 구워 말리

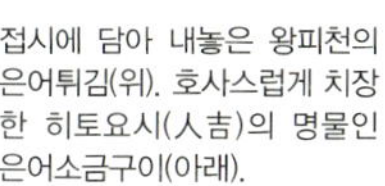

접시에 담아 내놓은 왕피천의 은어튀김(위). 호사스럽게 치장한 히토요시(人吉)의 명물인 은어소금구이(아래).

는 예스러움을 이제는 보기 어렵다. 살아 있는 모양 그대로 금빛이 도는 훈증 은어는 왕골 속갱이로 열 마리씩 엮어 귀한 선물로 주고받기도 하였다. 문득 2003년 여름, 바이칼호로 가는 길목인 슬류디양카에서 먹었던 황금빛 훈증 청어 오물이 떠오른다. 흡사 황금투구와 갑옷을 입은 양 품격 있게 줄지어 서 있던 오물의 위엄을 동해의 훈증 은어에서 다시 보는 맛이란.

규슈의 가고시마에서 국도를 따라 구마모토현까지 올라오다 보면 은어로 유명한 히토요시(人吉)가 나온다. 옛 온천장으로 유명했던 곳인데 지금은 거의 몰락하여 한적하기 이를 데 없다. 방정맞을 정도로 대단히 빠른 냇가에서 은어가 다량 잡히고 있다. 바다에서 올라온 은어들이 돌이 많고 물살이 빠른 맑은 냇가에 떼를 지어 돌아다닌다. 화식(和食)을 올리

면서 여관집의 여주인은 은어요리를 몇 번씩 설명했다. 작은 접시에 딱 한 마리 튀겨서 올려놓고 무슨 설명이 그리도 긴지. 아예 구전민요인 은어 노래까지 불러주었다. 그만큼 은어요리가 유명한 곳이고 자부심도 대단하다. 왕피천의 은어훈제 같은 것도 잘만 살리면 그에 못지않게 전국에 내놓을 수 있는 '명품 생선'이 될 터인데, 그런 점에서 우리는 일본보다 한 수 아래다. 자신의 것을 생선 한 토막일망정 철저히 되살려서 관광상품화하려는 그네들의 노고에서 한수 배워야 하지 않을까. 왕피천의 음식점에서 은어튀김을 먹으면서 히토요시의 은어와 바이칼의 오물(Omul) 훈제를 떠올렸음은 이와 같은 뜻에서다.


## 관동, 관서 사람들 험준한 백두대간 오가


거슬러 올라가는 것은 은어만이 아니다. 동해안 사람들은 어느 곳에서건 백두대간을 넘어야만 서쪽 사람들과 문물을 교류할 수 있었다. 서쪽 사람들 또한 산을 넘지 않으면 소금을 구할 수 없었으며, 하다못해 산모 미역 거리조차 구할 수 없었다. 동해에서 올라온 은어가 계곡물에서 진저리치며 전투를 벌이는 동안, 사람들은 험준한 고개를 넘고 넘어 봉화나 영주를 오고 갔다.

울진군 북면의 산골동네 '말래'에 가면 도문화재 자료로 지정된 일명 '울진내성행상불망비(蔚珍內城行商不忘碑)'란 철비(鐵碑)가 서 있다. 내성은 봉화의 옛 이름이다. 일본인들이 들어오면서 두천리라 부르나 말래가 본디 명칭이다. 동해 쪽에서 백두대간 넘기 전의 마지막 마을을 '바깥말래', 고개를 넘어가면 '안말래'다. 울진에서 봉화로 가자면 12령, 즉 열두 고개를 넘어야 했으나 험준한 산악의 사나운 짐승과 산적은 한사코 이들의 발목

을 묶었다. 사람들이 모여서 고개를 넘어야 했기 때문에 자연히 고갯목에
는 주막거리가 형성되었다. 본디 원(院)이 있던 곳이니 울진의 벼슬아치들
이 부임할 때도 반드시 오늘날 철비가 세워진 고갯목 동네 말래를 거쳐야
했다.

여름비가 추적추적 오는데 처마 밑에 말래 토박이들이 모였다. 김사웅
(66세), 김기중(67세), 그리고 전인현(86세) 옹의 구술이 시작되었다. 김녕
김가네가 다성이지만 박, 주, 전, 심, 최, 정 등 각성받이 마을이다. 소금,
미역, 말린 문어, 북어 따위를 팔러 다녔는데 특히 울진 고포미역같이 소
문난 특산품이 인기였다. 해산물을 지게에 진 장사치들은 일사불란한 접
(接)을 갖추고 산을 탔다. 대략 30여 명이 몰려다녔다. 적게는 6~7명이 다
니기도 했는데 한국전쟁 직후인 1953년까지 다녔다고 한다. 빨치산 잔재

울진군 북면에 있는 '행상불망비각'. 마치 은어의 행로를 좇듯 이 길을 걸어 동과 서, 바다와 내륙의 '비단길'을 이룬 옛적 보
부상들의 행적을 기억하고자 세운 것이다.

동해와 왕피천이 어우러지며 빚어 만든 왕피천 하류의 사구와 기수대. 은어가 올라오는 관문이다.

들이 출몰하는 등 '시국이 수상하여' 주민들을 모두 소개시켰으며 장꾼은 커녕 마을조차 사라졌다. 현재의 마을은 다시 되돌아와 복권된 상태다. 교통로의 발달도 고갯길 왕래를 소멸시킨 요인이었다. 울진군 서면 쪽으로 도로가 나면서 일제강점기부터 목탄차량 등으로 물자들이 운송되기 시작하였다.

처음에는 자생적인 장꾼들이었을 터인데 차차 보부상처럼 조직체계를 갖춘다. 불망비도 이들 조직의 반수(班首, 접장)의 공적을 기려서 세웠다. 미역, 건어물, 소금 등을 바지게에 짊어진 이들을 선질꾼이라 불렀으니, 잠시 쉴 때도 지게를 받쳐놓고 서서 쉬었기 때문에 붙여진 이름이다. 그런데 비조직적으로 개인 단독이 움직이는 장꾼도 있었으니 떠돌이란 뜻으로 마상, 혹은 마상꾼이라 불렀다.

말래에는 주막도 두 집 있었다. 각각 황씨, 김씨가 운영했으며 잠자리는 물론이고 밥과 술을 팔았다. 죽변이나 울진읍내에서는 불과 30여 리에 지나지 않으나 봉화 내성장과 춘향장까지는 무려 150리길이다. 간단하게 울진장(2, 7일), 죽변장(3, 8일), 흥부장(1, 6일)을 보았지만 한양 가는 길이기도 했다. '울진 - 12령 - 봉화 - 안동 - 한양'으로 가는 지름길을 택하자면 반드시 열두 고개를 넘어야만 했다. 오로지 찻길로만 다니는 오늘날은 감둥골고개, 돌재, 나그네재, 바릿재, 샛재, 술막재, 넙재, 매재, 고치부재 따위의 고개 이름들이 산골 사람들 기억 속에 서서히 '전설'로 바뀌어가고 있다.

## 관광이란 이름의 모천회귀

베어진 소나무가 산을 내려와서 바다로 가서 배가 되었다면, 사람들은 미역 따위를 짊어지고 '산 너머 동네'로 넘어갔다. 산 너머 동네의 풍문이 전해졌으며, 부족한 해산물의 단백질이 이 '실크로드'를 통해 공급되었다. 은어나 연어 따위 역시 목숨 걸고 바다에서 강으로 올라갔으며, 다시금 목숨 걸고 종족 보존이란 장엄을 연출하곤 하였다.

해마다 여름휴가만 오면 백두대간 서쪽 사람들은 기를 쓰고 산을 넘어 바다로 향할 것이다. 관광이란 이름을 쓴 인간들의 고난의 행군 역시 바다를 잊지 못하는 또 하나의 모천회귀가 아닐까. 사회 일각에서 은어나 연어가 등장하는 글이나 TV연속극이 자주 나온다. 그 이유는 무엇일까. 무엇보다 그네들의 회유성이 사회적 관심을 끌어당김은 돌고 도는 우리의 삶에 빗댄 까닭이 아닐까. 그러한즉, 망양정에서 바라보는 강구의 유장한 풍경 속에서 인간과 자연의 대투쟁을 생각해보고, 우리가 돌아갈 시간을 생각해봄은 관념 이상의 존재고가 아닐 수 없다. 동해의 파도가 저렇듯 성나게 강구의 모래톱을 으깨는 것도 저마다 이유가 있지 않겠는가.

# 120미터 수심에서 사는 겨울 동해의 진미

## 길거리서 파는 붉은 게는 영락없는 홍게

서울에서 가장 먼 바닷가를 손꼽는다면 영덕도 빠질 수 없는 곳이다. 가까워졌다고는 하지만 그래도 먼 길이다. 이필제(李弼濟)가 영해작변(寧海作變)을 통해 조선 후기 변혁운동의 엄중한 파고를 예고했던 곳, 그리고 상놈 출신 신돌석이 의병장으로 나서 신출귀몰 왜군을 무찔렀던 일 등 민중의 역사가 강하게 요동쳤던 옛 예주(禮州) 땅. 오늘날은 역사의 진실과 무관하게 그 먼 길 마다하지 않고 대구, 부산은 물론이고 수도권에서도 차량들이

몰려드는 명소가 되었다. 오로지 영덕 대게를 현장에서 먹겠다는 집념 때문이다.

채식주의자들에게는 민망한 소리겠지만 사실 '남의 살'처럼 맛있는 것이 있을까. 더군다나 딱딱한 껍데기 속에 연한 살을 감추어둔 갑각류는 대체로 맛이 각별하다. 게나 바다가재가 고급요리인 까닭은 그럴 만한 이유가 있다. 명태나 기타 잡어로 만드는 게맛살도 기실 대게 맛의 복사판이다.

봄철에 서해안의 꽃게가 진미라면 겨울철 동해안에는 대게가 단연 상석이다. 대게는 영어명이 'snow crab'으로 북방 냉수대에서 산다. 그린란드, 캄차카 반도 같은 북방에서 시작하여 한반도의 울산까지가 남방한계선이다. 한반도에서는 함경북도 연안의 냉수대는 물론이고 울릉도 및 독도 근해, 울진, 영덕, 포항, 울산 등에서 두루 잡히는데 어쩌다 영덕 대게가 브랜드를 선점했다. 그냥 '대게'일 뿐인데 일단 브랜드 선점이 이루어지자 쉽사리 깨지지 않고 있어 이웃 울산이나 울진에서는 울상이다. 흑산도 홍어처럼 수산물에서 브랜드로 성공한 대표적 사례이리라.

서울 같은 도심의 길거리에서도 붉은 게를 영덕 대게라며 팔고 있다. 그러나 영락없는 홍게다. 홍게는 수심 600~1천 미터 이하의 동해 심해에서 잡힌다. 껍데기가 두껍고 살이 적어 다리를 뜯어보면 그야말로 '꽝'이다.



71

상놈 출신 의병장 신돌석 장군의 흉상(위). 영해작변 등 역사적 사건들을 간직하고 있는 영해 관아터의 조선시대 비석들(아래).

이 게는 사계절 잡히며 껍데기에서 키토산 등을 채취하는 데 이용된다. 먹을거리가 풍성한 대게와 달리 양도 그렇고 가격도 대게와 비교할 수 없다. 대게는 길거리에 쌓아놓고 팔 만큼 흔한 것도 아니고 값도 만만치 않다. 그러니 값이 눅은 홍게를 대게로 잘못 알고 사먹거나 속여 파는 일은 없어야겠다.

홍게가 심해저 생물이라면 대게는 울진의 왕돌짬에서 영덕의 무아짬에 이르는 짬(바위)에서 주로 자란다. 약 120미터 이하의 바위밭이 동해변에 이어지고 있으며, 무아짬 안쪽은 고운 자갈과 모래밭이다. 무아짬 안쪽, 즉 강구와 축산 사이의 3마일 근역이 영덕 대게의 집중적인 서식지다. 덕분에 게의 내장이 펄을 먹고 자라서 검은빛을 내는 여타 지방의 대게와 달리 푸른빛이 감돈다. 보통 수심 200~400미터의 깊은 곳에서 어획된다.

12월 1일부터 5월 31일까지 법적으로 정해진 5개월여를 조업한다고 하지만 집중적인 어획 시기는 2~3월이다. 12월은 산란이 끝나서 살이 빠져 있고 또 탈피를 하기 때문에 맛이 없다. 제철 과일이 있듯이 제철 대게를 먹으려면 2~3월에 가는 것이 좋을 것이다.

한반도 해안 곳곳을 누비며 어로 작업을 하는 일본 어선들(《민족의 사진첩》, 70쪽, 1994년).

## 큰 게 껍데기로 지붕 덮어

게들은 매미처럼 생태적으로 허물을 벗기 때문에 한자로 '벗을 해(蟹)'라
고 쓴다. 풀어보면 '解＋蟲'이다. 김려는《우해이어보(牛海異魚譜)》에서 당
대 조선 후기의 속설을 이렇게 소개하고 있다. "이곳 사람들은 큰 게는 천
년에 한 번 껍데기를 벗는다고 말한다." 그러나 김려는 "천 년에 한 번 껍
데기를 벗는다는 말은 너무 신비롭게 꾸며진 것 같다."고 정확히 인식하였
다. 게는 대체로 털게와 꽃게, 대게로 나뉘는데 모든 게의 생활사에는 탈
피(脫皮) 과정이 있으니 김려는 이를 주목했던 것 같다. 당시 영남지방의
어촌에서는 "게 껍데기로 염전집과 밭의 원두막, 주점의 지붕을 덮었다."
고들 했다. 지붕을 덮을 정도로 게 껍데기가 컸다는 말이고, 엄청나게 잡
혔다는 증거다.

일제강점기 때만 해도 게들이 모래사장으로 기어올라와 맨손으로 잡았
을 정도로 흔했다. 일제는 동해 연안에서 대게를 대대적으로 잡아들여 일
본으로 빼돌렸으며 그로 인해 급속히 씨가 말랐다. 이미 해방공간에서도
대게는 예전같이 흔하지 않게 되었다. 더군다나 1960년대 들어와 나일론
그물로 만든 자망이 보급되면서 급속도로 줄어들게 되었다.

대게잡이는 연안에서 잡거나 멀리 오키(隱崎) 제도 근해까지 나간다. 한
반도의 대게들이 대폭 줄어든 반면에 일본 쪽은 어족자원 관리를 충실히
한 덕분에 비교적 대게가 풍성하다. 자신들이 방류하고 조성한 대게들이
대거 한국 어선들의 자망에 걸려들자 양쪽 어민들 간에 팽팽한 대립이 계

겨울 동해의 명물인 영덕 대게는 울진의 왕돌짬에서 영덕의 무아짬에 이르는 수심 120미터 이하의 해역에서 서식하며, 제철은 2~3월이다. 지금이야 어자원 고갈로 값도 비싸지만 예전에는 게 껍데기로 염전집과 원두막의 지붕을 덮을 정도로 씨알도 굵고 흔했다. 그러나 남획으로 어획량이 줄어들어 영덕 대게 볼 날도 그리 많지 않다고 우려하는 사람들이 적지 않다. 사진은 영덕 앞바다에서 영덕 대게를 잡아 올리는 모습(국립수산과학원 제공).

속되고 있다. 사실 일제강점기에 일본 어민들이 한반도 연근해에서 가히 '싹쓸이'에 가까운 남획을 일삼았다면, 이제 한국의 어민들이 어족을 찾아서 일본 근해로 밀어붙이는 형국이 되었다.

대게는 2월 초부터 3월 말까지 살이 바짝 오르면서 알도 꽉 찬다. 봄빛이 무르익어가는 4월부터는 산란을 위해 모래나 펄로 기어들기 때문에 맛이 덜하고 잡히는 수도 준다. 영덕의 대게잡이는 강구, 축산, 대진 세 포구가 중심이다. 보통 1~2톤, 크다고 해야 5톤 미만의 작은 배들로 2~3인이 조를 짜서 출어한다.

현재 법적으로 9센티미터 이하는 못 잡도록 규제하고 있다. 작은 놈은 잡혀도 무조건 방류해야 한다. 일명 '빵게'라 부르는 암컷도 방류하기는 마찬가지다. 폭 70미터짜리 그물을 15~16폭이나 놓으니 1킬로미터에 이르는 그물이 바다에 드리워진다. 수많은 배들이 저마다 이 정도씩 그물을 놓을 터이니 바다 밑은 가히 '그물밭'이라고 할 만하다. 이렇게 잡아댄다면 대게의 앞날도 어둡기만 하다.

척당 어림잡아 150여 마리씩을 잡는데 9센티미터짜리는 6천~9천 원, 10센티미터짜리는 3만 원을 호가한다. 뚜껑 크기 1~2센티미터 차이에 따라서 값이 천양지차다. 실제로 먹어보면 맛에서는 별 차이가 없다. 작은 놈을 선택하여 싸게 먹는 것도 경제적이겠다는 생각이 든다. 3인 기준 아홉 마리를 먹으면 7만~8만 원이 들어가니 웬만한 회 값보다 세지만 귀한 것을 고려한다면 비싸다고만 할 일도 아니다.

## 영덕 대게 으뜸은 검은빛 띤 박달게

영덕 대게의 으뜸은 '박달게'다. 수심이 조금 깊은 곳에서 약간 검은빛이 도는 딱딱한 박달게가 잡힌다. 오랜 경험을 지닌 어부들은 이구동성으로 박달게야말로 '진짜 영덕 게'라고들 말한다. 마리당 최소 5만~6만 원은

대게의 집산지 강구항에 세워진 대게 상징물. 이곳에서 거래되는 대게가 모두 '영덕 대게'는 아니지만 '영광 굴비'처럼 일단 강구항에 들어온 대게는 대부분 '영덕 대게'라는 명표를 달고 소비처로 나간다.

自. 1926年度
至. 1930年度 江口港修築平面圖

《朝鮮土木事業誌》, 1943, p.1003

강구항 수축평면도(《조선
토목사업지》, 1943년).
일제에 의하여 대대적으
로 항만이 축성되었음을
알려준다.

주어야 먹을 수 있으니 웬만한 용기가 아니면 맛보기 어렵다. 대게의 갑폭이 11~12센티미터 자라는 데 무려 15년이 필요하다고 하니 자연이 인내심을 가지고 길러온 자원을 인간으로서는 감지덕지하고 먹을 일이다.

대게는 관행적으로 영덕의 강구항을 중심으로 시장이 형성되고, 산물이 집중화된다. 다른 수산물과 달리 이 자그마한 시장에 수요와 공급의 집중이 이루어진다. 수요에 비해 공급이 달려 수도권까지 나갈 것이 없기 때문이다. 강구로 모든 게들이 집산되면서 어느 결에 영덕 대게란 브랜드가 탄생한 것이다.

그러나 강구항에서 거래되는 대게가 반드시 영덕에서 잡히는 게만은 아니다. 울진이나 울산에서 잡힌 게도 일단 강구로 들어오면 영덕 대게가 된다. 업자들은 단번에 알아내지만 일반인들이야 무슨 재주로 이를 구분하랴. 영덕 대게와 울진 대게를 먹어보니 맛이 다른 것도 아니다. 대게가 인기를 모으면서 대게를 둘러싼 지자체 간의 싸움도 치열하다. 드라마 〈대장금〉에서 울진 대게를 임금에게 진상한 것으로 방영되자 영덕 주민들이 크

강구의 1970년대 모습. 모래사장에 한가롭게 소도 매어져 있다(위).
1910년대 강구항 매립공사. 갓 쓴 조선인들이 공사현장을 구경하고 있다(아래).

게 반발했다. 대게를 중심으로 이루어지는 관광 수입이 영덕의 경제에 미치는 영향이 상당하기 때문이다. 원조논쟁이 계속되자 양 군은 합의를 거쳐 영덕 대게, 울진 대게로 합의했지만 각자 대게축제를 여는 등 지자체끼리의 경쟁은 끝나지 않았다. 그만큼 어종 하나가 지자체의 경제를 좌우할 정도로 '돈 된다'고나 할까.

어쨌든 울진에서도 대게가 많이 잡히고, 포항 구룡포는 물론 울산의 정자에서도 다량 포획되고 있음에도 일단 사람들은 영덕 대게라고 부르고 있다. 수산물도 브랜드를 선점하지 않으면 안 되는 시대를 살고 있음을 여기에서도 실감하게 된다.

수요가 부족하다 보니 러시아산 킹크랩, 일본산, 북한산 등이 동해의 수족관을 그득 채운다. 북한산이나 일본산도 일반인이 보기에는 영덕 대게와 구분하기 어려울 정도다. 북한산은 전반적으로 박(껍데기)이 크다. 함경도 연근해에서 잡아서 동해안 묵호항으로 직접 들여와 그대로 서울로 직항한다. 서울에서 큰 게를 만나면 십중팔구 러시아산이거나 북한산일 것이다.

영덕 대게는 껍데기가 얇고 노란 분홍빛이 돈다. 그래서 단연 다른 게들과 구분된다. 물론 일반인들이 이를 일일이 구분하기란 쉽지 않은 일이다.

게 껍데기에는 아스타산틴이 단백질과 결합되어 있다. 단백질과 아스타산틴의 결합도는 그다지 강하지 않아 섭씨 70도만 가열해도 쉽게 분리된다. 삶은 게의 색조가 붉게 변하는 것은 이 아스타산틴이 단백질과 분리되면서 본디 자기 색깔을 되찾기 때문이다.

대게 껍데기에는 키토산과 타우린산이 듬뿍 함유되어 있다. 그래서 영덕 포구에서 대게 껍데기를 말리는 풍경을 심심찮게 볼 수 있다. 모아진 껍데기를 제약회사로 보낸단다. 인체효소에 잘 분해되는 키토산은 약품으로 가공되어 비싼 값에 팔리고 있으며 면역력 강화, 간기능 강화, 생체리듬 조절능력 등 흡사 만병통치약처럼 인기를 끈다. 타우린산도 이담작용 및 담석 예방, 피로예방, 수술 후 회복작용 등을 한다고 해서 만병통치약처럼 쓰인다. 한마디로 게는 껍데기까지 버릴 것이 없으니 쓰임새가 대단한 갑각류다.

## 차유마을 앞 죽도 근역서 많이 잡혀

영덕군은 축산면 경정리의 차유마을을 '영덕 대게 원조마을'로 지정하고 원조 싸움의 기선을 선점했다. 오랫동안 어촌계장을 해온 김수동 씨는 차유마을의 경우 배 한 척으로 벌어들이는 연간 어획고가 1억여 원에 이른다고 말한다. 출어비를 포함한 제반 경비를 제하면 5~6개월 동안 5천만~6천만 원을 버는 셈이니 상당한 고수입이다.

봄이 오면 자연산 미역이 출하되므로 그야말로 자본을 별로 들이지 않고 그대로 바다에서 건져서 내다팔면 돈이 된다. 가을에는 연안 오징어가 대량으로 잡히며, 다시 겨울이 오면 대게잡이에 나선다. 즉 미역, 오징어, 대게가 삼박자로 돌면서 차유 사람들의 생계를 이끄는 것이다.

차유마을에서 바라보자면 축산항 쪽으로 돌출된 죽도가 보인다. 대나무가 빼곡하게 우거진 가파른 섬이다. 죽도같이 연륙된 동해의 섬들이 숱하게 존재함을 볼 때, 동해안에 섬이 없다고 함부로 단언할 일이 아니다. 죽도 주변에서 차유마을 근역까지는 같은 영덕에서도 대게의 으뜸 서식지다. 그래서 죽도에서 비롯됐다는 의미에서 대게[竹蟹]라는 이름이 붙었다는 속설도 전해진다. 그런데 김려는 대게의 붉은빛을 보고 조선 후기에

'흑산도 홍어'처럼 '영덕 대게' 역시 브랜드 선점으로 엄청난 부가가치를 누리고 있다. 영덕군은 이곳 차유마을을 '영덕 대게 원조마을'로 지정해 특성화하면서 오랜 원조 다툼에서 기선을 선점했다.

이를 자해(紫蟹)라고 이름 붙였
다며 이렇게 기록하고 있다.

강구항의 음식점마다 걸린 대게 모형.

대게의 껍데기 속에는 능
히 7~8말이 들어간다. 게
의 넓적다리와 집게발은
살지고 맛이 좋아 이곳 사
람들은 포를 만들어 먹는다. 색깔이 선홍빛이어서 보기 좋으며, 맛도 달콤
하고 부드러워 정말로 진귀한 음식이다.

당시에도 게는 진귀하고 값진 고급 음식이었음에 틀림없다. 그러니 고관
대작들의 술안주로도 단연 인기일 수밖에 없다. "진해 남문 밖에 있는 두
군데 화류거리, 거리 입구 초가집에는 집집마다 술집 간판, 새로 온 예쁜
아가씨 고운 흰 손으로 검은 소반에 대게 살 담아 내온다."라고 《우산잡곡
(牛山雜曲)》에 적었다. 오늘의 영덕만이 아니라 저 멀리 진해에서까지 두루
잡혔다는 점이 주목된다. 그만큼 조선 후기에 비하여 오늘날의 대게 분포
가 좁아졌다는 뜻이다.

영덕을 찾는 이들이 반드시 들렀다 가는 영해장은 동해안 일대에서 가장
거래 규모가 큰 시장이었다. 멀리 영천은 물론 울진·영양·진보·안동에
서까지 상인들이 찾아들었다. 조선 후기 서유구(徐有榘, 1764~1845)의 《임
원경제지(林園經濟志)》에서도 주거래 품목에 해산물이 다수를 차지하고 있
음이 확인된다. 말하자면 동해 남부의 유력한 수산물 거점이 영덕이었다
는 증거다. 그러한 전통에 힘입어 모든 대게들이 영덕으로 모여들다 보니
출신지와 무관하게 '영덕 대게'로 군림하게 된 것이리라.

〈영남지도(嶺南地圖)〉의 '영해부' 부분(영남대학교 박물관 소장). 관어대(觀魚臺)라는 관해의 명소가 눈길을 끈다.

## 영덕 대게와 쌍벽 이루는 털게도 멸종 위기

대게를 생각하면서 동시에 잊을 수 없는 게가 있으니 영덕 대게와 쌍벽을 겨눌 만한 털게다. 서해안에 꽃게가 별미라면 동해안은 대게와 털게가 상석이다. 한류대에서 살아남기 위해 몸통이며 다리가 온통 털로 뒤덮인 주먹만 한 털게를 쪄서 먹는 맛이란! 그야말로 식도락의 으뜸이다. 고성의 거진항에서 주먹만 한 털게를 사서 쪄먹어 보니 정말 둘이 먹다 둘 다 죽을 맛이다. 너무 맛있는 것을 탐하면 오래 못 산다고 하는데 털게의 맛이 그러하다. 그래서 "운명을 걸고 먹으라."고 조금 과장되게 말할 수도 있으렷다. 그런데 겨울철 털게는 휴전선 근역 거진항이나 대진항 근처에서나 어쩌다 볼 수 있을 뿐 서울 같은 도회의 저잣거리 시장에서는 구경조차 할 수 없다. 잡히는 양이 워낙 적기 때문에 서울까지 올라올 물량이 없단다.

동해안의 진객인 털게. 좀처럼 구경하기 힘든 진귀한 게가 되었으나 예전에는 엄청 흔했다(고성 거진항 포구에서 찍음).

《조선의 수산》(조선수산회 발간, 1930)을 보면 1928년 1년간 수출 수산물의 6할이 털게와 대게 통조림이라고 했다. 1910년 겨울에 이미 함경남도 북청군 신포에서 처음으로 털게 통조림공장이 설립되었다. 일본인들은 20세기 초반부터 근 35년간 털게를 무한정 잡아들여 일본으로 착취 같은 수출을 했다. 덕분에 포구까지 기어들던 털게들이 씨를 말리게 되었다. 흔하던 털게들이 남쪽에서는 희귀종이 되었고, 북한 쪽에서도 겨우 잊지 않을 정도로 잡힐 뿐이다. 적절하게 보호, 통제하지 않으면 쉽게 멸종한다는 섭리를 털게를 통해서도 확인할 수 있다.

영덕 대게의 미래도 마찬가지 아니겠는가. 대게의 원조인 박달게가 거의 잡히지 않음은 자원 고갈을 방증한다. 그러니 알이 꽉 찬 '빵게'를 먹으면서 "역시 대게는 맛있다."고 즐거워할 일만은 아니다. 빵게잡이 자체가 불법이니 판매도 불법이고, 먹는 것 또한 불법이다. 맛있다고 즐거워할 것이 아니라 '빵게 어획을 신고하는 정신'도 함께 기를 일이다. 맛있다고 먹는 데만 열중하다 보면 조만간 영덕 대게조차도 천연기념물이 되지 말라는 법이 없기 때문이다.

# 이방인이 씨 말린 귀신고래, 다시 동해에 둥지 틀 날 올까

## 고래고기는 해방 당시까지 민중 음식

7천 원짜리 '고래탕'을 시켰다. 맛은 육개장과 흡사한데 방아 잎을 넣어 향내가 비할 데 없이 진하다. 일행 중에 한 사람은 고래고기를 한 점 입에 물더니 더 이상 젓가락질을 못한다. 그런데도 길 안내를 도와준 지역 인사 는 "역시 고래고기가 최고야!"를 연발한다. 음식은 어릴 적부터 먹어온 취 향의 영향을 많이 받는다. 출신지에 따라 선호도가 분명히 갈리기는 고래 고기도 마찬가지다.

근자에는 생태적 관점에 따라 선호도가 또한 갈린다. 고래고기를 먹었다고 하니 환경운동연합에서 일하는 한 후배는 나를 인간으로도 보지 않았다. 고래고기를 일본인 지인에게 말하니 자신도 그 집으로 데려다달라고 두 번 세 번 간청한다. 구룡포의 고래고기집으로 안내한 한 선배는 두어 시간 먹으면서 대화의 대부분을 고래고기 예찬으로 마무리하였다. 개고기 논쟁 이상으로 선호도가 분명히 갈리는 대목이다.

메뉴판을 들여다보니 고래 생회 4만 원, 수육 4만 원, 육회 3만 원, 모듬 7만 원 등이다. 종잇장처럼 얇게 저며 깔아놓은 터수라 상당히 비싼 고기다. 한평생 고래고기만 팔아온 '왕고래집'의 주인장은 "비싼 게 문제가 아니라 없어서 못 팔아요."라고 한다. 실제로 고래고기에 '환장한' 사람들은 제아무리 맛있다는 등심갈비도 마다하고 고래를 택한다. 일본인들은 고래고기 접대를 최상의 예우로 친다. 고래식당 주인들 말을 들으니 부산의 일본영사관에 본국에서 귀인이 오면 장생포까지 찾아와 회식하고 돌아가곤 한단다.

공급 자체가 달린다. 우연히 정치망에 혼획되는 밍크고래 따위가 들어올 뿐이다. 법적으로 고래잡이는 금지다. 다만 혼획되는 경우에 검찰의 입회 하에 고의성 없음을 확인하고 시판을 허용한다. 어민들 입장에서는 밍크고래 같은 대형 고래가 정치망에 걸려들면, '로또복권'이다. 장생포의 어느 어

고래고기. 흡사 순대집의 돼지내장 모듬처럼 생겼다. 고래가 포유동물임을 분명히 보여준다.

고래 분해기술은 아무나 할 수 있는 일이 아니다. 전문적으로 그 일만 해주고 먹고살던 사람들이 있었을 정도지만 고래잡이가 쇠퇴하면서 고래 분육 기술자도 거의 사라지고 있다. 사진은 장생포의 고래 해체작업(울산시청 제공).

민은 한꺼번에 두 마리가 걸려들어 수천만 원을 손에 넣었다고 두고두고 자랑했다.

고래가 그물에 걸려들면 곳곳에서 전화에 불이 난다. 고래전문집에서는 신속히 입찰에 응하여 가능한 한 신선한 상태의 고기를 확보하려고 비상이 걸린다. 포유동물인지라 목살, 배, 대창, 갈비, 혓바닥, 대롱창식으로 분류해 주문에 따라 따로 낸다. 돼지고기를 부위별로 잘라 파는 것에 견줄까. 부위별 고래 분해기술은 아무나 할 수 있는 일이 아니다. 전문적으로 그 일만 해주고 먹고살던 사람들이 있었을 정도다. 고래잡이가 쇠퇴하면서 고래 분육 기술자도 거의 사라지고 있다.

그렇다면, 고래는 장생포 같은 바닷가 사람들만 먹었을까. 해방 당시만 해도 장생포에서 고래고기를 지게에 짊어지고 멀리 대구까지 가서 팔았다. 쇠고기가 귀한 시절에 고래만 한 대체 고기가 없었으니 '민중의 음식'이었음에 틀림없다. 보릿고개를 넘기자면 고래고기를 먹어야 했다. 비싼 육고기를 먹을 수 없던 민중들에게 고래고기는 '복음'이었으며, 겨우내 비실비실하던 개에게 고래 연골을 먹이면 금세 털빛에 윤기가 흘렀다. 그만큼 고단백에 불포화지방산이 많다는 증거다.

우리 식생활사에서 고래고기

우리나라 고래잡이 역사를 보여주는 울산 반구대 암각화 일부.

시베리아 암각화의 고래사냥(위).
우리 연안에서 서식해 고래 중 유일하게 'Korean Gray Whale'이라는 학명이 붙은 천연기념물 제126호 귀신고래의 유영. 가족 간의 우애가 사람과 흡사한 귀신고래는 19세기부터 시작된 일본의 남획 등으로 이제는 동해에서 거의 자취를 감추고 말았다. 한때는 무려 35종의 고래류가 보금자리로 삼아 경해(鯨海)로 불렸으나 남획으로 황폐해진 동해에 언제쯤 고래들의 웅장한 군무가 다시 펼쳐질는지(오른쪽, 국립수산과학원 고래연구센터 제공).

섭취는 선사시대로 거슬러 올라간다. 울산의 반구대 암각화와 장생포 고래잡이는 수천 년의 간극에도 불구하고 양자의 내재적 연속성이 너무도 극명하다. 고래문화의 장기 지속성이 적어도 울산 땅에서만큼은 지금껏 입증된다.

반구대에 각인된 고래는 귀신고래, 긴수염고래, 혹등고래 따위라는 게 학계의 정설이다. 배의 밭고랑 무늬가 돋보이는 참고래, 배 타고 고래를 포획하는 선사인의 어로 활동, 아기를 업고 가는 어미고래, 고래고기를 분육(分宍)한 듯한 분배 그림도 엿보인다. 캐나다 밴쿠버의 누트카(Nootka), 알래스카의 에스키모, 쿠릴 열도의 아이누, 태평양 알류트(Aleut) 등의 고래잡이와 비교되는 소중한 해양문화유산이다.

동해안에 자주 회유해오는 고래는 긴수염고래과(북극고래, 긴수염고래), 참고래과(브라이드고래, 밍크고래, 참고래, 보리고래, 돌고래, 흰긴수염고래), 향고래과(향유고래), 참돌고래과(흰옆돌고래, 돌고래, 참돌고래), 곱시기과(곱시기, 흑곱시기), 귀신고래과(귀신고래) 등이니, 대개 이들 고래가 포함된 것으

로 여겨진다. 반구대 암각화는 우리 선조들의 주식이 고래였음을 강력히
시사하는 증거물이다.


## 암놈이 죽으면 수놈이 같이 잡히는 귀신고래


　수많은 고래 중에서 가장 인상 깊은 고래는 역시 귀신고래다. 우리나라
연안에는 예부터 귀신고래가 많아서 19세기 말 일본 선단에 잡힌 고래의
태반이 귀신고래였다. 세계 고래 이름에서 우리 학명이 붙은 고래는 귀신
고래를 뜻하는 'Korean Gray Whale'뿐이다. 일부일처제로 금실이 좋아 암
놈이 죽으면 수놈이 곁을 지키다가 마침내 같이 잡혀 죽음을 맞는다. 새끼
가 먼저 작살을 맞으면 암수 어미가 새끼 곁을 빙빙 돌다가 또한 같이 잡힌
다. 동물의 정을 역이용한 인간의 야비한 사냥 방식이다. 1899년 일본의
한 포경선의 항해일지를 보면, 영일만에서 100두의 귀신고래 떼를 목격한

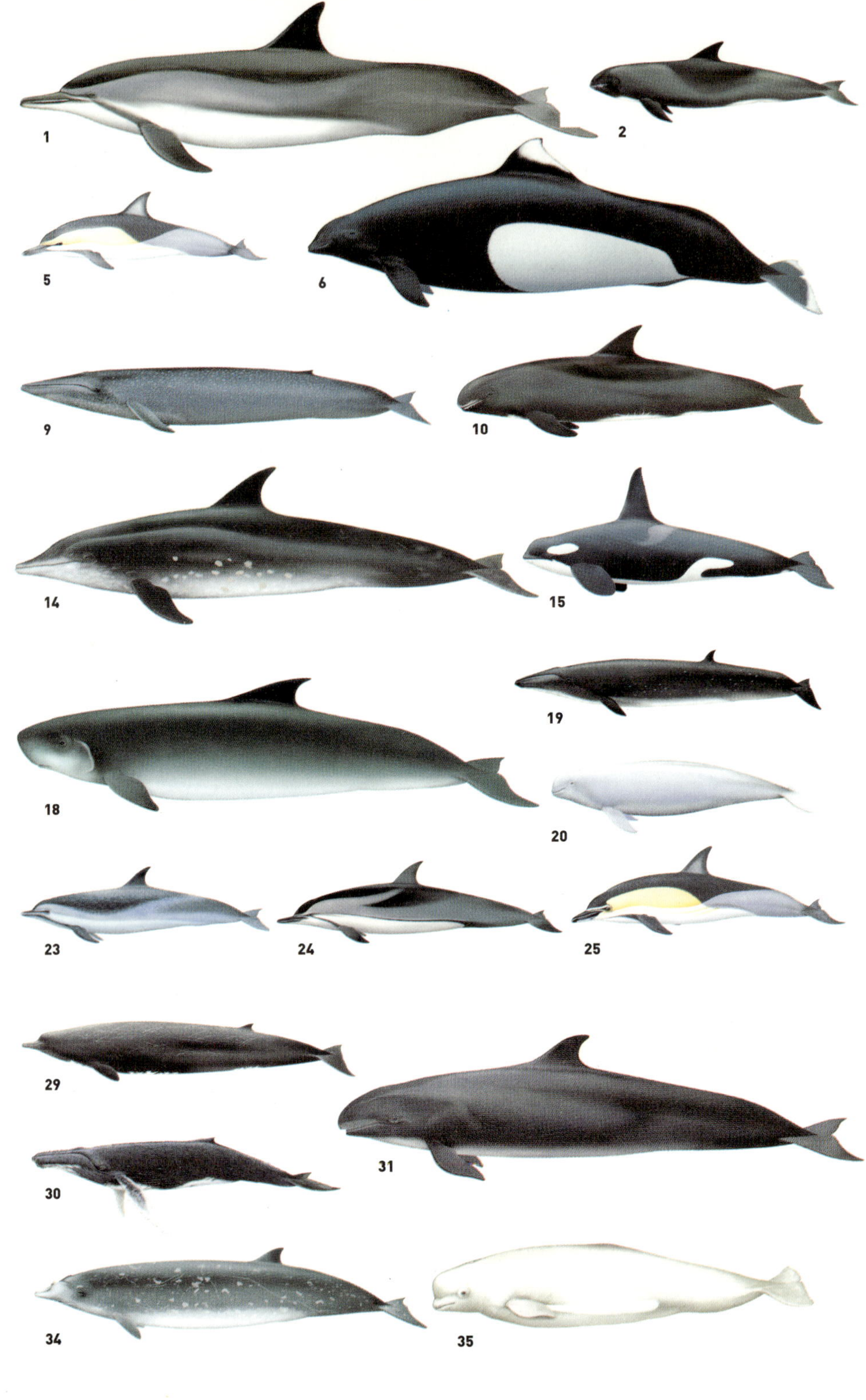

1
2
5
6
9
10
14
15
18
19
20
23
24
25
29
30
31
34
35

다양한 고래들.
**1** 긴부리돌고래 **2** 고양이고래 **3** 고추돌고래 **4** 귀신고래 **5** 긴부리참돌고래 **6** 까치돌고래 **7** 꼬마향고래 **8** 낫돌고래 **9** 대왕고래 **10** 들고양이고래 **11** 들쇠고래 **12** 민부리고래 **13** 밍크고래 **14** 뱀머리돌고래 **15** 범고래 **16** 쇠돌고래 **17** 북방긴수염고래 **18** 쇠향고래 **19** 보리고래 **20** 상괭이 **21** 브라이드고래 **22** 은행이빨부리고래 **23** 점박이돌고래 **24** 줄박이돌고래 **25** 짧은부리참돌고래 **26** 참고래 **27** 큰머리돌고래 **28** 큰돌고래 **29** 큰부리고래 **30** 혹등고래 **31** 흑범고래 **32** 큰이빨부리고래 **33** 향고래 **34** 혹부리고래 **35** 흰고래(국립수산과학원 제공).

1 혹등고래의 브리칭.
2 포획된 밍크고래.
3 유영 중인 밍크고래.
4 홍도의 범고래.

기록도 나온다.

천연기념물 제126호로 지정된 귀신고래의 어쩌면 인간보다도 진한 혈육의 정을 보면서 귀신고래를 멸종시킨 인간의 잔혹함에 미안한 마음을 떨쳐버릴 수 없다. 캄차카 반도의 차가운 바다에서 귀신고래들이 유영하는 모습이 간혹 관찰되고 있으니, 언젠가 우리나라로 돌아올 날이 있을지도 모른다.

경상도에서 보편적으로 먹던 민중의 음식인 고래고기가 '귀족의 음식'으로 둔갑하는 데는 그리 많은 시간이 걸리지 않았다. 1985년 '느닷없이' 포경이 금지되면서 고래 항구 장생포도 몰락의 길을 걷는다. '느닷없이'라고는 하였지만 국제적 반포경운동이 불러온 예정된 결과였다. 수요는 여전히 존재하는데, 공급원이 사라지자 고래집도 거의 명맥을 잃게 되었고 고래도 '금값'이 되었다. 포경금지에 관한 국제협약의 파장이 장생포에도 강력하게 휘몰아쳤다. 포경선은 항구에 묶였고, 포신은 녹슬어갔다. 이제 장생포에서 포경선은 찾아볼 수 없다.

사실 포경을 반대하는 구미 선진국은 대개 앵글로색슨 국가들이다. 본디 전 세계적 규모로 포경을 주도해온 나라들이기도 하다. 한반도의 고래 씨를 말린 나라들도 바로 이들이다. 어느 동물의 포살보다도 잔혹한 고래 포살을 보면서 동물애호가들이 전선에 나선 것은 충분히 이해가 되지만 어제까지 세계를 주름잡던 포경국들이 반포경에 나선 것은 사실 역사의 아이러니다.

고래자원의 대규모 산업적 남획은 17세기경부터 시작되었다. 구라파 제국들이 북극해 노르웨이령 스피츠베르겐 제도 연안에서 북극고래 어장을 발견하고, 미국에서는 뉴잉글랜드 긴수염고래와 향고래를 잡으면서부터다. 산업적 남획에 나섰던 구미열강, 그리고 후발 주자 일본 등은 고래 기름과 부산물로 양초, 윤활유 및 수백 가지의 공산품을 생산했다. 오로지

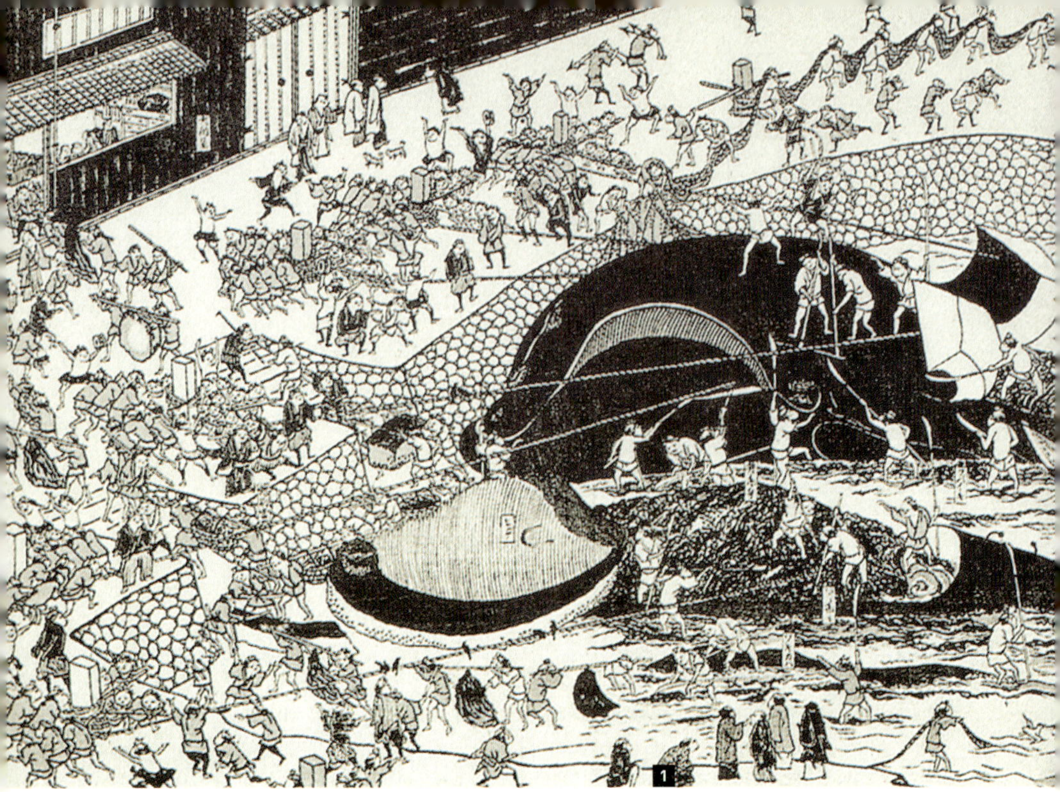

1

2

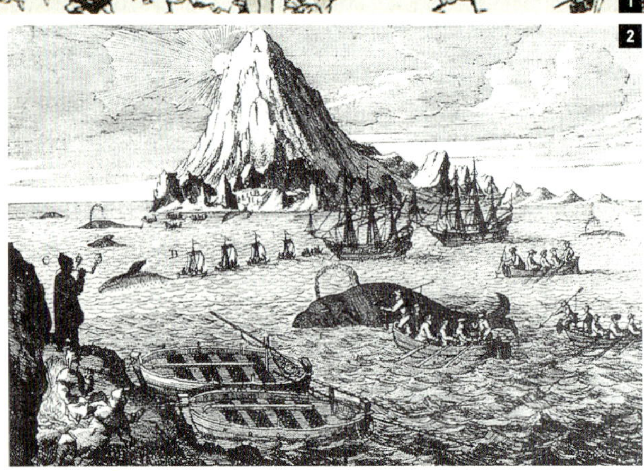

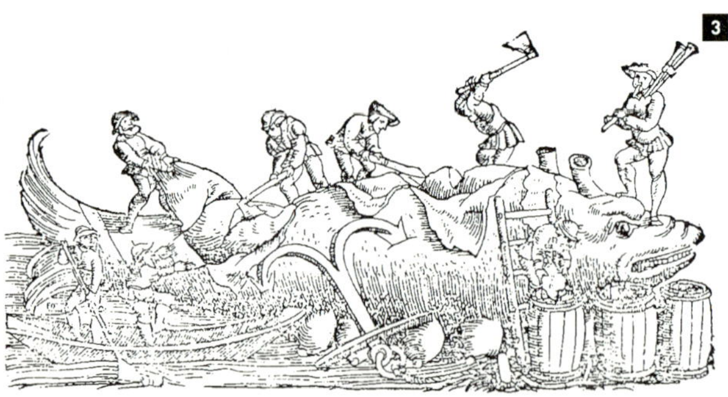

1 일본인들은 전통적으로 고래를 즐겨 먹던 민족이다. 엄청나게 많은 사람들이 공동노동으로 고래를 뭍으로 끌어당기고 있고 한편에서는 고래를 해체하고 있다.

2 세계 각국으로 진출하여 고래를 잡는 구미의 선단들.

3 고래를 해체하여 통에 담는 유럽 사람들.

3

19세기 중엽에 한반도 연안으로 진출한 미국의 포경선이 "수많은 혹등고래와 대왕고래. 참고래, 긴수염고래가 사방팔방에서 뛰어논다. 셀 수조차 없다."고 기록했던 동해의 고래. 그러나 남획을 감당하지 못해 하나둘 자취를 감췄다가 최근에야 제한적으로 개체 수가 증가하는 추세를 보이고 있다. 사진은 고성 거진항의 고래잡이.

공산품을 만들기 위해 수많은 고래들이 죽음을 당하였다. 석유가 발견되어 더 이상 고래 기름의 필요성이 소멸될 즈음에는 이미 고래 자체가 희귀 존재가 돼버렸고, 그들에 의해 포경금지가 논의되기 시작한 것이다.

고래 멸종이 문제가 되자 상업 포경은 금지하되, 본디부터 고래를 먹어온 이들의 원주민 포경은 용인한다는 결론이 국제포경위원회(IWC)에서 도출되었다. IWC에 의한 모라토리엄 실시 이후에도 대다수 포경국가들은 갖가지 이유와 명분을 내세워 포경을 지속하고 있다. 즉, 일본이나 노르웨이, 혹은 고래잡이를 해온 소수민족들 사이에 원주민 포경이란 이름으로 고래잡이가 제한적으로 이루어지는 것은 이런 국제적 관계의 산물이다. 과연 상업 포경과 원주민 포경의 구분이 본질적으로 가능할까.

일본의 주점에서는 아직도 고래고기를 손쉽게 먹을 수 있다. 원주민 포경치고는 많은 양이 남획된다는 증거다. 비교적 정해진 법을 잘 지키는 일본 어부들이지만 고래만큼은 '반칙'이 성행한다. 일본 수산업자들에게 고래는 '노다지' 그 자체다. 밍크고래 550마리, 브라이드고래 50마리, 보리고래 50

마리, 향고래 10마리, 그리고 연안 전통포경의 유지 계승이라는 이름으로 IWC의 관리대상 13종 이외의 고래를 잡고 있다. 노르웨이는 IWC 모라토리엄 결의에 이의를 제기하여 지금까지 아무런 제재 없이 연간 600~700마리의 밍크고래를 포획하고 있다. 또한 반포경의 선두에 서서 포경 반대를 부르짖는 미국도 원주민의 생존포경이라는 명분으로 북극큰머리고래와 귀신고래를 연간 60마리, 러시아도 귀신고래를 120마리 포획하고 있다. 특히 IWC의 규제에 불만을 품고 탈퇴한 캐나다나 아예 가입도 하지 않고 있는 필리핀이나 인도네시아 등 해양 도서국가들도 포경을 계속하고 있다. 이러한 자료를 근거로 고래포경제재위원회의 변창명 같은 분들은 "고래를 솎아 내자."는 주장을 펴고 있다.

또한 세상은 참으로 요지경인지라 고래고기를 반생태적으로 비난하는 이들이 상어지느러미 수프를 먹곤 한다. 상어를 잡아서 지느러미만 자르고 몸뚱이는 그대로 바다에 버린다. 지느러미 수프를 위해서 그렇게 하루에도 수없이 많은 상어들이 운명을 마치고 있는 중이다. 고래고기와 상어지느러미 수프, 이중적 잣대가 존재함을 알 수 있다.


## 1985년 포경 금지로 몰락의 길


한반도는 '고래의 낙원'이었다. 국립수산과학원이 파악하고 있는 한반도 연해의 서식 고래류는 대형 고래류 9종, 소형 고래류 26종, 도합 35종이다. 진 세계 오대양과 강에 80여 종이 분포하는 것에 비하면 한반도 고래 분포의 다양성은 꽤 높은 편이다. 난류와 한류가 교차하는 영일만 일대는 예부터 고래 바다, 즉 경해(鯨海)로 불렸다.

1849년 무렵 한반도 연안에서 조업한 미국 포경선의 포경 일지에는 "많은 고래들이 보인다. 수많은 혹등고래와 대왕고래, 참고래, 긴수염고래가 사방팔방에서 뛰어논다. 셀 수조차 없다."고 기록돼 있다. "아주 많은 고래(great number of whales)", "많은 고래(plenty of whales)", "사면팔방에 고래(you can see whales every direction)", "고래가 무수히 보였다(whales in sight without number)" 등의 기록으로 미루어 대형 고래가 많았던 것 같다.

20세기 미국의 위대한 극작가 유진 오닐(E. O'Neill)의 〈고래기름(ILE)〉 같은 드라마는 실제로 증기고래선 애틀랜틱퀸호의 선원들이 주인공들이다. 소설, 극작, 노래, 시 등 다양한 장르에서 고래잡이를 다루었음은 그만큼 당대 미국 산업에서 고래가 차지하는 막강한 위상을 짐작케 한다. 물론 그 고래잡이는 미국 본토를 벗어나서 전 세계를 상대로 한 것이었으니, 과거의 유럽 구세력들이 제국주의 전쟁을 벌이는 와중에 미국이나 노르웨이, 일본 등은 고래 학살극이라는 또 다른 바다의 전쟁을 벌이고 있었다. 물론 그 전쟁의 결말은 늘 '피바다'로 끝났다. 오늘날 포경 반대를 부르짖는 국가들의 태반이 이러한 나라들이다.

본디 우리의 전통 포경은 근대에 이르기까지도 간혹 해변으로 몰아서 잡거나 기력을 잃고 떠내려온 놈을 생포하는 그야말로 '소박한 수준'이었다. 동해를 '피바다'로 만들었던 광란의 역사는 무능한 조선 정부를 무시하고 몰려든 일본과 미국, 프랑스, 노르웨이 등의 포경선에서 비롯되었다. 19세기 중반의 우리 바다는 서구 열강들에게 완전히 포위당한다. 1849년 한 해만 미국의 350톤급 포경선 120척이 우리 바다에서 고래를 잡았고, 프랑스, 독일, 러시아, 영국, 일본 등이 뒤따른다. 1899년 러시아는 동해안 곳곳에 포경기지를 설치하고 고래잡이를 하였다. 20세기 초반까지 무수한 학살극이 동해는 물론이고 남해, 서해에서도 펼쳐진다. 1904년 러일전쟁 이후부터 1945년까지는 일본이 한반도의 고래잡이를 독점한다. 얼마나 많이 잡아들였는지 정확한 통계조차 없다.

일제강점기의 고래잡이 어선. 일본인이 운영하던 대형선단이 장생포항에 줄지어 서 있다. 이들 제국주의 세력에 의해 동해의 고래들이 철저히 남획되었다(위). 장생포에서는 해방 직후에 200여 명이 공동 출자해 50톤급 낡은 포경선 두 척으로 고래잡이를 시작했다. 최초 포경포 제작자였던 양원호 씨가 고래잡이배의 포경포 앞에서 포즈를 취하고 있다(아래). 1985년 '느닷없이' 포경이 금지되면서 고래 항구 장생포도 몰락의 길을 걷게 되었다. 포경 금지 이후에 항구에 묶인 선단들. 지금은 모두 사라지고 없다(오른쪽 위).

해방 이후에 대형 고래는 거의 사라지고 어쩌다 등장하는 참고래, 그리고 예진에는 포경 대상에 끼지도 못했던 소형 고래인 밍크고래 따위만이 남게 되었다. 미국, 일본, 러시아, 노르웨이의 남획이 불러온 비참한 결과였다. 그러나 해방 이후에는 우리도 그 비참한 전쟁에 동참한다. 해방 직후 일본인들이 남겨놓고 간 배와 기술을 담보로 상업적 고래잡이를 하기

시작했다. 1958년부터 1985년간 대형 고래류 포획량은 참고래 921두, 밍크고래 14,587두, 혹등고래 13두, 보리고래 3두, 귀신고래 32두, 브라이드고래 1두, 기타 고래 33두 등 총 15,590두다. 1960년대 멸종 위기에 달한 귀신고래가 다시 나타나지 않을 때까지 잡았으며, 심지어 헬기를 동원하여 참고래를 끝까지 추적하였다. 대형 고래가 사라지자 밍크고래를 포획하였으며 전 세계 포획량의 15.9퍼센트에 달하였다. 해방 이전의 포경업은 전적으로 일본인 주관이었다. 고래고기집 주인 박경열(76세) 씨의 증언이다.

할배가 영덕에서 철공소를 했지요. 고향이 장생포라 해방되면서 고래잡이를 하려고 돌아왔지요. 70밀리미터 사제 대포를 만들고 뇌관은 일본인이 남긴 것을 썼어요.

작고한 그의 남편 양원호 씨가 바로 우리나라 최초의 포경포 제작자다. 장생포에서는 해방 직후에 200여 명이 공동출자해 50톤급 낡은 포경선 두 척으로 고래잡이를 시작했다. 장생포 앞은 쿠로시오 난류가 흐르니 연해주 쪽에서 내려오는 한류와 만나는 길목이다. 그래서 고래가 많았다. 동짓달까지 영일만 일대에서 잡다가 서해의 어청도까지 이동해 조업하곤 했다. 동해 고래가 유명하지만 서해와 남해 할 것 없이 흔했다. 어청도나 흑산도 같은 서남해 도서는 고래잡이 전진기지로도 유명했다. 고래잡이만큼은 장생포 사람들이 장악했기에 유독 동해 고래가 돋보일 뿐이다.

포경선에는 높다란 망통에서 목시(目視)로 망보는 이들이 있었는데, 이들은 물색만 보아도 고래 종류를 알아맞혔다. 목시는 그 자체로 민속지식이었으니 물색만 보고도 고래의 움직임을 예견하였다. 고래는 일정한 시간이 지나면 반드시 숨을 쉬기 위하여 물 위로 신호를 보내면서 출몰하게 마련이다. 배는 지칠 줄 모르고 고래를 쫓는다. 떼로 몰려다니는 고래들은 목시의 예리한 검열을 피할 길이 없다. 물 위로 드러난 고래들은 작살을 피할 길이 없으며 바다는 이내 피바다로 물든다. 이제 그때의 노련한 포수들은 거의 세상을 떠나고 없다. 남은 이들은 사실 후발주자들로, 전통적인 고래잡이를 증언할 만한 이들도 거의 사라지고 있다.


## 동해 '피바다' 만든 외국인들이 포경 금지 앞장


고래 보호와 포경을 둘러싼 문제는 대단히 복잡 미묘한 국제적 사안이다. 국립수산과학원 고래연구센터장인 김장근 박사는 "고래 연구는 이제 출발입니다. 일본 같은 고래 대국이 해놓은 연구와 정책적 비전을 따라잡자면 장기투자가 뒤따라야 합니다."라고 말한다. 2005년 5월 30일부터 울산시에서 열린 국제포경위원회 연례회의를 계기로 '숨음 포경'을 재개해야 한다는 주장이 일각에서 제기되었으나 무산되었다. 일찍부터 반구대 유적과 장생포를 중심으로 전개돼온 고래문화의 재현과 고래축제 등을 이끌어온 울산시는 고래박물관과 고래연구센터도 만들어 명실공히 '고래도시'로 발돋움하려고 한다.

고래 식용 재개의 전제로 역사문화 및 사회·경제적 사유를 국제사회에 입증할 필요성이 있다. 사실 돌고래같이 엄밀하게 따져서 '훼일(Whale)'이 아닌 '돌핀(Dolphin)'류에 속하는 고래 외에 바다 포유류에 관한 입장조차 정리되지 않은 상황이니 이른바 '과학포경'은 요원한 형편이다. 돌고래는 고래가 아니다. 실제로 돌고래로 인한 어장 피폐는 대단하다. 그러나 법적으로는 돌고래도 훼일로 분류되어 잡지 못하게 되어 있다. 돌고래는 냄새가 나고 맛이 없기 때문에 먹을 수도 없는 고래이므로 풀어주어도 될 법한데 법적 맹점이 도사리고 있는 것이다. 사실 고래고기 문제 못지않게 돌고래를 오로지 '애완성'으로만 다루는, 즉 서커스의 유랑예인처럼 쇼에나 출현시키는 것도 비판받아야 하지 않을까.

동해의 참돌고래.

서식지 교란, 혼획, 선박 충돌, 수중음파 교란으로 죽는 고래들이 급증하고 있다. 고래가 해안에 좌초하거나 파도에 떠밀려 죽는 것은 역사적으로 관찰되어온 고래의 특징 중 하나다. 여러 요인이 있겠지만 최근에 추가된 원인 중의 하나는 군함에서 발사된 초음파가 주범이다. 고래는 먹이에게 초음파를 쏜 뒤에 반사파를 감지하여 위치를 확인한다. 그런데 미 해군의 수중 초음파탐지기(Sonar) 때문에 방향감각을 잃은 고래들이 해변으로 몰려와 죽음에 이르렀다는 것이 미국 국립수산어업국 공동연구팀의 발표다. 한편으로는 고래로 인한 어장 교란과 어구 피해, 어업자원과의 경쟁 등 고래와 인간의 마찰도 주목할 필요가 있다. '포경'과 '보호'라는 두 가지 과제를 동시에 충족시키기가 쉽지 않음을 알 수 있다.


## 고래를 타고 오는 사람을 기다리며


〈훼일 라이더(*Whale Rider*)〉란 작품이 있다. 말 그대로 고래를 타고 오는 사람이라는 뜻으로 이야기는 마오리족의 전설로부터 시작된다. 바다를 벗 삼아 사는 마오리족 소녀 파이키아의 이야기다. 먼 옛날 인간과 고래가 한 몸처럼 가까웠던 시절, 마오리족의 시조인 '카후테아 테 랑가'가 고래를 타고 왕가라 마을에 도착한다. 그는 마을에 정착했고, 고래는 주인과의 추억을 고이 간직한 채 자신의 근원인 바다로 돌아간다. 세월이 흘러 인간은 점차 고래와 감응하는 능력을 잃어간다. 고래와 인간이 대화하고 마음이 통하던 시절에는 인간과 자연은 둘이 아니었다. 마오리족의 천년 전설에 따르면 "언젠가 재림할 후계자는 반드시 고래를 타고 오며 남자다."라고 믿었다. 어느 날 부족의 수호신인 고래들이 떼 지어 해안으로 몰려와 죽기 시작한다. 핵실험으로 인한 방사능오염 때문에 벌어진 일이다. 이야기의 결론은 딸로 태어났기에 멸시를 받던 파이키아가 고래와 인간 간의 대화를 회복시키면서 부족의 새로운 지도자가 되어 바다의 운명을 극복하는 것으로 끝난다.

마오리족의 천년 전설처럼 우리 시대의 구세주는 정녕 고래를 타고 나타날 수 있을까.

태평양 팔라우의 고래센터에서의 일이다. 고래들은 사람의 말귀를 알아듣고 제법 긴 대화를 나누고 있었다. 우리는 고래와 대화하는 법을 잊어버렸다. 파이키아 같은 소녀들은 더 이상 우리 주변에 존재하지 않는 시대가 되었다.

《모비 딕(Moby Dick)》 표지.

육지를 마다하고 바다를 택하여 살아온 특이한 포유동물. 허먼 멜빌(Herman Melville)이 《모비 딕(Moby Dick)》에서 그렸듯 '고래 등같이 큰' 포유동물과 인간의 교감은 매우 복잡 미묘하여 고래와 인간의 갈등과 투쟁은 쉽게 종식되지 않을 전망이다. '귀신고래가 돌아온다면 바다에도 평화가 깃들어 경해(鯨海)라는 옛 명칭이 부끄럽지 않게 될 것인즉, 행여 돌아올 수 있을는지.' 하는 생각으로 장생포의 쓸쓸한 고래고기집 골목을 빠져나오다 보니 '고래도시 울산'이란 입간판이 곳곳에서 배웅하였다.

# 깊은 바다 속 '재앙 그리고 축복'

## 세계문명사를 뒤바꾼 쓰나미

고층 빌딩을 휩쓸어버리고, 지구의 자전축까지 요동치게 한, 그야말로 지축을 뒤흔드는 해일이 밀어닥쳤다. 수만의 사람들이 죽어나가고, 물고기 썩는 야릇한 비린내가 시신과 뒤엉켜 매혹적인 인도양을 핏빛으로 물들였다. 바닷물이 1킬로미터나 후퇴하는 등 예징을 드러냈지만 관광객들은 오히려 희한한 볼거리로 착각하기도 했다. 예보시스템 부재라는 후진적 상황이 문제겠지만, 바다를 보는 일반의 지식이 고작 이 정도라는 증거이기도 하다.

한 다큐멘터리에서는 대서양 북서부 연안, 카나리아 제도의 라팔마 섬에서 시작된 파도가 대서양을 가로질러 뉴욕에서 마이애미까지 황폐화시킬 수도 있다는 메가톤급 쓰나미에 의한 가상재앙을 보여주기도 했다. 마천루들이 일거에 휩쓸리는 끔찍한 모습이었다.

쓰나미에 의한 문명의 멸망과 파괴는 일찍이 고대부터 확인된다. 에게해의 크레타 섬도 쓰나미로 멸망하였음은 여러 사람에 의해 일찍부터 거론되어 왔다(《해양과 문화》11집, 2005). 그리스 신화에서 제우스의 아들로서 포세이돈의 노여움을 사 부인 파시파에로 하여금 머리는 소이고 몸은 사람인 미노타우로스를 낳게 하여 이를 가두어두는 미궁(迷宮, Labyrinthos)을 다이달로스에게 만들게 하였던 미노스(Minos) 왕의 나라. 호메로스는 《오디세이아》에서 이렇게 노래했다.

> 포도주처럼 검붉은 바다 한복판에 있는 이 세계에서 가장 큰 섬들의 하나가 크레타다. 땅이 드넓고 물자가 넉넉하고 인구가 많은 이곳에는 아흔 개의 도시가 있고, 여러 언어가 섞여서 쓰인다. 그 아흔 개의 도시 중의 하나가 크노소스다.

3,500여 년 전, 크레타 섬을 중심으로 40여 개의 도시로 이루어졌던 크레타 왕국은 아시아, 아프리카, 동유럽을 연결하는 항로의 교차점에 위치하여 각종 문명의 합류점이기도 하였다. 그렇듯 잘나가던 크레타의 영화에 예고도 없는 종말이 다가온다. 쓰나미가 강력하게 강타하면서 심대한 타격을 입고 서서히 멸망의 길을 걷는다. 1900년경 영국의 아서 에번스(Arthur Evans, 1851~1941)가 본격적으로 발굴하기까지 험준하고 거친 산야의 보잘것없는 폐허 아래 오로지 신화로만 여겨진 채 묻혀 있었다. 화산

폭발이 야기한 엄청난 규모의 쓰나미가 왕국의 수도 크노소스를 공격한
것이다.


크레타에서 북으로 120킬로미터 떨어진 티라 섬에서 지름 16킬로미터, 높
이 1,372미터의 거대한 화산이 폭발해 섬 전체가 4미터 두께의 속돌로 덮였
다. 30여 년 동안 가벼운 활동을 계속해오다가 다시 폭발했을 때는 지중해

복원된 크노소스 미궁의 북쪽 문으로 기원전 1930년 지어져 1380년 화재 후 버려졌다. 에번스는 이 건물을 '관세청'이라 불렀다.

일대에 그 굉음이 울려 퍼질 정도였고 아크로티리를 비롯한 섬 전체를 61미터 두께의 화산재가 덮었다. 이 마지막 폭발 때 어마어마한 양의 속돌, 화산재, 바위가 분출하는 바람에 지반이 약해지면서 원뿔 모양의 화산 자체가 함몰했다. 바다는 지독하게 뜨거운 분화구를 덮치면서 최후의 일격을 가하였고 분화구에서 뿜어 나온 해일의 높이는 90~120미터에 이르렀다.

애리조나 대학교 로버트 램(R. Lamm)이 그의 저서 《서양문화의 역사》에서 재구성한 크레타 대재앙의 순간이다. 거대한 해일은 미노아인들의 정착지를 휩쓸어버렸고 기원전 2000년 무렵에 인구 10여만에 이르렀던 지중해의 최대 도시는 이렇게 사라지고 말았다. 미노아인들은 재건에 나섰지만 그리스 본토의 호전적인 미케네인들의 침공을 받고 결국 역사 속에서 사라지고 그 자리에는 신화만이 남았다. 후일 에번스는 이 문명을 발굴하며 크노소스의 왕 미노스에서 이름을 따와 미노아 문명이라 명명하였던 것이다.

본디 에번스는 침략자가 아니라 지진이 멸망의 원인이었다고 생각하였고 대부분의 고고학자들은 동의하지 않았다. 그런데 1939년에 그리스의 젊은 고고학자 마리나토스(Spiridon Marinathos, 1901~1974)는 놀라운 사실을 발표한다. 1883년 인도네시아의 크라카타우 화산이 폭발했을 때 생긴 해일이 지구를 몇 바퀴나 돌았던 일을 상기시키면서, 크라카타우보다 네 배도 넘는 산토리니 화산의 폭발이 몰고 왔을 상상도 할 수 없는 규모의 쓰나미가 왕국을 날려버렸다고 주장하였다. 실제로 후대의 미국 지질학자들의 조사에 의해 기원전 1500여 년 전, 그리고 그로부터 50여 년 전에 더 큰 폭발이 있었고 엄청난 쓰나미가 지중해를 휩쓸었음이 밝혀졌다.

이처럼 지진, 화산폭발 등과 연계된 쓰나미는 문명사를 바꿀 정도로 가공할 위력을 보여준다. 그러하니 2004년 12월 인도양을 휩쓴 쓰나미는 작



107

은 징조, 다가올 미래의 예고편에 불과하지 않을까. 실제로 2006년 5월에도 인도네시아를 지진이 휩쓸었으니, 이는 환태평양 화산대 '불의 고리(Ring of Fire)'가 작동한 결과다. 칠레에서 알래스카, 북미 해안, 일본, 동남아시아 등을 연결한 거대한 고리모양의 불의 고리에서 전 세계 화산활동의 80퍼센트 이상이 이루어지고 있으므로 쓰나미의 공격은 언제나 예고된 재앙일 뿐이다.

한국의 경우? 그럴 리가 없다고? 태평양에서 들이칠 해일은 없겠지만, 지진의 천국인 일본을 곁에 두고 있으니 방심할 수 있을까. 후쿠오카발(發),아니면 니가타발 따위의 일본발 해일들이 동해를 가로질러 동해안과 동남해안을 얼마든지 강타할 수 있으리라.


## 해저 세계에 홀린 전설적인 사나이들


1983년 5월 26일, 일본 아키다현 연안에 쓰나미가 엄습하여 많은 인명을 앗아갔다. 이때의 쓰나미도 수백 킬로미터나 떨어진 외양에서 발생하였다. 이같이 해저 지진으로 발생한 쓰나미가 자주 일본을 습격하고 있다. 일본어 'tsunami'가 국제 해양학의 공식 용어로 채택되기에 이르렀다.

기상청 지진담당관실 자료에 따르면, 1983년과 1993년의 일본 지진해일이 우리의 울릉도와 묵호, 속초, 포항 등지에까지 밀어닥쳤다. 이번 해일도 심해저의 깊은 바닥에서 시작되었다. 사실 인류는 심해의 역동성에 관하여 제한적인 정보만 갖고 있을 뿐이다. 가까운 바다도 잘 모르는데 하물며 심해저는 어떻겠는가.

지진해일의 전파 속도는 gH로 표기한다. 여기에서 'g'는 지구의 중력가속도(9.8m/sec), H는 수심을 나타낸다. 수심이 1천 미터라면 지진파의 속도는 356㎞/hr. 이번 해일은 수심 2천 미터보다 더 깊은 해저에서 일어났으니 해변에 밀어닥쳤을 때의 역동성은 상상을 초월한다. 해양물리학자인 변상경(한국해양연구원) 박사는 "한국도 지진해일의 공격 대상에서 예외가 아니다."라고 경고한다.

그렇다고 심해저가 항상 인류에게 위협적인

해저에서 움직이는 거대한 판의 운동. 심해저에서 화산이 폭발하고 엄청난 힘으로 해안을 강타한다(Scientific American Library, *Islands*, Rod Wood-Stansbury, Ronsaville, Wood Inc.).

것만은 아니다. 심해저는 두 얼굴을 가지고 있다. 인류에게 재앙을 몰아다 줄 해일의 진원지가 되는가 하면, 미지의 자원보고로 우리를 유혹하기도 한다. 누구나 바다가 넓고 깊은 줄은 안다. 그러나 바다는 좀체 제 속살을 드러내지 않는다. 수십 미터쯤이야 스킨스쿠버들도 드나들지만 인간 능력으로는 수백 미터 내려가는 것도 어렵다. 수압 때문이다. 그런데 바닷사람 중에는 수천 미터 수심의 바다를 대상으로 살아가는 이들도 아주 드물게 있다.

푸껫 연안 등을 들이친 작금의 해일을 지켜보면서, 우리는 그러한 만일의 사태에 최소한의 준비를 하고 있는가를 되물어보아야 한다. 심해저를 더 잘 알기 위해 대양에서 묵묵히 일하고 있는 과학자들의 존재도 한번쯤 돌아볼 필요가 있지 않을까. 지진 예고는 물론이고 자원고갈 시대를 예비하는 측면에서도 해저연구 동향을 주시할 필요가 있기 때문이다.

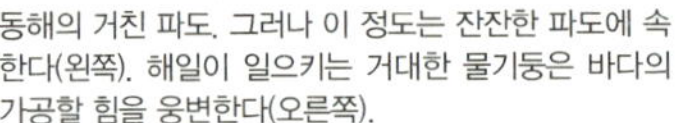

동해의 거친 파도. 그러나 이 정도는 잔잔한 파도에 속한다(왼쪽). 해일이 일으키는 거대한 물기둥은 바다의 가공할 힘을 웅변한다(오른쪽).

우리들이 육지 위만을 생각하고, 고작 해변가나 대륙붕 정도에만 사고의 범주가 미치고 있을 때, 쿠스토(Cousteau, 1910~1997)를 닮은 이들이 한국 사회의 숨은 곳에서 묵묵히 움직이고 있다. 전설적인 배 칼립소호의 선장, 세계를 깜짝 놀라게 한 《침묵의 세계(Le Monde du Dilence)》의 저자, 해저 탐험가, 영화감독, 환경보호 운동가, 진정한 바다의 발견자, 스쿠버의 발명자 등등 수많은 호칭이 뒤따르는 그이, 프랑스는 물론이고 세계인들에게 수중세계의 비밀을 알려준 '지구호 선장(Captain Planet)' 쿠스토의 후예들이 미력하게나마 한국 사회에도 존재한다. 해양문학평론가 최영호(해사 교수)는 그의 일대기를 번역하면서 "해저 세계에 홀린 전설적인 사나이"라고

명명하였거니와, 해저 세계에 홀려 새로운 신화를 창조하는 '쿠스토들'이
한국 사회에도 '있다'.

태평양의 평균 수심은 4,071미터. 가장 깊은 마리아나 해구는 1만 1,034
미터나 된다. 미국과 프랑스, 일본, 러시아 등 몇몇 국가들은 엄청난 수압
에 견디는 심해 유인잠수정을 보유하고 있다. 해양연구원의 김웅서 박사
가 2004년 6월 15일 프랑스 국립해양개발연구소(IFREMER)의 유인잠수정
'노틸(Nautile)'을 타고 우리 과학자로서는 최초로 가장 깊은 태평양 수심 5
천 미터가 넘는 곳까지 들어갔다고 해서 화제가 되기도 했다. 그 김웅서
박사를 만났다. 그는 자신이 직접 내려간 수심 5천 미터의 세계를 이렇게
박진감 넘치게 구술하였다(심해저 탐사기 《바다에 오르다》, 2005).

수심 50미터에서 100미터 사이를 내려갈 때에 수온이 갑자기 떨어졌습니
다. 해양학자들은 이처럼 수심이 깊어지면서 수온이 갑자기 떨어지는 곳
을 수온약층이라 부르지요. 수심 180미터 정도가 되자 거의 검푸른색으로
바뀌었고, 희미한 빛이 간신히 남아 있더군요. 곧 잠수정 창밖은 암흑의 세
계가 되었습니다. 이
제 더 이상 창밖으로
내다볼 경치가 없어
져 버렸지요. 수심
5,043.6미터에 도달
하여 잠수정의 라이
트를 밝히자 암흑의
세계가 눈앞에서 갑

한국의 기술로 개발 중인 해저자원 탐사용 무
인잠수정(해양연구원).

자기 밝아졌습니다. 영겁의 세월을 지켜왔을 심해의 푸르디푸른 물이 창밖을 가득 채우고 있고, 그 아래쪽으로 푸른빛과 녹색빛을 섞어놓은 듯한 신비한 빛을 뚫고 태평양 바닥이 어스름하게 모습을 나타내기 시작했지요. 드디어 태평양 바닥 그 어느 누구의 방문도 허락하지 않은 처녀지에 도착한 거예요. 잠수정이 천천히 움직이기 시작하자 망간단괴에 붙어 있는 부채처럼 생긴 동물이 시야에 들어오더군요. 채집은 성공적이었습니다. 워낙 신기한 심해물고기들이 낯선 잠수정을 의식하지도 않고 유유히 헤엄쳐 지나가더군요. 조금 가다 보니 처음 보는 물고기가 눈에 띄었는데 희한하게 눈이 아주 없더군요. 아마도 빛이 없는 심해에서 살다 보니 눈이 퇴화한 모양인데, 아직까지 본 일이 없는 심해물고기였지요.

심해저는 어둠과 침묵의 공간이다. 태양빛이 차단당하고 억겁의 세월 동안 묵묵히 버텨오면서 지구 탄생 이래의 비밀을 고스란히 간직하고 있다. 그 심해저는 우리가 생각하는 것보다 훨씬 많은 생물들이 살고 있는 심해 생물의 보금자리이며 끊임없이 변화해온 대단히 역동적인 곳이다. 5~6센티미터 정도 크기의 망간단괴가 빼곡히 널려 있는바, 그들 단괴가 100만 년에 2~6밀리미터 정도 자라니 그 영겁의 세월을 어찌 알랴. 또한 그 심해저의 밑에서 활동하는 화산, 그리고 열수구, 지진 따위의 예고 없는 공격을 기억해야 하리라.

## 지구의 70퍼센트는 바다, 그 속엔 산맥 · 화산 · 계곡

누구나 알다시피 지구의 70퍼센트를 차지하는 바다. 그 바다의 대부분은 이 같은 심해저로 구성되어 있다. 그러니 인간의 발길이 닿은 바다래야

극히 일부분일 뿐이다. 심해저에도 육지와 마찬가지로 산맥과 화산, 계곡, 평원 등을 모두 갖추고 있다. 깊게 파인 해구가 있으며, 높은 산맥도 솟아 있다. 수심 수천 미터의 열수구에서는 쉼 없이 뜨거운 물이 솟구쳐 온갖 동식물이 모여 사는 해저의 천국이 된다.

심해저는 해양지각이 대륙지각 밑으로 밀려들어간 곳으로, 화산 활동이 활발하며 지진도 자주 발생한다. 지구의 거대한 판이 충돌하는 곳이어서 지진해일이 빈번하게 발생할 수밖에 없다. 심해저 평원에는 미세한 입자의 진흙층이 두껍게 깔려 있고, 그 위에 망간단괴가 잔뜩 널려 있다. 딱딱한 상태가 아니라 억겁의 세월 동안 축적물이 쌓여 마치 스펀지 같다. 심해저에는 생각보다 훨씬 많은 심해 생물이 산다. 이곳에는 망간단괴들이 빼곡히 자라고 있다. 망간단괴의 크기로 보아 옆에 있는 고래 뼈는 수백만 년 전의 것이 틀림없다.

태고의 비밀을 목격하는 일은 천지창조의 순간을 목격하는 일과 크게 다

태평양의 해저 망간단괴 위를 유영하는 눈이 퇴화한 심해어(한국해양연구원 김웅서 제공).

1 메탄수화물.
2 에너지로 활용되는 메탄수화물.
3 메탄수화물을 먹고 자라는 생물.

르지 않을 것이다. 지진해일이 심해저가 인류에게 보내는 경고의 메시지라면, 망간단괴 같은 자원은 인류에게 보내는 축복의 선물이다. 심해저 자원은 흡사 해일처럼 밀어닥칠 수도 있는 자원고갈에 대비하는 보물들이다. 심해저 광물자원은 공해상, 혹은 배타적 경제수역의 수심 800~6천 미터 해저에 분포한 망간단괴, 망간각, 해저 열수광상 등이다.

망간단괴(manganese nodule)는 수심 4천~6천 미터대에 분포하는 감자 모양의 산화물로 망간과 철, 구리, 니켈, 코발트 등 40여 종의 전략금속을 다량 함유하고 있다. 바닷물과 퇴적물 속에 함유된 금속 성분이 매우 느리게 침전, 마치 나무의 나이테처럼 동심원을 이루면서 100만 년에 고작 2~6 밀리미터씩 성장하고 있다.

상업적 개발의 대상이 되고 있는 광물은 수심 4천~6천 미터의 망간단괴, 수심 800~2,500미터 해저산의 망간각(manganese crust), 그리고 수심 1,500~2,500미터 해저 화산지역의 열수황화광물(hydrothermal sulfides deposits) 등이다. 이외에도 대륙 연변부 낮은 수심의 인산염(phosphorites)광물과 석유와 천연가스를 대체하고 차세대 청정에너지로 고려되고 있는 메탄수화물(methane hydrate)이 있다.

한국은 오랜 노력 끝에 2002년 태평양 클라리온 – 클리퍼톤 균열대(Clarion-Clipperton Fracture Zone) 내에 망간단괴 개발을 위한 남한 면적 4분의 3 크기의 단독 개발광구를 이미 확보해두고 있다. 부존자원 매장량만도 약 4억 2천만 톤, 연간 300만 톤씩 100년 동안 채광할 수 있는 막대한 양이다. 현재 채광조건, 채광 장애요인 등 채광등급 선정을 위한 기초자료 처리 및 분석을 수행하고 있다. 부존율 5.0Kg/㎡의 경제성을 갖는 지역은 표고차 4,900~4,950미터 수심대에서 집중적으로 고부존지역으로 나타난다. 지형 변화에 따라 경제가치가 있는 부존율이 현저하게 차이가 나기 때문에 그 깊은 바다에서 최적의 개발등급과 채광조건을 설정하는 일이 쉽지 않음을 보여준다.

현재 해양연구원을 중심으로 심해저 탐사는 물론이고 망간단괴를 채집하여 일정한 위치로 전달하는 집광시스템, 집광된 단괴를 수면으로 전달하는 양광시스템, 집광시스템과 거동제어를 수행하면서 양광시스템에서 올려진 단괴를 처리하는 수상선 시스템 등의 송출장치 같은 연구실험이

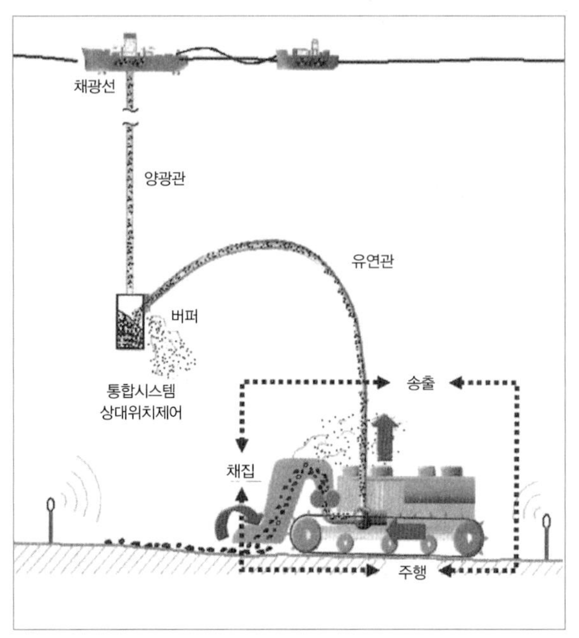



한국해양연구원 해양시스템기술연구본부에서 개발 중인 심해저 내 연속적 채광기술도
해(Continuous mining of deep-seabed manganese nodules).

거듭되고 있다. 그림에서처럼, 심해저를 주행하면서 광물단괴를 채집하고, 양광공정을 위한 버퍼까지 송출하여 양광관을 통하여 채광선으로 끌어올린다. 결코 쉬운 일이 아님을 말해준다.

오랫동안 심해저 자원개발을 주도해온 강정극 박사는 심해저 망간단괴 개발을 국가 백년대계를 설계하는 중장기적 과제라고 역설한다. "남한 면적에 버금가는 신천지가 태평양에 별도로 존재하는 셈"이라는 것이다. 중국이 세계자원을 블랙홀처럼 빨아들이고 있어 언젠가 자원고갈 사태가 도래할 것이 분명하다. 북동태평양의 우리 광구에서 쉼 없이 탐사를 해온 덕분에 선진국 버금가는 심해 탐사기술을 확보하고 있지만, 아직 국가적 투자가 뒤따르지 못하는 실정이다.

망간각은 수심 800∼2,500미터 해저 사면의 암반을 뒤덮고 있다. 바닷물에 포함된 금속이온의 침전에 의헤 매우 느린 속도(100만 년에 1∼10밀리미터)로 형성되므로 망간단괴처럼 억겁의 세월이 걸린다. 우주항공, 전자산업 등 첨단산업의 핵심 재료인 코발트 · 니켈 · 구리 · 백금 등 30여 종의 다양한 금속성분이 이렇게 축적되고 있다.

해저 열수광상은 중앙해령이나 해구같이 마그마 활동이 활발한 지역에서 열수작용에 의해 형성된다. 다른 해저 광물자원에 비해 얕은 수심(1,200~2,500미터), 육지와의 근접성, 황화물 형태의 금속결합, 단위 면적당 높은 금속함량(금, 은, 아연, 구리 등) 등의 이점을 갖고 있어 가장 먼저 개발될 심해저 광물자원으로 부각되고 있다.

해저 열수광상 분포지역은 화학합성에 의해 살아가는 원시생명체의 서식처로도 판명되어 생명의 기원 및 신물질 개발을 위한 연구 대상으로도 주목된다. 해양연구원 김기현(심해저자원연구센터장) 박사는 "해저 자원개발 산업은 세계적으로 해저 석유와 가스에 의해 주도되는 1천억 달러에 달하는 규모이며, 해저 다이아몬드, 금, 주석, 중사광물, 모래 등을 포함하는 고체성 해저광물자원 산업은 약 20억 달러 정도다. 이러한 추세는 향후 심해저 광물자원의 개발과 더불어 크게 달라질 전망이다. 일반적으로 수심 약 500~6천 미터 사이에 분포하는 유용자원이 심해저 광물자원이다. 자원 빈국인 우리 실정에서는 안정적으로 전략금속을 확보해둘 필요도 있고, 육상 채취보다 가격 면에서 불리하지만, 향후 자원고갈 시대에는 충분한 경제성이 있다."고 주장한다.

석유나 가스도 지금은 육지 생산량이 높지만 그것 역시 유한하여 해저유정에 눈을 돌리지 않을 수 없다. 이런 형편에서 태평양 망망대해를 1,500톤급의 우리 연구선 '온누리호'에 의존해 모두 탐사한다는 것은 쉬운 일도, 가능한 일도 아니다. 중국의 엄청난 해저자원 투자 실태를 보면서 위기감을 느끼지 않는다면 그건 미래를 모르기 때문이다.

더욱이, 먼 태평양은 그렇다 치고 가까운 동해 심해저에 대한 탐사도 거의 이루어지지 않고 있다. 국립수산진흥원 산하에 심해저 자원을 연구하는 팀이 있기는 하나 어족자원은 물론이고 과연 독도 인근에 메탄수화물 등 광물자원이 묻혀 있는지, 있다면 얼마나 있는지 등등 제대로 밝혀진 것이 하나도 없다. 단적으로 말하여, '우리의 동해조차 모른다.'고 할 수 있을 것이다.

## 우리를 둘러싼 바다, 심해저의 이해할 수 없는 메시지

이처럼 심해저는 '자원의 마지막 보고'란 축복과 '가공할 재앙의 진원지'란 야누스적 위력을 갖고 있는 곳이다. 그야말로 예측불허다. 해일이 머나먼 심해저에서 시작되었음을 생각하면, 멀고 깊은 바다도 늘 우리 곁에 있는 '위협'이자 동시에 '축복'인 셈이다.

위대한 해양생태 저술가 레이첼 카슨(R. Carson)의 책 제목처럼 '우리를 둘러싼 바다(*The sea around us*)'는 지금도 인류에게 심각한, 그러나 쉽사리 이해할 수 없는 메시지를 보내고 있다. 바다가 우리를 둘러싸고 있지만 우리는 언제나 그랬듯이 우리가 바다를 지배하고 있다는 생각만 하고 있다. 지난번 동남아 해일은 숱한 메시지 중 하나일 뿐이다. 해일이나 태풍의 파괴력으로, 생태환경의 오염으로, 때로는 자원고갈 시대의 마지막 보고로 인류에게 절박한 메시지를 보내고 있는 것이다.

우리라고 이 메시지에 등 돌리고 있을 수만은 없다. 심지어는 한국인 관광객들 다수가 머나먼 그곳에서 희생되지 않았는가. 남극기지에서도 마찬가지였다. 그러면서 한편으로는 태평양 심해저에서 망간단괴를 끌어올리고 있다. 세계화시대에 걸맞게 태평양뿐 아니라 인도양이나 남극조차도 늘 우리를 둘러싸고 있는 셈이다.

지금 이 순간에도 어부와 선원, 부두노동자와 해군·해병, 등대지기와 해양과학자들이 바다의 전선을 지키고 있다. 덕분에 우리는 편하고 따뜻하게 일상을 유지할 수 있는 것이리라. 해일로 무참하게 휩쓸려간 그들 아시아, 아프리카인들도 바다에서의 고난의 삶을 엮어가던 사람들이었다. 그들의 죽음에 국제적 연대의 애도를 보내지 않을 수 없으니, 우리를 둘러싼 바다는 이처럼 야누스적인 것이다.

# 신라의 또 다른 본향, 울산

## 세계로 열린 신라의 창구

　지금은 사라졌지만 연말이면 악귀를 쫓는 나례(儺禮) 풍습이 있었다. 국가에서, 또한 민간에서 나례를 하여 송구영신(送舊迎新)을 기하였다. 붉은 탈을 쓰고 나왔으니 처용(處容)이 그 원조다. 동지에는 붉은 팥죽을 쑤어 악귀를 내쫓았다. 이러한 유풍의 근원에 늘 처용이 버티고 서 있다. 그 처용이 해양문화의 소산임은 두말할 것도 없다. 처용을 만나려면 울산으로 가야 한다.

경주가 신라의 본향임은 세상이 다 아는 일이지만, 또 하나의 본향인 울산은 잘 알려져 있지 않다. 그저 공해에 찌든 땅으로만 알고 있는 울산이야말로 경주 감포와 더불어 신라가 동해로, 세계로 나아가던 출구였다. 오늘날 울산항으로 엄청난 국제적 물동량이 오고 감을 생각해 볼 때, 신라 천 년의 출구 역할이 지금껏 이어진다고나 할까.

신라는 한반도의 궁벽한 동남부에 자리 잡아 백제나 고구려에 의해 외부세계와 단절된 것처럼 보인다. 그러나 이러한 시각은 신라가 바다를 통한 대외교류에 활발히 나서고 있던 정황을 안다면 쉽게

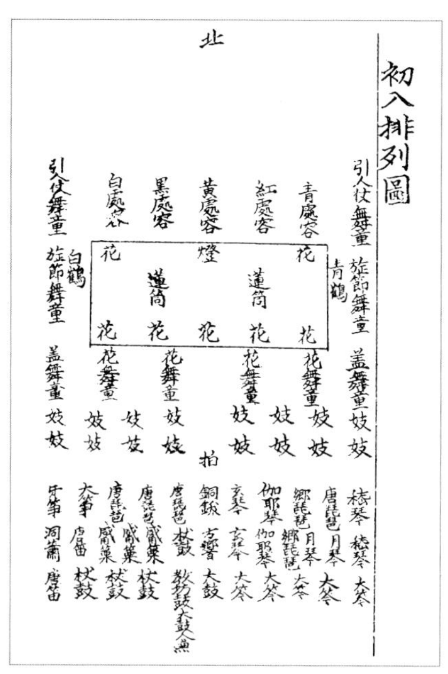


학연화대합설처용무(鶴蓮花臺合設處容舞)의 초입 배열도. 청·홍·황·흑·백의 오방처용이 도열해 있다. 처용전설이 한갓 전설로 끝나지 않고 춤을 통해 천 년 이상을 장기 지속으로 이어져와 오늘날에도 처용무를 추고 있다.

깨질 수밖에 없다. 처용이 뭍으로 올라왔다는 울산의 개운포(開雲浦)는 바다로 열린 신라의 대외창구였기 때문이다.

오늘날의 울산지역에 존재하던 삼한 소국(小國)이 신라화된 시기는 3세기 중엽 이후 4세기 전반대의 어느 시기로 여겨진다. 울산은 신라가 동남부로 진출하는 요충지였기에 여타 지역보다 빠른 시기에 신라의 통치지역으로 들어갔을 가능성이 높다고 학계에서는 보고 있다.

울산에는 동해를 굽어보던 유서 깊은 절터가 남아 있다. 호젓한 문수산(옛 영취산)을 오르다 보면 망해사지(望海寺址)를 만난다. 글자 그대로 바다를 바라보는 절이다. 솔잎 냄새 풍기는 숲 속에 부도 2기가 의연하게 서 있는데, 절이 세워진 내력은 《삼국유사》에서 찾아볼 수 있다. 너무도 유명한 망해사지와 처용설화가 그것이다.

신라 49대 헌강왕이 개운포에서 놀다가 돌아오는 길에 바닷가에서 쉬고 있었는데, 갑자기 구름과 안개가 자욱하게 끼어 졸지에 길을 잃어버렸다. 왕이 괴상하게 여겨 측근에게 물으니 일관이 답하되, "동해 용의 장난이니 좋은 일을 하여 풀어야 합니다."라고 대답하였다. 이에 왕이 명령하여 그 용을 위해 세죽나루 근처에 절을 세우라 하였더니 홀연히 구름이 걷히고 안개가 흩어졌다. 동해 용이 기뻐하여 곧 일곱 아들을 데리고 왕의 수레 앞에 나타나 춤과 노래를 연주하였다. 그의 아들 하나가 왕을 따라와 국정을 보좌하였는데 이름을 처용이라 하였다. 왕이 그를 미인에게 장가들게 하였는데 역병 귀신이 밤마다 그 집에 가서 몰래 처용의 아내를 품고 잤다. 어느 날 처용이 동경 밝은 달밤에 이슥히 노닐다가 들어와 자리를 보니 다리가 넷이었다.

"둘은 내해었고, 둘은 뉘해인고. 본디 내해다마는 빼앗는 것 어쩌리!"

고려시대에 '학연화대합설처용무(鶴蓮花臺合設處容舞)'가 추어졌으니 역병을 쫓는 전통은 천 년을 뛰어넘어 이어졌다.《세종실록지리지》울산군 처용

망해사와 처용설화의 실체를 증명해주는 망해사지의 부도.

망해사 설화를 토대로 그려진 망해사의 벽화(울산시 울주군 청량면 망해사). 홀연히 안개와 구름이 자욱하고 동해의 용이 일곱 아들을 데리고 나타난다.

암조에도 "고을 남쪽 37리 개운포 가운데에 있다. 세상에 전하기를 신라 때 동해 용왕의 아들이 거기서 나왔으며, 모양이 기괴하고 가무를 좋아하여 사람들이 처용 옹이라 하였다."라고 기록돼 있다. 조선시대까지 전설처럼 처용암과 설화가 전승되었다.

설화 속의 역병도 단순한 전염병이 아닐 것이다. 당대의 '사회적인' 역병을 은유한 것은 아닐까. 헌강왕조라면 신라가 돌이킬 수 없이 기울었던 때 아닌가. 처용은 역병을 물리치는 춤을 추고 있다. 처용의 춤은 흡사 무속의 악귀물림과도 같은 것이리라.

훗날 처용 춤은 궁중정재(宮中呈才)로 편입되고, 민중 사이에서 제융의 역할을 도맡게 된다. 문헌기록상 무당으로 간주되는 신라 남헤치치웅(南解次次雄), 악귀를 쫓는 처용, 제액을 물리치는 제융 등은 한 가

괘릉석인상. 서역에서 건너온 사람이 분명하다.

문무대왕 수중릉(왼쪽)과 감은사지 석탑(오른쪽). 문무대왕이 동해 용왕이 되길 간청하던 흔적이며, 감은사지로 동해의 용왕이 드나들었다. 지금은 감은사지가 완벽한 육지에 속하지만 예전에는 동해구의 바닷물이 근역까지 드나들던 곳이다.

지를 뜻하는 다른 표현이 아닐까. 처용은 분명히 이두식으로 표현된 한자임에 틀림없다.

용은 누구일까. 학자들마다 해석이 구구하다. 조금이라도 이 분야에 조예가 있는 학자들은 저마다 구구한 해석을 내놓았다. 한 가지 분명한 것은 용이 해상세력과 관련 있다는 것이다. 울주에서 조금만 북상하면 문무대왕이 동해 용왕이 되길 꿈꾸었던 동해구(東海口)가 나오고, 동해 용왕이 드나들던 감은사지(感恩寺址)가 지척이다. 혹자는 울산 바닷가에 기반을 잡고 있던 해상 호족세력으로 보기도 한다. 혹자는 용을 외국인, 더 정확하게는 아랍 상인으로 보기도 한다. 당시 개운포가 국제무역항이었음을 고려할 때, 설득력이 없는 것도 아니나 증거는 없다. 그러나 증거가 없다고 하여 외국인이 아니라 주장할 수도 없다.

실크로드 전문가 정수일은 《니혼쇼키(日本書記)》에 기록된, 처용보다 200여 년 이른 시기인 659년에 토화라(吐火羅, 현 아프가니스탄 서북부) 남녀 각각 두 명과 사위(舍衛, 인도 갠지스 강 중류) 여자 한 명이 일본 휴가에 표착했던 사실을 밝힌 바 있다. 이들 기록으로 미루어보아 서역인들이 일찍부터



125

동방에 왔음을 알 수 있다고 하였다. 그렇다면 더 후대의 설화인 처용의 등장과정은 이들 서역인들의 당도를 뜻하는 것일 수도 있다. 의미 있는 주장이 아닐까.


## 사라질 위기에 처한 국제적 해상무역항


망해사 바로 옆에는 늠름한 청송사(靑松寺) 3층탑이 있다. 너무도 당당하고 의연하여 감히 어찌해볼 도리가 없을 만큼 장중한 석탑이다. 거기서 더 올라가면 문수사(文殊寺)가 있으니 울산이나 부산 사람들이 영험하다 하여 시도 때도 없이 찾아든다. 《삼국유사》 전편을 통하여 영험한 문수보살은 노파로 변신해 기행을 일삼는다. 처용과 문수보살, 신라인이 창조한 인물군이 영취산을 점령하고 있는 셈이다. 청송사지와 문수사 가는 길은 지금이야 경관이 가려져서 바다가 제대로 보이지 않지만, 그 옛날 신라인들은 국제항 개운포 경관을 굽어보면서 이 산을 올랐으리라.

울산은 신라의 대외 창구로, 중국의 명주, 양주 등으로 곧장 도항할 수 있는 곳이었다. 이들 중국 지역은 동남아에서 무역 주도권을 장악한 대식국(아랍) 상인들이 동진하여 붐비던 곳이었으니, 이들 아랍인을 통하여 일찍이 신라의 존재가 세계에 알려졌다. 이들이 울산지방을 통하여 입국했을 가능성이 높아 처용이 아랍 상인이라는 가정법이 등장한 것이다.

망해사지를 보았다면, 반드시 처용암을 찾아야 할 터인데, 아서라, 그냥 지나칠 수도 없고, 차마 찾아갈 수도 없는 지경이 되고 말았다. 횡성동 세죽리 앞바다의 처용바위는 신라 천 년의 역사를 고증하고 있건만 석유화학단지의 공해로 바다는 찌들고, 보상금을 받아 쥔 마을 사람들은 모두 떠나고 없다. 제를 지내는 당집의 나무도 시들어 처용바위의 처지를 말해주고 있다. 시비(詩碑)도 세워두었지만 그것이 무슨 의미가 있겠는가. 그나마 매립이 되어 처용바위 자체가 사라질 판인 것을. "매립이 되더라도 처용암만큼은 반드시 보존하는 방향으로 지킬 것"이라는 울산시 공보관의 말에서 그나마 작은 희망을 얻는다.

처용암이 있는 세죽나루는 한적한 어촌에 불과했다. 공단이 들어서면서 근로자를 상대로 하는 횟집들이 번창하기 시작했다. 1990년대 초반까지 동해의 온갖 횟감이 팔리던 횟집도 이제 서서히 문을 닫는 판국이다. 더 이상 지독한 냄새를 견디지 못해서다. 그러나 생명의 힘은 그토록 무서운 것일까. 처용암 위에 빽빽하게 들어선 팽나무, 사철나무가 사철 상록의 잎 그림자를 바다에 드리운다. 처용암 지척에는 상록수림으로 유명한 춘도도 있어 동백나무 숲이 그대로 전해진다. 바다 경관이 무너졌음에도 나무들은 제 역할을 다하며 마지막 안간힘을 쓰는 중이다.

처용암은 국제해상무역항의 그야말로 전설 같은 흔적일 것이다. 현대인들의 심각한 착각 중의 하나는 고대인들의 해상활동 능력에 관한 과소평가다. 당대의 문명교류는 육로로만 이어진 것이 아니다. 처용의 개운포 등장은 하나의 사례일 뿐이다. 적절한 배를 만들고 별을 관측하고 뱃길을 잡아 나가는 능력에서 고대인들은 대단히 과학적이었다. 능히 중국을 오고 갔으니 불교의 전래는 비단 육로를 통한 북래(北來)뿐 아니라 바다를 통한 남래(南來)를 무시할 수 없다. 마라난타에 의한 백제 불교가 남래뿐 아니라 금강산 유점사 연기설화에 등장하는 바다에서의 전래, 그리고 미황사의 바다에서 올라온 돌배 등 바다를 통한 문명교류의 실례는 수도 없이 많다.

신라 쪽에서 대외적 진출이 가능하였다는 말은 역으로 신라라는 나라의 정체가 국제적으로 널리 알려진 계기였다. 중국에 와 있던 많은 서역인들이 신라로 들어왔을 가능성을 배제할 수 없다. 그러한 점에서 개운포는 해상교역 루트에서 대단히 매력적인 곳이다.

울산은 경주 감포와 더불어 신라의 해상요충으로 아직까지도 곳곳에 처용의 흔적이 남아 있는 곳이다. 동해 용의 아들로 전해지는 처용의 존재는 처용무와 설화뿐 아니라 망해사지와 개운포 처용암에서도 확인된다. 천 년이 넘도록 민중의 의식 속에서 뿌리 깊게 생명력을 이어온 처용이지만 개발과 공해의 도전 속에서 그의 자취가 점차 멸실돼 안타까움을 더해주고 있다.
**1** 석유화학공단에 갇혀 외롭게 떠 있는 개운포 처용암의 모습.
**2** 처용암 사당.
**3** 처용암 사당 벽화.

## 일본을 바라보니 하늘에 닿은 고래물결 가없네

처용암에서 천 년 전설의 현장이 무너졌음을 보상받고 싶거들랑 반드시 은을암(隱乙庵)으로 방향을 잡기 바란다. 왜국에 볼모로 잡힌 내물왕(奈勿王)의 미해왕자를 구출하고 대신 죽음을 당한 박제상을 그리다가 망부석이 된 전설이 전해지는 치술령 자락의 그 은을암이다. 공단의 매캐한 공해 바람에 캑캑거리다가 은을암으로 오르면 언제 그랬냐는 듯 신비로운 숲 속에 들어서 있음을 알게 된다. 경주 남산으로 이어지는 치술령 능선에서 박제상의 아내는 세 딸을 데리고 일본으로 배가 떠난 율포(栗浦, 오늘의 울산시 강동)를 바라보면서 남편을 그리워하다가 끝내 돌이 되었다. 넋은 새가 되어 은을암의 동굴로 날아들었다. 사람들은 그 동굴에 제각을 짓고 용왕당이라 이름 지어 모시고 있다.

율포 역시 국제항이었으니 아마도 일본으로 떠나가는 포구였을 것으로 짐작된다. 율포를 포함한 울산지역이 왜구의 침입로였음은 역으로 이들 지역이 일본으로 가는 출구였음을 의미한다. 국제항 율포와 용왕당이란 이름에서 바다와의 인연이 끝나지 않았음을 알 수 있다.

박제상 일가의 충효는 조선시대에 이르기까지 두고두고 운위되어《삼강 행실도》에 등장하는 등 '따라야 할 모범'으로 규정됐다. 당대 지방장관 정도의 높은 직위에 있었을 박제상이 왜국에까지 가서 볼모를 빼내 와야 했던 기록은 끊임없이 왜구의 약탈을 받아야 했던 신라의 어려움을 잘 말해 준다.

일본의 규슈는 한반도에서 가까웠기에 그들은 뻔질나게 한반도 해안을 들이쳤다. 선진 문물에 목말라했던 왜인들은 신라에서 문화 약탈의 원정을 꿈꾸었던 것이다. 해류상으로 규슈의 북단인 하카다(博多)나 시모노세키 등지에서 배를 들이밀면 고스란히 울산 쪽에 닿았다.

울산은 신라의 왕도인 경주를 침략하는 해상 루트였으며, 임진왜란 때 왜군이 울산 학성(鶴城)에 왜성을 쌓고 버틴 것도 이런 역사 문화적 배경을 지닌다. 오죽하면 문무대왕이 동해 용왕이 되길 자청했을까.

지배집단에서 박제상 일가의 충효는 시대의 사표로 선전되었으며, 치술신사에 배향되기도 했다. 《신증동국여지승람(新增東國輿地勝覽)》을 보면 한때 울주에 벼슬살이 하러 내려왔던 김종직이 한여

왜구의 본향인 쓰시마의 작은 포구인 사고에 세워진 박제상비 (2005년 6월 찍음).

했다는 〈치술령가〉가 나온다. 당시 울주에서 들은 노래를 다소간 윤색했을 것이다.

> 치술령 머리에서 일본을 바라보니, 하늘에 닿은 고래물결 가없네. 낭군이 가실 때에 다만 손만 흔들더니, 살았는가 죽었는가 소식이 끊어졌네. 길이 이별함이여, 죽은들 산들 어찌 서로 만날 때 있으랴. 하늘을 우러러 부르짖다가 문득 무창의 돌로 화하니, 열녀의 기운이 천추에 푸른 하늘을 찌르는구나.

그렇지만 반드시 지배층의 의도대로만 박제상의 행적이 활용되었을 것으로 보아서는 안 될 것이다. 그의 부인은 치술신모가 되어 모권적인 무속신으로 재창조되었으며, 오늘날까지 민중들에게 '치술령의 영험한 어머니'로 추앙받고 있다. 은을암에서 굽어보니 경주 남산까지 이어진 치술령 산자락 아래로 운무가 비끼고 어디선가 새가 날아들고 있다. 무심한 저 새의 혼에도 치술신모의 넋이 깃들어 있지 않을런가.

## 바다를 통한 문명교류사를 개척한 신라인들

바다를 통한 신라인들의 해외진출은 우리의 상상을 뛰어넘는다. 대표적인 인물이 혜초(彗超)일 것이다. 1908년 프랑스의 동양학자 폴 펠리오(Paul Pelliot)가 중국 둔황 모가오굴(莫高窟)에서 우연히 두루마기 사본 하나를 발견하는 데서 단서가 풀린다. 그 후 90여 년 세월이 흘렀다. 앞부분이 떨어져 나가 그의 행적을 모두 알 수는 없지만 분명한 것은 바닷길로 광저우에 상륙했다는 점이다. 아마도 배를 타고 중국 명주 같은 곳에 당도하여, 다시 배를 갈아타고 광저우, 그리고 먼 바닷길을 거쳐서 벵골만의 동천축에 도달하였음 직하다. 거기서부터는 육로로 서천축, 북천축을 거쳐 당나라의 수도 장안으로 돌아온다. 정수일이 스님의 여행기를 마르코 폴로의 《동방견문록》, 오도리크(Odoric da Pordenone)의 《동유기(東遊記)》, 이븐 바투타의 《이븐 바투타 여행기》와 함께 세계 4대 여행기의 하나로 꼽음도 무리가 아니다.

신라인들만이 인도에 갔을까. 《삼국유사》의 다음 기록을 찬찬히 음미하면서 읽어보자. 24대 진흥왕조에 황룡사를 17년 만에 완공하는데 인도 사람들이 당도한다. 그네들이 지금의 울산으로 드나들던 모습이 선명하게 나타나고 있다. 굳이 다른 예를 들 것도 없이 조금 장황하지만 기록을 다시 읽어보자(권 3, 탑상 4, 황룡사장육).

바다 남쪽에 큰 배 한 척이 나타나서 하곡현 사포(지금의 울주 곡포)에 닿았다. 배를 검사해보니 공문이 있었는데 말하기를, "서축(西쪽) 아육왕이 누른 쇠 5만 7천 근과 황금 3만 푼을 모아 장차 석가의 존상 셋을 부어 만들려고 하다가 이루지 못하여 배에 실어 바다에 띄우면서 빌기를, 부디 인연이 있는 국토로 가서 장육존상(長六尊像)이 이루어시기를 바란다."고 했다. 부처 하나와 보살상 둘의 모형도

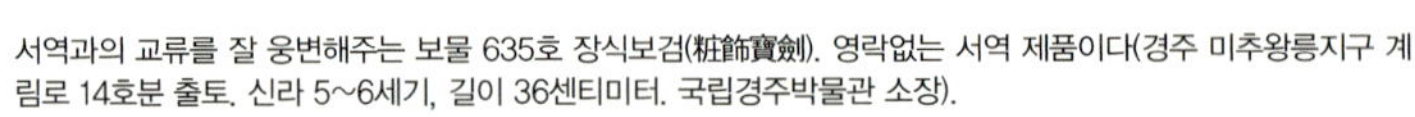

서역과의 교류를 잘 웅변해주는 보물 635호 장식보검(粧飾寶劍). 영락없는 서역 제품이다(경주 미추왕릉지구 계림로 14호분 출토. 신라 5~6세기. 길이 36센티미터. 국립경주박물관 소장).

함께 실려 있었다. 현(縣)의 관리가 문서를 갖추어서 보고하니 왕은 사자를 시켜서 그 고을 성 동쪽의 높고 깨끗한 땅을 골라서 동축사를 세우고 세 불상을 편안히 모시게 하였다.

# 강과 숲이 파괴되면 연어는 돌아오지 않는다

## 연어는 선사인들도 즐겨 먹어

지극히 좁은 곳에서 산과 바다와 강을 두루 만나는 곳을 고르라면, 서슴 없이 양양을 꼽을 만하다. 가을빛이 짙어져 설악산 정상에서부터 단풍이 하산을 시작할 무렵이면 솔 냄새 지독한 산중보배(山中寶貝) 송이가 고개 를 내밀어 식도락가들의 입맛을 다시게 한다. 송이는 영물이어서 아무 산 에나 나지 않는다. 단풍이 져서 남대천에 잎을 떨구면 동해에는 본격적으 로 연어가 올라온다. 계절의 신호는 분명한 것이어서 한 치의 어김이 없다. 송이와 연어는 자연의 순리를 따라서 순회할 뿐이다.

　사실 한국인들은 전통적으로 연어를 별로가 아니라 거의 먹지 않는 형편이다. 요즈음에 와서 수입 연어가 뷔페 등에 오르지만 가정에서 연어를 사다가 조리하는 경우는 거의 없다. 그러나 우리가 연어를 먹지 않았던 것은 아니다. 연어는 선사시대부터 인류가 선호한 어류였다. 남대천변에는 이른바 오산리 유적이라는 선사시대의 중요한 유적이자 생태환경의 보고인 쌍호(雙湖)가 있다. 이곳에서는 엄청난 선사 유물이 쏟아져 나왔는데, 그중 커다란 낚싯바늘이 눈에 띈다. 석호(潟湖, lagoon) 인근에서 살던 선사인들이 연어 등을 낚는 데 썼으리라. 그네들은 연어를 날로 먹고, 구워 먹고, 말려서 갈무리해두었다가 먹기도 했을 것이다.

　오산리 포구를 찾아가니 선사 이후 수천 년 뒤의 후예들도 해풍에 연어를 말리느라 정신들이 없다. 북미 원주민들의 연어잡이와 흡사한 삶이 한반도에서도 지금껏 이어지고 있으니, 남대천변의 해양문화적인 삶은 국제 공통문화의 또 다른 사례 아닌가. 더 나아가 쌍호의 선사문화가 암시하는 석호의 해양문화적 중요성에 더해 남대천의 연어를 굽어보는 동해신묘(東海神廟)까지 있으니, 해중보배(海中寶貝)의 땅이 바로 남대천변의 기수대가 아닐까 싶다.

　늦가을에 남대천 모래톱을 찾아가면 어김없이 올라오는 연어를 볼 수 있다. 남대천에는 어김없이 연어 떼가 올라온다. 멀리 태평양을 돌고 돌아 험난한 여정을 끝내고 돌아오는 연어의 모천

연어(위)와 은연어(아래).

회귀(母川回歸)의 장엄함은 너무도 많은 이들이 노래한지라 재론이 불필요
할 것이다. 그런데 그네들의 회귀의 비밀을 알고 나면 낭만은 사라지고 처
절한 생존게임의 고난의 행군만이 각인된다. 이보다 힘들게 사는 물고기
가 있을까 싶다. 정말 힘겨운 투쟁이다.


## 근친상간으로 돌아오는 연어 회귀의 생태적 비극

연어의 회귀과정은 한 생명이 자손을 퍼뜨리고 생존을 이어가기 위하여
얼마나 처절하게 준비하고 투쟁하고 예견하는가를 잘 보여준다. 연어가 부

오산리 선사유적지가 있는 쌍호 인근의 남대천 오산리 포구에서 해풍에 연어를 말리는 모습이 말하듯 연어잡이는 선사시대 이래 동해 주민들의 삶에 드리워진 오랜 흔적이기도 하다.

화해서 난바다로 나갔다가 되돌아올 확률은 통계수치로 3천분의 1 이하다. 회귀과정까지 얼마나 많은 난관이 도사리고 있는지를 본능적으로 잘 아는 연어 암컷은 3천 개 이상의 알을 낳음으로써 예상되는 종의 멸종을 방지한다. 바다로 나가면 얼마나 많은 식객들이 입을 벌리고 기다릴까. 고단한 대항해를 끝내고 모천으로 되돌아올 때쯤이면 대부분이 잡혀먹은 상태이리라. 또한 과학자들의 연구결과에 의하면, 동시에 바다로 내려간 새끼들 중에서 한꺼번에 돌아오는 일은 없다고 한다. 수년간에 걸쳐서 나누어 회귀함으로써 모천에 어떤 악조건이 발생하여 설령 회귀에 실패하더라도 후일을 기약한다. 연어의 회귀를 그렇듯 낭만적으로만 볼 일이 아닌 것이다.

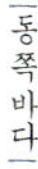


137

머나먼 여행을 끝내고 남대천 기수대로 몰려든 연어 떼(수중세계 이선명 제공).

한반도의 연어도 적어도 수십만 년 이상을 회귀해왔을 것이다. 해마다 10월 말이면 어김없이 연어가 돌아오고, 연어축제가 열려 세인들의 호기심을 자아낸다. 동해신묘에서 다리를 건너 연어연구의 메카인 국립수산과학원 동해수산연구소의 연어연구센터를 찾았다. 연어가 돌아오는 길목인 남대천변에 자리 잡고 있는데 센터의 주 임무는 치어 방류다. 양양 남대천 앞바다는 물론이고 전국 18개 하천에서 방류를 하고 있다. DMZ 남강에까지 방류하여, 연어를 통한 통일문화 형성에도 기여하고 있단다.

연어는 왕연어, 홍연어, 은연어, 곱사연어, 시마연어 등 종류도 다양한데, 우리나라에 회유하는 연어는 아시아 전역과 서부 베링해에 분포하는 아시아계군(Chum salmon)이다. 방류된 치어는 홋카이도를 거쳐 베링해와 북태평양에서 성장한 뒤 회유해 2~5년 후에 동해안으로 되돌아와 산란한 뒤 생을 마친다. 연구센터에서는 고성의 명파천으로부터 북천, 남대천, 연곡천과 남해안의 남강, 섬진강에 이르기까지 넓은 지역에서 어미 포획과 치어 방류사업을 펴고 있다. 이채성 연어연구센터장은 재미있는 연구결과를 들려준다.

송어와 산천어는 동일종입니다. 하천에만 머무는 놈이 산천어이고, 바다에 나갔다 오면 시마연어가 되지요. 먼 바다를 순회하고 돌아오는 놈은 대부분 암컷인데 강으로 되돌아와서 산천어를 만나 결혼하게 됩니다.

다른 놈은 암수가 같이 바다로 나갔다 오는데 유독 시마연어만은 암컷 홀로 회유에 나선다. 이 문제는 일제강점기에 수산시험장에서 15년간 어류 양식의 초석을 닦은 어류학자 우치다(內田惠太郎)가 가장 고민했던 문제이기도 하다. 산천어와 연어의 논쟁을 종식시킬 만한 연구 성과다. 서유구가 말년에 저작한 《임원경제지》 전어지(佃漁志)에서 "송어는 주로 동북의 강과 바다에서 나는데, 생긴 모양이 연어와 비슷하며 살이 많고 맛도 일품"이라고 적은 기록이 과학적으로 입증되는 순간이다.

붉은색으로 변한 하천 연어는 맛이 없다. 산란으로 기력이 쇠진한 상태이기 때문이다. 반면에 은빛의 바다 연어는 맛이 좋아 먹을거리로 이용되는데 대부분 정치망으로 잡아 올린 것들이다. 수온 변화 등으로 회귀량도 당연히 줄고 있다. 그렇다고 무조건 치어 방류량을 늘리는 것만이 해결책은 아닐 성싶다.

국립수산과학관의 정달상 박사는 어란을 소수의 샘플에서만 채취해 치어를 만듦으로써 빚어지는 '연어 근친상간'의 생태적 비극을 경고한다. 돌아오는 연어의 양도 중요하지만, 부모-자식, 언니-동생처럼 같은 종의 '인공 연어'만이 지배하고, 실제의 자연 연어는 내몰려 결국 종 다양성이 깨지고 마는 문제까지 예상해야 하지 않겠는가. 바다에 신이 있다면, 해신의 '보이지 않는 손길'은 바로 이러한 종 다양성까지 지켜보고 관장하는 것이 아닐까.

## 연어는 어떻게 돌아오는가

연어만이 회유하는 것은 아니다. 산란하기 위하여 먹지도 않으면서 1년여를 여행하는 유럽산 뱀장어나 미국산 뱀장어의 생활사는 자못 감동적이기도 하다. 대다수 연어들도 생후 1~1.5년이 되면 태어난 곳을 떠나 먼 바다의 외양으로 나갔다가 3~5년(대개는 4년)에는 갖가지 장애를 극복하고 시속 8킬로미터의 놀라운 속도로 고향을 찾아온다. 막상 고향에 돌아와 담수에 들어서면 먹이도 없고 생식(生殖)한다는 흥분으로 몸은 수축되고 종종 경련을 일으키기 때문에 암수 모두 만신창이가 된다. 그러면서도 강바닥에 구멍을 파서 산란하는데 수정이 끝나면 급속히 노화되기 시작하여 결국에는 죽는다. 장엄한 회귀와 비참한 죽음. 해양화학생태학자(marine chemical ecologists) 기타가와 이사오는 이를, "개체로 볼 때는 죽음이지만 종을 유지시킨다는 의미에서는 대성공이고, 간접적으로는 부활이라고도 할 수 있는 불가사의한 일생의 여정"이란 의미 있는 표현을 썼다(《해양생물의 화학적 신호》, 1995).

표지방류(標識放流) 실험에 의하면, 바다에서 회유하는 동안에 생존율은 대략 0.5~5퍼센트 정도이고, 생존자 중에서 95퍼센트 이상은 자신이 태어난 하천을 정확히 찾는다고 한다. 매우 정확한 회귀율이다. 누구나 궁금해하는 것은 이렇게 정확하게 자신이 태어난 곳으로 어김없이 돌아올 수 있는 비결이 무엇인가 하는 점이다. 각국에서 표지실험, DNA 실험 등 다양한 실험이 계속되고 있다.

인공수정을 위하여 연어를 채포하고 있는 동해연어센터의 연구진(위).
연어알과 연어치어 표본(아래).

철새들은 늘 변함없이 제자리를 지키는 해와 달, 그리고 별을 보며 방향을 찾는다고 한다. 고래나 비둘기는 지구의 자기장을 이용하여 자신의 위치를 파악한다. 개미들이 페로몬으로 냄새길을 그린다는 것은 널리 알려진 상식이다. 연어는 대체로 냄새로 고향을 찾는다는 것이 과학계의 상식이다. 그렇다면 어떻게 고향의 냄새를 기억할까. 이는 다분히 화학적인 측면에서 설명이 가능할 것이다.

연어가 올라오는 길목인 남대천 모래톱의 가을 풍경.

모천을 기억하는 것은 유전적인 것만이 아니라 어느 특정 시기, 즉 임계시기(臨界時期)에 급속하고도 비가역적으로 각인(刻印)되는 것이며, 어린 물고기가 하천을 내려가면서 체득하는 신호라는 것이 판명되었다. 물론 유전적인 요소를 완전히 부정하는 것은 아니다. 물고기마다 있는 이석(耳石)에 자석이 있는바, 이 후각기관에서 냄새로 각인한다. 각 하천마다 여러 화학물질이 서로 다른 비율로 조합되어 있어 그 하천의 특유한 냄새를 각인하였다가 훗날 이 냄새를 지표로 한다.

물고기 측선에 있는 육감도 중요하다. 물고기들은 머리에서 꼬리까지 체측 피부에 측선이 있다. 측선은 물고기마다 크기와 수가 다르다. 구멍 뚫린 비늘을 측선비늘〔側線鱗〕이라고도 부른다. 이 피부 감각기관은 물고기만이 가지고 있는 독특한 감각기관인데 사람이 사용하는 레이더와 비슷하다. 물고기는 육감(六感)으로 자기 환경에 있는 생물을 비롯하여 암석 등 물체와 물 흐름의 변화, 눈에 보이지 않는 먹이와 해적(害敵)으로부터 발산되는 진동 수와 수압까지 민감하게 감득(感得)한다. 그만큼 정밀한 감각기관이다.

그러나 기본적으로는 위의 화학적 각인과 후각이 가장 중요한 회귀요인 같으며, 육감은 보다 일상적인 어류 생활사에서 중요할 것이다.

바다를 다녀오면 연어는 몸집이 비대해지고 늠름해진다. 외양에서 플랑크톤, 오징어, 청어새끼 등을 먹이로 하면서 몸길이는 8~9배, 무게는 16~17배로 성장하여 고난의 여행을 끝낸 자만이 누릴 수 있는 몸매를 지닌다. 먹고 먹히는 살벌한 바다 속에서 살아남아 비행기로 달려가도 엄청날 거리를 오로지 모천회귀의 집념과 본능 하나로 되돌아온 연어의 늠름한 자태에서 우리는 자연의 경외심에 고개 숙이지 않을 수 없다. '강철은 두드릴수록 강해진다'는 어느 소설 제목처럼 연어는 바다를 돌아다니면서 강해지고 의연해져서 기수대로 진입하는 것이다.

연어의 모천회귀 속성 때문에 국제적으로 민감한 일도 벌어지고 있다. 북태평양 소하성어류위원회(NPA)에서 합의하에 어획쿼터제로 잡아왔으나 1997년부터는 태평양의 공동어장에서의 조업이 불가하다. "어차피 자기 집으로 돌아갈 터이니 자기 집에서 각자 알아서 잡으라."는 결론인데, 우리나라로서는 매우 불리하다. 회유로에서 가장 멀리 떨어진 나라이므로 먼 태평양으로 나갔다가 되돌아오는 중간에 일본 등지의 연근해에서 모조리 잡히고 만다. 많이 잡으려면 치어를 그만큼 많이 방류하거나 연어가 자랄 수 있는 자연환경을 잘 갖추어 새끼들을 가능한 한 많이 바다로 내놓는 수밖에 없을 것이다.

현재 연어 회귀량은 매년 감소하고 있으며 2000년부터는 세계적으로 20~30퍼센트 감소하였다. 온난화를 그 이유로 들기도 하나 생태조건이 파괴되면서 일어나는 고질적인 현상일 것이다. 아무리 연어 새끼 방류량을 늘린다 해도, 우리나라처럼 강과 바다가 직접 만나면 절대 안 되기라도 하듯이 하구언댐으로 가로막아 강과 바다를 단절시키는 나라, 그리고 하구 골재를 마구 파내고 직선도로 만들듯 이른바 하천정비사업을 곳곳에서

실시하는 나라에서 연어의 모천회귀율이 높아지기를 바라는 것은 염치없
는 꿈이다.


## 숲과 연어가 빚어낸 상생의 문화


　바다와 강이 만나는 하구. 자그마한 젊은이가 카누를 저으며 수면 위를
응시한다. 작살을 던질 준비가 되어 있다. 연어가 뛰어오르자, 젊은이는
기도하듯 읊조린다.

　"헤이야! 헤이야! 다시 뛰어오르게나. 수영도사 친구. 자네가 우리에게
바라는 대로 '헤이야' 했으니, 수영도사 자네가 뛰어오를 때, 자네도 우리
에게 친절하게 이야기해주어야 않겠나."

　연어는 그 읊조림을 듣고는 다시 뛰어오른다.

　"헤이야! 헤이야!"

북아메리카 원주민이 일상적으로 먹던 연어와 연어잡이 어로도구들(Hilary Stewart, *Indian Fishing*, 1977년).

그리고 작살은 은빛 연어를 향해 쏜살같이 날아간다. 북미 밴쿠버 일대의 틀링깃(Tlingit) 원주민들은 연어를 잡으면서 반드시 물고기와 대화를 나눈다. 연어는 그네들의 삶에서 일용할 양식이며, 정신적 어머니이기 때문이다.

이 같은 이야기들은 북미 원주민들의 고기잡이를 정확하게 묘사한 힐러리 스튜어트(Hilary Stewart) 같은 인류학자의 책들에 잘 나타나 있다. 사실 책을 통해서나마 힐러리를 만난 것은 매우 다행스러운 일이었다. 워싱턴대학의 인류학 교수로 오래 봉직한 그녀에게 시애틀에 사는 인편으로 연락을 취했지만 그녀는 밴쿠버의 쿼드라 섬(Quadra Island)의 외딴집에 살고 있다는 답변만 돌아왔다. 그녀는 원주민들의 신앙은 물론이고(*Looking at Totem Poles*, 1993) 고기잡이 역시 꼼꼼한 자신의 그림으로 생활상을 복원시키고 있었다(*Indian Fishing : Early Methods on the Northwest Coast* , 1994). 심지어는 아메리카 삼나무 하나만 가지고도 그녀는 노동, 제의, 의생활 등을 총체적으로 복원시켜왔다(*Cedar : Tree of Life to the Northwest Coast Indians*, 1995). 이미 세월이 흘러 흔적조차 사라진 원주민들의 어업생활상이 구술자들의 증언과 힐러리의 그림을 통하여 다시 살아났다.

그네들의 고기잡이법은 전근대사회 어로기술사 발전단계에서 최고의 단계까지 도달하였음을 알 수 있게 한다. 이는 전 세계 어로기술사의 일반적 정황에 견주어서도 세계적인 수준으로 판별되며, 북아메리카 원주민문화의 재성찰을 요구하게 만든다. 더군다나 그네들은 자원의 포획과 이의 신성한 의례라는 관점에서도 생산과 제의가 동떨어져 있지 않은 불이성(不二性)을 온전하게 획득함으로써 문명의 높은 격조와 품격을 보여주고 있다.

연어를 떠올리면 반드시 그녀가 떠오르던 차에 연전에 생태학자 탁광일 선생의 의미심장한 책을 읽었다. 《숲은 연어를 키우고 연어는 숲을 만든

다》. 이처럼 압축적으로 연어와 숲의 공생적 삶을 표현한 글을 본 적이 없
다. 그는 더 나아가서 "숲을 살려야 바다가 산다."고 했다. 얼마 전에 필자
는 어부들이 들려준 다음과 같은 준엄한 민속지식을 소개한 적이 있다(《돌
살 - 신이 내린 황금그물》, 2006).

산그늘은 곧바로 숲그늘을 의미하기도 한다. 강가에서 물고기들이 수초
우거진 곳을 좋아하는 것과 일치한다. 그동안 바닷가 나무들이 방풍림으
로서의 역할만이 강조되어왔다면, 사실 바닷가에 인접한 나무들은 그늘을
만들어 물고기들이 서식하거나 모여들 수 있는 천혜의 조건을 만들어준
다. 바다숲은 해변에 바짝 붙어서 운신하는 연안어종의 서식에 결정적이
다. 숲이 무성한 바닷가에 고기가 몰려드는 이유는 아주 단순하다. 따라서
바다숲은 풍조(風潮)를 막는 1차적 기능 이외에 물고기에게 잠자리를 마
련해주는 시너지효과도 부여한다. 고기 떼는 숲그늘로 몰려드는 근성이
있다. 물고기는 사람과 마찬가지로 숲을 그리워한다. 동물만이 숲으로 가
는 것이 아니라 물고기도 해변이나 섬의 숲그늘로 몸을 숨기고 '그늘의 미
학'을 즐긴다. 선사시대 인간들이 바위그늘에서 주거처를 마련하였듯이
물고기들도 바위그늘이나 숲그늘을 선호한다.

우리나라같이 곳곳이 개발된 지역에서도 바다숲이 중요한데 탁광일 선
생이 활동하던 밴쿠버 섬의 오지마을 뱀필드 같은 곳은 오죽하랴. 그는 강
과 바다, 숲과 연어, 곰과 원주민, 새와 벌레, 이 모든 것들이 공생관계임
을 담담하게 진술하고 있다. 장회익 선생이 말한바, 모든 것이 연결되어
있는 '온사상'과도 같은 개념일 것이며, 우리 선조들이 일상적으로 지켜온
'만유일체(萬有一體)'적 세계관과 같은 것이리라.

개울가에 자라고 있는 나무에서 나오는 낙엽과 열매, 잔가지들이 개울에 양분을 제공해주고 그 양분이 물속에 사는 동물들을 살찌웁니다. 숲에서 제공하는 양분을 먹으며 강에서 자란 연어는 넓은 바다로 나갔다가 알을 낳기 위해 모천으로 돌아오고 그 연어는 곰과 인간에게 먹이를 제공합니다. 숲과 연어의 이 같은 공존과 상생의 생태계를 배려하지 않는 무자비한 벌채로 숲이 사라지면서 산란 개울로 돌아오는 연어 수가 크게 줄어들고 있습니다.

환경 적응능력이 뛰어난 연어도 현재 북미의 많은 산란하천에서 절멸위기를 맞고 있다고 한다. 캐나다 해안가에 사는 아메리카 원주민들 말에 의하면, 자신들의 할아버지 때만 해도 산란하고 죽은 연어들의 사체를 밟고 가면 신발을 적시지 않고도 강을 건널 수 있었다고 한다. 이제 그 같은 이야기는 우리의 인왕산 호랑이처럼 전설로 남아 있을 뿐 불과 20년 전만 해도 전적으로 야생 연어에 의존해왔던 그곳의 연어 어획고도 이제 반 이상이 양식 연어로 충당되고 있다. 북미 대서양 연안에서는 연어가 멸종위기에 처한 종으로 법적 보호를 받아야 할 지경에 이르렀다.

그가 보기에 연어가 사라지고 있는 가장 큰 이유는 산란 개울에서 연어의 서식환경이 지속적으로 파괴되고 있기 때문이다. 산란 하천 주변에서 산림 벌채, 도시화나 산업화로 인한 수질 오염, 댐 건설, 굽이치며 휘돌아가던 물길을 직선으로 만들어 여울과 소(沼)를 사라지게 만드는 것이 주원인이다. 적응할 틈을 주지 않고 급속히, 그리고 과격하게 진행되는 이 같은 변화에는 아무리 환경 적응력이 뛰어난 연어도 감당해낼 수 없는 것이다. 탁광일 선생은 이렇게 결론을 내린다.

우리 인간이 현재 직면해 있는 현실도 연어가 처한 그것과 크게 다르지 않습니다. 우리는 오늘날 기상 변화, 물 부족, 멸종, 마시는 물과 공기의 오염과 같은 위태로운 환경적 현실 속에서 살아가고 있습니다. 우리 주변의 숲, 강, 갯벌, 바다는 연어의 모천과 같은 존재로 우리의 삶을 건강하고 행복하게 영위하는 데 필수불가결한 요소입니다. 연어의 모천이 파괴되면 연어가 돌아오지 않습니다. 우리 주위에서 숲, 강, 갯벌, 바다가 사라지거나 오염되면 우리 사회로부터 건강과 행복이 사라집니다. 연어를 강으로 다시 돌아오게 하려는 노력은 어획고를 올리기 위해서라기보다 우리 사회의 건강과 행복을 되찾기 위해서 이뤄져야 할 것입니다.

연어는 돌아오고 있지만 남대천변의 풍경은 살벌하기만 하다. 숲그늘은커녕 드문드문 나무그늘조차 없다. 그나마 다행이라면, 강을 직선으로 만들고 콘크리트 제방을 해놓지 않은 것만 해도 고맙다. 연어는 그 강인한 생명력으로 꾸준히 되돌아오고 있으나 기수대의 조건은 더욱 악화되고 있다. 연어가 돌아온들 무슨 의미가 있으랴. '어획고를 올리기 위해서라기보다' 우리 자신의 건강과 행복을 되찾기 위해서 강과 바다가 만나는 곳곳마다 그 무언가를 준비해야 하지 않을까.

# 다리가 열 개라고 다 같은 오징어는 아니다

## 오징어 2천 마리 할복해야 고작 5만 원

오징어의 원조를 만나려면 울릉도 저동(苧洞)으로 가야 한다. 그야말로 진풍경이다. 촛대바위 너머로 여명이 동터오면 어판장은 이내 시장판으로 비뀐다. 수협 직원들이 종을 치며 입칠에 바쁘다. 배에서 막 내려진 고기 상자가 칸칸이 쌓여 입찰에 부쳐진다. 중개인이 적어낸 팻말에서 최적 가격을 찍어낸다. 입찰이 끝나면 그 자리에서 상자를 뒤집어 오징어를 바닥에 쏟아낸다. 날카로운 비수를 들고 서성이던 '오징어 아지매'들이 달려들

어 일과인 '할복'을 시작
한다. 누렇고 흰 오징어
내장이 바닥을 가득 채
울 때쯤 되면 이내 대꼬
챙이를 들고 와 스무 마
리씩 꿰어 한 축을 만든
다. 물에 씻어서 수레에
실은 뒤 덕장으로 운반
하면 아지매들의 어판장
작업은 끝이다.

"배 따는 데 얼마나 받
습니까?"

"한 축에 500원이네요."

스무 마리에 500원이
니 2천 마리쯤 '할복'하
면 5만 원 벌이다. 말이 2
천 마리지 쪼그리고 앉
아 거대한 오징어 산(山)
을 해치우는 일이 쉬울
턱이 없다. 이 일꾼 아지

울릉도 저동 어판장의 새벽 풍경. 울릉도에서 오징어는 삶의 중심이자 문화
적 상징물이다(2004년 여름에 찍음).

매들이 없다면, 울릉도 건오징어는 꿈도 못 꿀 일이다. 남정네들이 채낚기
로 씨름하다가 돌아오면 여자들은 다시 한 번 칼을 들고 역할을 바꿔 '할
복'을 시작한다.

대충 말리면 되는 줄 알지만, 한 마리의 건오징어가 탄생하려면 복잡다단
한 과정과 비용을 치른다. 할복, 대나무 꿰기, 씻기, 덕장 운반과 널기, 젖혀

대꼬챙이에 스무 마리씩 꿰어 한 축을 만든다.

진 귀 뒤집기, 뭉친 오징어다리 떼어 보기 좋게 만들기, '탱'이라 부르는 대나무로 심을 박아 맵시 잡기, 스무 마리씩 축 엮기, 냉장실 넣기, 배에 싣고 내리기, 차에 싣고 내리기 등 여러 과정을 모두 거쳐야만 비로소 소비자의 손에 들어간다. 이 과정마다 비용이 드는 것은 당연한 일이다. 이렇게 하여 오징어 가격이 결정된다.

만나는 어민들마다 기름 값 타령이다. 도회에서야 기름 값이 오르면 전철로 출퇴근할 수도 있지만, 어민들은 배가 없으면 한 발짝도 움직일 수가 없고, 출어비 부담도 눈덩이처럼 불어난다. 섬의 특성상 산물을 육지로 내다 팔려면 배편을 이용해야 하는 이중부담까지 떠안아야 한다.

"참으로 살 만한 곳이지요?"

"무슨 말입니까? 먹고살 길이 막막해요."

울릉도 섬목선창에서 만난 어부에게 생뚱맞은 질문을 건넸더니 대뜸 막막하다는 대답이 되돌아온다. 3만을 헤아리던 인구가 8천 명으로 줄었다. 오징어 흉년에다가 주업인 약초 재배도 중국산이 범람해 막을 내리는 중이다. 일명 '울릉도 지킴이'로 섬의 속사정을 꿰뚫고 있는 홍광진(54세) 씨의 말이다.

백화점 같은 대형 매장 뚫은 사람은 그래도 괜찮은데, 문제는 중소 상인들이지요. 건조가 끝나도 판로가 없으니 창고에 쌓아두게 되는데 창고비는 물론이고 빚내서 출어한 이자 부담까지 떠안아야 하니 모두들 주저앉기 직전이라고 봐야 합니다. 게다가 심각한 것은 아지매들이에요. 평생 쭈그

저동 어판장. 새벽에 배가 오징어를 부려놓으면 아지매들의 일손이 바빠진다.

리고 앉아 배를 따고 있으니 직업병을 피해갈 재간이 있겠어요?

게다가 짝퉁 때문에 속앓이를 하고 있다. 짝퉁은 해외 명품에만 있는 것이 아니다. 육지 오징어를 울릉도산이라고 속여 파는 일도 심각하다. 전국의 울릉도 오징어 시장 점유율은 10퍼센트 안팎. 2004년 기준으로 육지산과의 가격 차이가 한 축에 3천~4천 원 정도다. 그러니 너나없이 '울릉도 짝퉁 오징어'를 시장에 밀어넣는다. '탱'이라고 오징어 다리 사이에 끼어 형체를 잡는 대나무의 인쇄물을 위조하여 짝퉁을 만드는데 소비자들은 거의 구분할 수 없다.

오징어는 다 같은 줄 알았는데, 현지에서 먹어보니 결코 같지 않다. 습도와 기후, 바람 때문이다. 잘게 찢으니 실같이 가늘게 갈라진다. 30여 시간 바짝 말린 오징어나 12시간 정도 살짝 말린 '피데기'나 할 것 없이 살이 도톰하여 씹는 맛부터 다르다. 소비자들은 이제 오징어에서조차 원조와 짝퉁의 구별에 신경 써야 할 지경에 이르렀다.

어판장에서 만난 정건웅(65세) 수협조합장의 말이다.



153

"뻣뻣하게 바짝 말린 놈은 맛이 덜해요. 수분이 살짝 남아 있는 놈을 굽지 않고 그대로 먹어야 제 맛이지요."

개인 취향에 따라 다르겠지만, 표면에 허연 분가루처럼 타우린이 묻어나는 오징어를 진짜로 아는 일반 상식은 실인즉 오해다. 밝으면서도 붉은빛 도는 선명한 색깔에다 도톰하게 살집이 씹히는 오징어가 상품(上品)이다. 보기 좋은 게 먹기도 좋다고 오징어도 잘생긴 놈을 고를 일이다.

날씨가 좋으면 오징어 값이 외려 비싸진다. 좋은 날씨에는 비용이 거의 안 드는 자연건조를 하지만 궂은 날에는 인공건조를 해야 한다. 그러나 완벽한 자연건조는 어차피 드물다. 자연건조로 물이 60~70퍼센트쯤 빠지면 공장으로 옮겨 인공건조 과정을 거쳐 상품을 완성해야 한다. 물론



154

마른 오징어라고 다 같을까. 울릉도 오징어는 특유의 습도와 기후, 바람에다가 진지할 수밖에 없는 바다 삶의 무게까지 더해져 다른 곳의 '짝퉁'이 흉내 낼 수 없는 풍미를 보여준다. '울릉도 오징어'가 그냥 붙여진 이름은 결코 아니다. 저동항 풍경.

추석 이후의 가을에는 햇볕에 말리는 자연건조가 주종을 이룬다. 옛날에는 연탄불로도 건조시켰으며, 가스불로 건조시킨 오징어에서는 '싸한' 가스 맛이 배어나곤 했다. 울릉도 오징어 중에서도 해변 몽돌밭에 빨래처럼 널어서 태양 반사열로 말리는 '태하동 오징어'가 최고인데, 진품 만나기가 쉽지 않아 나 역시 먹어보지 못했다.

## 오징어 흉년이면 섬 전체가 보릿고개

울릉도는 원산지답게 오징어를 빼면 삶 자체가 아예 설명이 되지 않는다.

위 사진은 바다에서 바라본 경관으로 집들이 빼곡하게 들어차 있다(1920년대 울릉도 도동항 풍경). 아래는 산에서 굽어본 경관으로 배들이 발 디딜 틈 없이 들어찼다(1950년대).

오징어 흉년이면 섬 전체가 보릿고개이고, 오징어 풍년이면 섬 전체가 흥청
거린다. 그러나 오징어잡이 역사는 100년 안팎으로 그리 오래지 않다. 오래
전에도 오징어를 잡았겠지만 상업성을 갖춘 오징어잡이 역사는 1세기를 넘
지 못한다. 울릉도 오징어잡이는 근세의 개척과 더불어 시작되었다. 울릉도
개척은 조선조 고종 19년(1882)의 개척령 반포에 이르러서야 공식 윤허된
다. 개척민들은 초기에 산채를 캐어 먹고 농사를 지으면서 살아갔다.

> 개척 당시, 겨울을 지내면 식량이 바닥나곤 했지요. 굶주림에 시달릴 때 눈
> 속에서 명이가 올라오는 거예요. 그걸 캐다가 연명했대요. 명(命)을 잇게
> 한다고 이런 이름이 붙은 나물입니다.

울릉도의 제대로 된 식탁에는 틀림없이 이 명이가 올라온다. 귀한 반찬
이다. 산마늘을 뜻하는 말로, 울릉도 나리분지의 특산물이다. 남획으로 줄
어들기는 했으나 부지깽이, 삼나물, 고비, 땅두릅, 산마, 더덕, 미역취, 도
라지 등과 더불어 여전히 울릉도의 특산물에 속한다. 도민의 대부분이 비
탈진 밭에서 나물농사를 짓거나 자연 채취로 생계를 꾸려간다. 섬이기는
하지만 예나 지금이나 어업 못지않게 농업이 중요하다는 증거다. 풍족한
비와 적설량, 대한난류권의 따스한 연중 기온, 제주 화산토와는 다른 강한
지력(地力) 등은 이곳을 산채 및 약초의 본향으로 만들었다. 화산섬이란 특
수한 자연조건이 만든 결과다.
차츰차츰 오징어가 섬의 주 수입원이 되어갔다. 30여 년 전, 오징어가 지
천일 때는 대나무에 낚시를 매달아 찍어 올리는 이른바 '찍낚시'로 아예
오징어를 퍼담았다. 이런 때는 바다가 눈밭처럼 희게 빛났다. 믿기지 않겠
지만 심지어는 낚시가 내려가지 않을 정도로 많았던 적도 있다고 나이 든
어민들은 추억한다.

대형 오징어(Giant squid) (Richard Ellis, *Encyclopedia of the SEA*, 2000년).

떼목처럼 생긴 '테우'에서 잡다가 두세 명이 타는 '강꼬' 배를 거쳐, 나중에 채낚기 배로 귀착되었다. 처음에는 나무물레를 돌리는 물레치기로 잡았으나 자동조절기가 등장했다. 20여 명분의 일을 기계가 하게 되면서 노동력 감소에 결정적 영향을 미쳤다. 어로기술 명칭에 일본어가 많은 것은 이들 어법이 일본 영향권에 있음을 방증한다. 가장 보편적이었던 '돔보어법'도 오키 제도에서 들여왔다. 독도 문제로 말썽을 일으키는 오키 어민들은 일제강점기에 울릉도에 집단촌을 형성해 살았으니, '게다'짝을 딱딱거리며 저동항을 오갔던 바로 그들이다.

오랫동안 중개인으로 일해온 성학주(73세) 씨에게 '오징어론'을 청했다. 대개 잘못 아는 상식 중의 하나가 부위별 명칭이다. 오징어는 팔다리가 머리에 달려 있는 두족류다. 오징어에 다리는 없으며, 엄밀하게 팔다리가 맞다. 팔다리 열 개 중에서 유달리 긴 두 개는 먹이를 잡거나 교미할 때, 나머지 여덟 개는 먹이를 먹을 때 쓰인다. 머리라고 부르는 삼각형 부위는 지느러미다. 흔히 '오징어 불알'이라 부르는 부위는 날카로운 이빨을 가진 주둥이며, 사람처럼 한 쌍의 눈알도 갖고 있다.

오징어는 연체동물 중에서 가장 발달한 녀석들이다. 산업적으로는 살오징어와 갑오징어, 화살오징어 등이 중요하다. 전 세계적으로 460여 종이 분포하고 있는바, 세계적인 수산자원이다. 살오징어는 우리가 보통 오징어라 부르는 그것을 지칭하며, 화살오징어는 일명 한치다. 살오징어는 동중국해에서 오호츠크해에 이르기까지 넓은 공간에 분포하며, 특히 울릉도 부근은 극동에서 손꼽히는 어장이다. 오징어는 대화퇴에서 내려오는 회유성으로 독도 근해가 주산지다. 육지와 제일 가까운 대풍령 앞바다에서 두지봉 위까지 가서 잡다가 빙 돌아서 가두봉까지 오면 떨어져 나간다. 육지 내륙으로 빠지면서 멀리 부산 기장 쪽으로 내려가 대마도 근해로 나가기도 한다. 울릉도를 빠져나간 오징어는 점차 맛이 없어지다가 1년생답게 종내는 살이 없는 '거풀 오징어'가 되고 만다.

오징어는 난류성이지만 바닷물 온도가 너무 올라가면 사라진다. 오징어가 대거 이동해 서해안 태안반도 안흥항이 파시처럼 오징어판이 되기도 했는데, 동행한 수산과학원 이윤 연구관(해양생물학)의 생각은 조심스럽다.

결론을 내리기는 어렵지만, 계통이 다소 다른 오징어로 볼 수 있지요. 같은 황인종이라도 일본인, 한국인, 중국인이 다르듯이 말입니다.


## 오징어 집어등이 빚어낸 황혼의 도시

오징어는 밤을 좋아한다. 낮에는 100~200미터 수심에서 놀다가 밤에는 떠오른다. 불빛을 밝혀 떠오른 녀석들을 유혹하여 잡아들인다. 불빛을 좋아하는 추광성에다 전진과 후퇴만 아는 직진성 어류다. 그래서 오징어 채낚기에는 미끼가 필요 없다. 불만 보면 미끼인 줄 알고 직진해 달려든다.

집어등 불빛을 밝히고 저동의 촛대바위를 지나는 오징어잡이 배.

'살아 있는 로켓'인지라 빨아들인 물을 뿜어내면서 그 추진력으로 전진과 후퇴를 거듭한다. 집어등은 애초에 석유 호롱불을 쓰다가 카바이드, 휘발유 등을, 요즘에는 전깃불로 변모를 거듭했다. 배에서 모터를 돌려 발광하는 오징어 집어등 불빛은 화상을 입힐 만큼 고온이다. 그래서 밀짚모자를 쓰고 어로작업을 하는 등 차광장치가 필요하다.

덕분에 늦여름부터 가을을 넘길 동안 저녁마다 강렬한 불빛으로 바다의

축제를 여는 오징어잡이 풍경은 동해안 어디서나 볼 수 있는 일상적 모습이다. 제철이면 오징어잡이 배가 저동항 바로 앞의 죽도에서 독도 방향으로 까마득히 늘어서 '바다의 도시'를 보는 듯하다.

강원도 해변에서 오징어 불배를 보면서 늘 그 불빛을 가까이서 보고 싶었는데 오랜 소원을 이루었다. 2005년 광복 60주년 기념행사의 일환으로 부산항에서 출발하여 동해를 관통, 블라디보스토크로 향하였다. '평화와 희망의 뱃길'에 승선한 것이다. 10월 1일 오후에 출발한 대룡호란 이름이 붙은 페리호는 동해를 따라서 북상하다가 저녁 무렵에 울진 동북쪽에 도달하였다.

저녁 6시, 늦가을 찬바람이 부는데 하나둘 오징어 집어등 불빛이 켜진다. 오징어 불빛이야 늘 보아오던 풍경이지만 정말 다르다. 이렇게 가까이서 오징어잡이 배를 보는 것은 쉽지 않은 일이다. 석양에 물들이면서 오징어 불빛이 수평선에 걸쳐 있다. 어떤 배는 불과 100여 미터 거리에서 만난다. 강렬한 불빛이 바닷물에 번져서 잔물결에 아른거린다. 불바다다.

강원도 어느 곳에서나 오징어 배가 보인다. 멀리서 아스라이 수평선을 물들이며 밤바다를 밝힌다. 그렇지만 이처럼 높은 페리선상에서 굽어보는 집어등 불빛은 그 자체로 환상이다. 바다를 바라보는 관해의 미학은 이러한 것이다. 육지에서 바라다본 바다, 그리고 바다에서 바다를 바라보는 미학의 차이는 이러한 것이다.

오징어 불배들이 연출하는 바다의 불꽃정원(대화퇴 근해, 블라디보스 토크로 가는 뱃전에서 찍음. 2005년 11월).

연전에 울릉도의 북면에서 관음도로 빠져나오며 오징어 불배의 사진을 찍은 적이 있었다. 낮은 배에서 낮은 배를 수평으로 찍었을 때는 수면에 일렁이는 불빛이 잡히지 않았다. 이번에는 사정이 달랐다. 5층 건물 높이의, 그것도 마스크가 서 있는 상갑판에 올라가서 카메라를 들이대니 사진의 각도가 전혀 달랐다. 그때 마침 오징어배 한 척이 페리호의 곁을 지나가고 있었다. 정확하게 말한다면 집어등 불빛을 밝히고 천천히 이동하던 어선 옆을 쏜살같이 지나쳤다는 표현이 정확하리라. 느린 어선의 이동에 비하면 15노트에 불과한 페리호의 운신의 폭이 '쏜살같다'는 격에 어울리니 이처럼 속도란 상대적인 것이다. 속도가 상대적이라는 진실을 거듭 배워 나가면서 대룡호는 오징어 불배의 '불꽃정원'을 그렇게 반나절은 달렸다. 울진쯤에서부터 속초를 벗어난 외해에 이르기까지 오징어배는 전면적으로 신출하고 있었으며, 우리의 용감한, 정확하게 말한다면 죽기 살기로 바다의 삶을 펼치는 어부들이 연출한 불바다를 헤치면서 대룡호는 북상을 거듭하였다.

누군가 말했다. "정말 환상적이다."라고. 그러자 누군가 이렇게 답했다.

"저렇게 잡아대니 살아남을 오징어가 있겠수."

그렇다. 풍경은 환상 그 자체인데 현실은 엄청난 다량어획으로 인한 자원의 소멸이다. 빈틈없이 들어찬 불바다의 풍경 속에는 고깃바늘이 드리운 생태환경의 냉혹한 비극이 도사리고 있다. 물고기가 사라져가는 침묵의 바다란 이런 것이다. 환상적인 바다에서 침묵의 바다를 예감하는 비극이란!

먼 집어등은 붉은빛으로 오르고 아주 가까운 집어등은 예의 강렬한 은빛으로 바다를 번쩍거리게 한다. 거리에 따라서 집어등 불빛의 파장이 연출하는 색감이 다르다. 머나먼 붉은빛은 어느 시인의 시구처럼 어두운 벌판을 지나가는 포장마차의 불빛과도 같은 것이리라. 반면에 가깝게 다가오는 강렬 그 자체인 은빛은 오징어의 발광과도 일치하는 감이 있어 발광고기를 잡으려면 불빛조차도 발광해야 하는구나 하는 생각이 들게끔 한다. 오징어 채낚기의 빠른 손길에 퍼덕거리는 오징어들이 은광을 내며 밤바다를 풍요의 바다로 만든다. 그렇지만 오징어가 흉년이라 실상 풍요와는 무관할 것이다. 이 머나먼 바다까지 배를 몰고 나온 출어비를 뽑으려면 어민들은 이 밤을 꼬빡 새워야 할 것이다. 고기잡이는 결코 낭만과는 무관한 것이다.

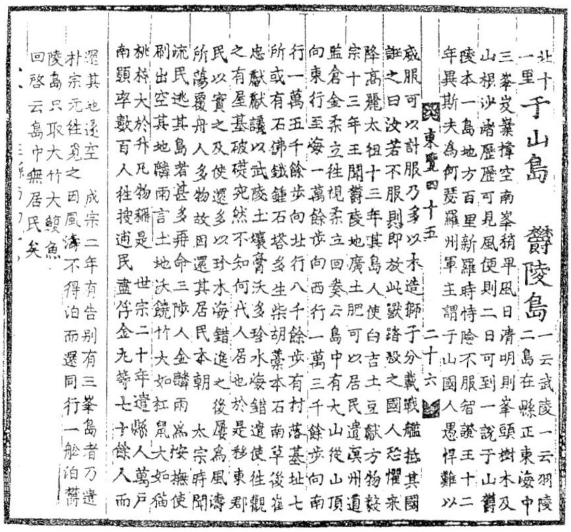
北十一里
于山島 鬱陵島 一云武陵一云羽陵 二島在縣正東海中
三峯岌嶪撑空南峯稍卑風日清明則峯頭樹木及
山根沙渚歷歷可見風便則二日可到一說于山鬱
陵本一島地方百里新羅時恃險不服智證王十二
年異斯夫為何瑟羅州軍主謂于山國人愚悍難以
東覽 四十五 二十六
威服可以計服乃多以木造獅子分載戰艦抵其國
誑之曰汝若不服則即放此獸踏殺之國人恐懼來
降高麗太祖十三年其島人使白吉土豆獻方物毅
宗十三年王聞鬱陵地廣土肥可以居民遣溟州道
監倉金柔立往視柔立回奏云島中有大山從山頂
向東行至海一萬餘步向西行一萬三千餘步向南
行一萬五千餘步向北行八千餘步有村落基址七
所或有石佛鐵鐘石塔多生柴胡藁本石南草後崔
忠獻議以武陵土壤膏沃多珍木海錯遣使往觀
之有屋基破礎宛然不知何代人居也於是移東郡
民以實之及使還多以珍木海錯進之後屢為風濤
所蕩覆舟人多物故因還其居民本朝太宗時聞
流民逃其島者甚多再命三陟人金麟雨為按撫使
刷出空其地麟雨言土地沃饒竹大如杠鼠大如猫
桃核大於升凡物稱是 世宗二十年遣縣人萬戶
南顥率數百人往搜逋民盡俘金丸等七十餘人而
還其地遂空 成宗二年有告別有三峯島者乃遣
朴宗元往覓之因風濤不得泊而還同行一船泊鬱
陵島只取大竹大鰒魚
回啓云島中無居民矣

《신증동국여지승람》의 울릉도 기사(1530년).

오징어의 내장들. 이태리의 먹물요리처럼 울릉도 사람들은 이들 내장으로 최고의 요리를 만들어냈다.

## 울릉도 오징어요리 세계화했으면

1993년 여름, 시베리아 사하 공화국을 방문했을 때의 일이다. 소주를 챙기면서 안주 삼아 오징어도 한 축 챙겼다. 문제는 현지 호텔에서 터졌다. 한국 술의 참맛을 보여준다며 소주 파티를 열어 오징어구이를 내놨는데 냄새 때문에 분위기가 엉망이 돼버렸다. 구수한 그 냄새가 '국제적'으로 통용 불가임을 깨닫는 데 걸린 시간은 아주 짧았다.

우리처럼 오징어를 알뜰살뜰 즐기는 민족도 흔치 않다. 수산물 기호도에서 마른 오징어는 단연 수위이며, 하다못해 오징어와는 별 상관도 없는 '오징어땅콩' 과자가 롱런하는 나라 아닌가. 가난했던 시절, 아이에게 안겨주던 귀한 오징어로부터 영화관의 필수품이던 구이, 맥주 안주의 기본인 오징어땅콩, 등하교길 혹은 아예 시장바구니를 들고 먹던 오징어튀김, 그리고 회·무침·국·조림·순대·구이에 이르기까지 어찌 한민족의 생활사에서 오징어를 빼놓을 수 있으랴.

울릉도 주민들은 역경의 삶을 헤쳐 나가면서 우리가 즐겨 먹는 오징어 살보다는 그 부산물인 내장을 더 품격 있는 요리로 개발해냈다. 흰 창자로 끓인 내장탕은 시원하기 이를 데 없다. 오징어철에는 울릉도의 식당 곳곳마다 흰 창자 요리가 선보이고 있다. 소금에 절여서 배추시래기와 함께 끓여내는 노란 창자 찌개는 8월의 '울릉도 오징어축제' 때 최고 인기 음식이다. 여기에 감자와 옥수수밥을 올리면 전형적인 울릉도식 접대 방식이 된다. 10월이 지나 찬바람이 돌면 기름진 노란 창자를 된장에 졸여 쌈장도 만든다. 오징어 내장과 먹물로 만든 순대는 서울식과 전혀 다르다. 이렇듯 오징어는 버릴 것이 하나도 없다.

　오징어 먹물 요리를 가지고 세계적인 건강식으로 키워낸 이탈리아 사람들의 역량과 견줘도 손색이 없는데, 왜 우리는 아직도 울릉도 사람들의 이 뛰어난 요리를 세계인의 식탁으로 이끌어내지 못할까! 이탈리아 사람들은 먹물로 만든 파스타가 정력증진은 물론이고 특히나 여성들에게 좋다고 믿는다. 실제로 먹물로 죽을 쑤어 먹으면 숙취에도 그만이다. 최근에는 오징어 먹물에서 항암, 항균성분까지 과학적으로 검출되었다. 먹물을 버릴 것만이 아니라 적극적으로 식탁에 올려야 한다.

　오징어를 옛날에는 오적어(烏賊魚)라 불렀다. '까마귀가 도적으로 생각하고 해치는 물고기'라는 뜻에서 유래된 말이다. 까마귀는 오징어가 검은 색을 훔쳐갔다고 생각하여 쫓아가고 오징어는 먹물을 뿜으면서 달아났던 데서 비롯되었다는 속설이 전해진다. 이 유서 깊은 먹물의 성분은 멜라닌 색소다.

　중국의 의학서 《본초습유(本草拾遺)》에 오징어 먹물은 혈액에 좋고 심장의 울렁거림을 예방하고 통증을 완화시키며 부인의 자궁출혈에 효과가 있다고 하였다. 일본인들이 산후 몸조리에 우리의 미역국처럼 오징어국을 먹는 것도 그만큼 맑은 피를 솟게 하는 데 효험이 있기 때문이다. 이탈리아의 먹물 파스타가 전 세계인의 식탁이 올랐듯이 울릉도 사람들이 개발해온 우리의 다양한 오징어요리를 세계 이전에 우리의 식탁에라도 올려야 하지 않을까. 무엇보다 이 땅의 식당 주인들이여, 그리고 요리사들이여, 그동안 버려왔던 오징어 먹물과 내장을 무기로 무언가 일을 저질러야 하지 않을까.

# 죽은 처녀 원혼 달래려 남근을 깎다

## 처녀 죽은 뒤 풍랑 잇따라

깊고 푸른 바다 동해. 백두대간을 옆에 끼고 동해가 누워 있다. 그런데 이게 웬일일까? 그 동해를 향하여 향나무로 야무지게 깎은 남자의 성기가 열댓 개씩 굴비 엮이듯 새끼줄에 엮여 걸린 게 아닌가. 1년 내내 출렁이는 물결과 해풍을 따라 끄떡거리고 있을 남근(男根)의 모습을 상상해보라.

삼척의 신남리, 일명 섶내미 마을에 가면 언제나 남근을 볼 수 있다. 아예 '해신당(海神堂) 성민속공원'이란 간판까지 내걸어 본격적으로 '남근'을 팔고 있다. 웬만한 호사가들의 입방아에 오르내린 지는 이미 오래이며, 텔레비전에도 자주 소개돼 많은 이들이 알고 있다. 그래서 삼척을 찾은 손님들 대부분이 '의무적'으로 찾아오곤 하는 곳이 됐다. 해양수산부가 국고를 지원하여 남근공원 옆에 들어선 어촌 민속전시관은 절반쯤을 세계 성민속관으로 꾸며놓고 손님을 끌고 있어 이래저래 신남리만큼 '남근 볼거리'가 풍성한 마을도 없을 것이다.

얼마 전만 해도 이곳은 한적한 어촌이었다. 포구마을 산기슭에 '큰 당'이라 불린 서낭당이 있고, 바다로 혀를 내민 곶(串)부리에는 '작은 당'이라 불리는 해랑당(海娘堂)이 있어 해마다 남근을 모신 마을제를 올려왔다. 사연은 이러하다.

옛날 옛적의 일이다. 마을의 젊은 남녀들이 배를 타고서 마을 앞 아름다운 백섬, 일명 애바위로 나갔다. 섬에서 조개를 줍는데 갑자기 풍랑이 일었고, 젊은이들은 서둘러 귀환했다. 그러나 같이 간 처녀 한 명이 미처 배를 타지 못했고, 급기야 물에 빠져 죽고 말았다. 그로부터 얼마 후, 마을에서 하나둘 젊은이들이 죽어나가기 시작했다.

"젊은 사람들이 바다에만 나가면 풍랑이 이는 이유는 뭡니까?"

"처녀를 서낭으로 모시고, 남근을 바치도록 하시오."

"남근이라뇨?"

"해마다 향나무로 남근을 깎아 처녀의 혼령을 달래보시오."

답답하다 못해 찾아간 무당의 입에서 처녀의 원귀를 달래주라는 공수가 내려졌다. 세상에서 가장 무서운 원귀를 처녀귀신이라 했던가. 그로부터 마을의 당은 해랑당이 되었고, 예쁜 처녀를 그림으로 그려서 여서낭으로 봉안했다. 해마다 남근을 깎아서 정성을 드리니 그 후로는 탈이 없었단다.

남근을 바친 뒤로는 고기도 잘 잡히고 해상 사고도 없다고 한다. 해랑당의 남근은 향나무를 적절한 크기로 깎아서 흰색과 붉은 무늬가 조화를 이

해랑당 옆 나무 해신당에 걸려 있는 나무 '좆'들. 향나무를 깎아 새끼줄로 엮었다. 남근을 봉헌하는 민속신앙에는 풍어와 다산
의 염원이 담겨 있다.

해랑당에 봉안되어 있는 여서낭.

룬다. 주먹에 꽉 찰 정도로 굵고 시원스럽게 깎았기 때문에 자신의 그것이 작은 남자라면 콤플렉스를 느낄 정도다. 남근에는 붉은 황토를 칠해 실물과 비슷한 색깔을 내기도 한다.

이 동네의 웬만한 어른들은 수십 년간 남근을 깎아온 터라 자귀 하나만 쥐면 나뭇밥을 일으키며 척척 깎아내는데, 수십 년간 남근 깎기에 이력이 난 솜씨가 가히 경탄스럽다. 남근 깎기에 관한 한 기네스북에 오를 만하다.

이런 전통이 문화관광 상품으로까지 확대되어 아예 남근공원이 들어섰고, 장승보다 큰 남근들이 전봇대처럼 줄지어 서 있는 모습은 장관이다. 근년에는 남근을 매단 열쇠고리까지 만들어 팔고 있으니, 남근으로 수입을 올리는 유일한 마을이 아닌가 싶다. 남근만을 강조하는 남근공원이 성차별이라는 문제 제기도 없지 않아 한동안 뜻있는 여성들로부터 비판의

대상이 되기도 하였으니, 이래저래 남근공원은 세인의 주목을 끌고 있다.


## 남근 깎아 봉안하자 바다 잠잠

그러면 이 해랑당의 남근신앙을 어떻게 해석해야 할까. 해랑당의 죽은 처녀에게 남근을 바치는 의례는 우리나라 사람들의 전통적인 죽음관에서 비롯된다. 귀신 중에서 가장 무서운 귀신이 처녀귀신이다. 속설에 처녀귀신은 손각시〔孫閣氏〕, 혹은 왕신이라고 하였다. 처녀귀신은 원한이 깊어 혼령이 제자리에 머물지 못하고 원귀가 되어 떠돈다고 믿는다. 그리하여 '망자혼사(亡者婚事)굿'처럼 죽은 처녀 총각을 맺어 주는 사후 세계의 만남이 이루어진다. 이러한 의미에서 해

물에 빠져 죽은 처녀의 혼령을 달래기 위해 여서낭을 봉안해 남근을 바치고 있는 강원도 삼척 신남리 해랑당에서 본 동해바다. 처녀가 죽었다는 백도가 보인다.

170

랑당의 여서낭은 해마다 여러 개의 남근을 받고 있으니, 죽어서나마 남자 복은 많은 셈이다.

해랑당 당신화(堂神話)에는 풍요주술을 희구하는 어민들의 염원이 절절하게 배어 있다. 처녀귀신에서 남근을 봉헌함은 당연히 성적인 주술을 의미한다. 처녀는 남근을 받아들임으로써 자신의 원한을 풀어낸다. 단순한 원한풀이를 뛰어넘어 처녀와 남근의 만남을 통해 새로운 생산을 가져오며, 덕분에 바다는 한결 풍요로워진다.

해랑당의 남근은 더 이상 인간의 남근이 아니며, 영적인 힘을 부여받은 주술적인 남근이다. 이들 주술은 왜 힘을 지니는가. 이미 시대의 고전이 된 《황금가지(The Golden Bough)》에서 프레이저(Frazer)는 주술의 기초가 되는 사고의 원리를 분석하면서 '닮은 것은 닮은 것을 낳는다.'는 '유사(類似)의 법칙'을 제시한 바 있다. 해랑당의 남근신앙도 유사의 법칙에 비교적 충실하다. 처녀와 남근의 결합은 역으로 어업의 풍요와 다산을 보장하기 때문이다.

동해안 남근에 관한 한 해랑당이 유일한 것처럼 알려져 있지만 사실은 다른 곳에도 남근신앙이 존재한다. 고성군 문암리 앞바다의 백도는 '망개'라 불린다. 이곳의 해식동굴에는 구멍이 숭숭 뚫려 있는데, 나무로 깎은 남근을 곳곳에 꽂아 거룩한 신전으로 꾸몄다. 지금은 사람들이 빼가거나 제물로 떨어져 나가 몇 개만 남아 있으나, 한때는 구멍마다 남근이 가득 찼다.

매년 정월에 마을 앞산의 남성황신과 바닷가 여성황신에게 제를 올리는데, 해랑당처럼 특별히 남근을 깎아 여성황에게 봉헌한다. 남근은 제관 가운데 한 사람이 깎는데, 자신이 남근을 깎는다고 말해서는 안 되며, 남근을 타인에게 보여주어서도 안 된다. 아무리 나무 남근이지만 함부로 보여줄 수 없는 금기가 지켜진다.

남근은 길이 한 자, 지름 5센티미터 정도의 크기다. 보기에도 막강하다. 반드시 오리나무를 이용해 세 개를 깎는데, 이 남근을 여성황신이 있는 바위구멍에 꽂아 구멍이 한 번에 맞으면 풍어가 온다고 믿는다. '한 번에 맞아야'라는 단서를 붙이고 있는 데서 속궁합, 혹은 성적 결합의 정확성을 엿볼 수 있다.

망개의 남근 봉헌에는 해랑당과 같은 처녀 원귀설화가 없다. 여성황과 남성황의 남녀 결합을 제관이 깎은 남근을 바위구멍과 결합시키는 의례를 통해 성취하고 있을 뿐이다. 해마다 성적 결합을 올리는 것으로 미뤄 결혼식은 아니고, 그렇다고 임시 동거도 아닌, 신들만이 누릴 수 있는 특권이 아닐까.

망개의 해식동굴은 그 자체가 여성의 자궁을 상징하기도 한다. 폴란드 태생의 말리노프스키(B. K. Malinowski)가 뉴기니 북동쪽 트로브리안드(Trobriand) 군도를 조사한 결과를 정리한 《미개사회의 성과 억압》에서도 어김없이 동굴이 등장한다. 이 경우에는 여성이 동굴에 음탕한 자세로 누워서 종유석의 물방울을 받아 후손을 잉태한다. 망개의

바다의 여신이 있다면 현대화가들은 물고기와 여인을 이런 식으로도 표현하고 있다. 구스타프 클림트(1862~1918), 〈Gold Fish〉, 1901~1902년 작, 181 x 66.5cm.

해식동굴도 단순하게 동굴을 선택하여 구멍에 남근을 봉헌한다는 것 이상
의 세계문화사적 보편성을 지니는 것이다.


## 남근 봉헌, 해양민족에 널리 퍼져 있는 문화

　남근 봉헌(phallicism) 풍습은 비단 우리에게만 있는 것이 아니다. 이웃 일
본은 물론이거니와 폴리네시아 같은 해양민족 사이에 드넓게 퍼져 있다. 아
주 구체적인 비근한 실례로 대마도 바로 아래에 위치한 이키(壹岐)라는 섬
을 꼽을 수 있다. 이키는 한반도와 일본의 징검다리로 '대마도-이키-규슈'
로 연결되는 절묘한 위치다. 소설가 시바 료타료(司馬遼太郎)는 규슈의 북
방, 즉 조선 쪽으로 '파도에 씻기는 두 개의 섬'이 있으니, 이들이 이키와 대
마도라고 하였다.

　이키는 기름진 곳이다. 기원 전후에 야요이(彌生)식 농경에서 규슈는 선진
　지역이었다. 이키, 대마도는 역사적으로 고대에 철(鐵)을 수입해오던 해상
　수송의 경로였다. 고대신화가 전승되는 불가사의의 하나이며, 1도(島)에
　서 1국(國)을 꾸렸으니 참으로 특이한 존재들이다. 이들 섬은 조선문화와
　고신도(古神道)가 전해진 길목이다.


　깔끔하고 압축적인 설명이다. 이키는 임진왜란 시 왜군들이 들어오는 길
목이기도 하였으며, 왜구들의 본거지이기도 했다. 고려 말 이성계와 한판
붙었던, 왜구들을 지휘했던 전설의 왜구 아기발도(阿只拔都)도 바로 이키
왜구의 대장이었다. 그 이키 섬의 남서쪽에 자리 잡은 고노우라(鄕ノ浦)에
가면 사이진자(塞神社)가 있다. 뭇사람들이 오가는 길목에 사람 크기만 한

남근을 세워놓고 금줄을 둘렀다. 3~4평 되는 작은 신당 안에는 온갖 '좆들의 향연'이 펼쳐진다. 해마다 길일에는 각종 성(性)스러운 물건들을 봉헌하여 성(聖)스럽게 제를 지낸다. 춘화에서 자그마한 좆바위에 이르기까지 가히 작은 섹스박물관이다. 우리의 해랑당이 본디 자그마한 실물보다 조금 큰 좆들을 다발로 엮어서 여서낭에게 바쳤다면, 여기는 아예 본격적으로 대포만 한 좆들을 입구에도 세우고 신당의 천장에도 매달아놓았다. 심각하게 말한다면, 좆의 무게에 깔릴 판이다.

한반도에는 육지부에 남근신앙이 대단히 많지만 대개 아들 낳기를 희구하는 기자신앙에 속해 보수적인 편이다. 남근을 깎는 제의 연출 행위가 거의 없으며, 남근석을 세워 오로지 아들 낳기를 바랄 뿐이다. 반면에 해랑당이나 망개의 남근 봉헌은 이키 섬의 남근 봉헌과 궤를 같이한다. 바다가 여성이라면 그 바닷가의 여신을 달래는 봉헌물은 당연히 남근만 한 것이 없다. 해양문화적 여신(女神)의 동류성이 확인되는 순간이다.

해랑당의 서낭제는 제의 자체로도 드라마틱하다. 해마다 남근을 깎는 행위 자체가 극적이다. 남근 깎는 기술력의 전승이 오랜 세월을 이어져 왔으니 문화전승의 좋은 사례이기도 하다. 남녀 결합의 장엄(莊嚴)을 통하여 바다에는 풍요가 찾아들고 해상 안전은 물론 고기잡이까지 만사형통이다.

동해바다의 가공할 위력 앞에서 사람들은 맞서 싸우기보다 차라리 남근 봉헌을 통해 신들을 달래기로 작정한 셈이다. 여신들 입장에서야 험한 파도로 해코지를 일삼기보다는 해마다 남근을 받아들임으로써 인생을 편하게 살기로 작심했음 직하다. 험난한 자연과 인간의 대타협점이 신들의 성적 결합을 통

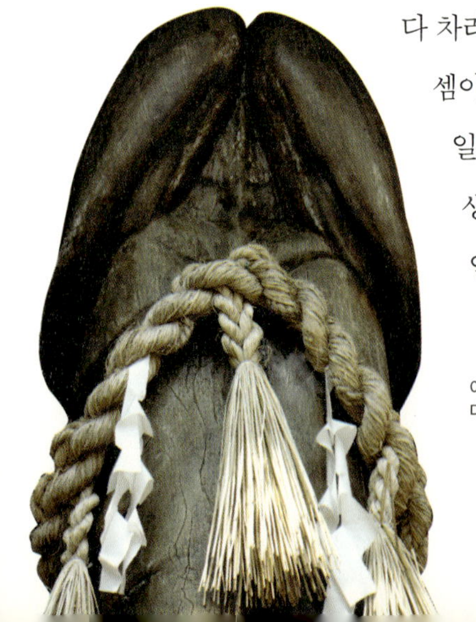

이키 섬 고노우라 포구에 있는 사이진자의 우렁찬 좆. 금줄을 둘러놓은 신앙의 대상이다.

해신당이 있는 삼척에는 관동팔경의 하나인 죽서루가 있다. 겸재 정선의 〈죽서루(竹西樓)〉(개인 소장).

해 이뤄지는 것이니, 동해의 해풍을 받으며 끄떡거리는 남근 속에 이와 같은 오묘한 논리가 숨어 있는 것이다. 남근공원을 찾아가서 단지 '야하다'고만 할 것이 아니라, 거친 동해에 격이 맞게 내걸린 남근 봉헌의 속 깊은 뜻을 온몸으로 체득하고 올 일이다.

## 밀물 썰물 없으므로 대택(大澤)이라 이름했다

삼척은 해양문화사적으로 매우 재미있는 바닷가다. 《동국세시기(東國歲時記)》에 이르길, "삼척 풍속에 오금(烏金)의 비녀를 작은 상자에 담아 동헌 동쪽 모퉁이에 있는 나무 밑에 매장해두었다가 매년 단오날에 아전이 꺼내어 제사를 지내고 다시 매장한다. 전설에 의하면 오금의 비녀는 고려 태조 때 것이라고 하지만 그것을 제사 지내는 까닭은 확실하지 않은 채 그냥 행사가 되어버렸다, 관청에서도 또한 금지하지 않는다."고 하였다. 오금잠제(烏金簪祭)는 일찍이 《동국여지승람》에 등장한 기사로 삼척이란 토착 사회에서 이루어지던 토착민들의 제의가 후대의 기록에 올랐고 단오풍습으로 장기 지속되었음을 말해준다. 삼척만큼 의례에 있어 매우 독특하고 토착적인 면모를 간직한 지방도 드물 것이다.

육향정(六香亭)에 있는 미수 허목(眉叟 許穆, 1595~1682)의 척주동해비(陟州東海碑)도 동해와 직결된다. 88세의 고령으로 수를 누린 허목 선생은 영남의 성리학과 근기의 실학에 가교적인 역할을 한 분이다. 그의 학문은 관념화된 당대 성리학 풍토에 대한 부정이기도 했으니 오늘날 삼척의 뜻있는 사람들이 늘 이야기하는 옛사람이 바로 미수 선생이다. 참으로 뛰어난 글씨다. 기개 있을 뿐더러 단아하고, 기교가 넘치면서도 담백하고 흠잡을 틈을 주지 않는 명필이 아닐 수 없다.

원래 척주비 터는 현 위치가 아니다. 당초에는 만리도(지금의 축항 끝)에 건립하였는데 48년 뒤인 서기 1708년에 풍랑으로 부러져서 바다 속에 빠졌다. 그리하여 당시의 부사 홍만기(洪萬紀)가 사방으로 찾다가 문생 한숙

미수 허목의 척주동해비. 당대의 명필로 '동해'를 힘차게 드러내고 있다.

176

처(韓塾處)에게 원문을 구하여 모사하여 다시 새겼다. 서기 1710년에 죽관도, 지금의 육향산에 비각을 짓고 옮겨 세웠다. 육향정의 편액은 당대 금석문의 대가 오세창(吳世昌, 1864~1953) 선생이 써서 더욱 운치가 돋보인다. 여섯 기둥에 아담하고 날씬하게 지은 정자로 바로 눈앞에 정라항(汀羅港)과 망망대해를 오고 가는 배, 흰 갈매기를 볼 수 있는 곳이다. 허목 선생의 척주동해비 한 대목처럼 동해바다와 백두대간이 늘 건강하게 살기를 축원하고 돌아온다. 돌아오는 필자의 손에는 해랑당에서 얻어온 남근 한 뿌리가 들려 있었다.

큰 바다 가이없어

온갖 냇물 모여드니

그 큼이 가이없네

동북쪽 사해(沙海)여서

밀물 썰물 없으므로

대택(大澤)이라 이름했다

파란 물 하늘에 닿아

출렁댐이 넓고도 아득하니

바다가 움직이고 음산하네

# 숨 넘어갈 듯한 절경 '바다 속 금강산'

## 울진 후포서 24킬로미터, 여의도의 10배 '산호꽃밭'

동해는 깊다. 불과 100여 미터만 나가도 심해의 절벽이다. 그래서 동해 심해저는 서남해에 비해 어족자원의 종류가 다양하지 못하다. 물이 깊으면 그만큼 물고기가 줄어들고, 너무 깊어지면 전혀 다른 환경의 물고기만이 생존한다. 그런 면에서 바다 위로 우뚝 솟은 울릉도나 독도의 의미가 각별하다. 더 동쪽으로 나가면 갑자기 너른 대륙붕과도 같은 대화퇴가 나타나 고기들이 바글거린다. 그러나 이런 곳 말고도 일반에게 덜 알려진 해저 비경이 또 하나 있으니 울진 후포등대에서 불과 24.5킬로미터 떨어진 왕돌초(王乭礁)가 그곳이다. 정확한 위치는 36도 43분 9초 N, 129도 43분 55초 E.

'숨어 있는 진주', 아니면 비로소 자태를 드러낸 '수중 금강산'이라고 명명해도 틀리지 않다. 그래서 '동해의 이어도', '동해의 금강'이란 닉네임도 붙었다. 줄도화돔 떼가 줄지어 봉우리를 거슬러 올라가고 봉우리에는 감태와 대황, 미역, 우뭇가사리 등이 자란다. 부드러운 붉은 산호가 꽃밭을 이루는데 수심 40미터 지점에는 돌산호도 보인다. 물고기들은 이곳에 알을 낳는다. 양식 멍게가 아닌 자연산 멍게도 곳곳에서 자태를 드러낸다. 성게, 소라 등은 말할 것도 없다. 숨넘어가도록 아름다운 절경이다. 세상에, 이런 바다가 있다니!

울진군에서는 이곳을 아예 '동해의 심장'이라며 대대적인 홍보에 나선다. 세 개의 거대한 수중 봉우리를 거느린 채 동해의 거센 파도 속에 숨을 죽이고 있다. 남북으로 긴 형상을 하고 있으며 서쪽은 급경사, 동측은 비교적 완만한 경사다. 남북 간 54킬로미터, 동서 간 21킬로미터이며, 면적은 여의도의 10배 정도나 된다.

왕돌초는 암반의 퇴(堆, bank) 형태를 취하고 있다. 해양학자 한상복(한수당자연환경연구원) 박사는 "통상 암초를 뜻하는 초(礁)는 작은 장애물을 말하는데, 이곳은 해산(海山,

경북 울진 후포항에서 23킬로미터 떨어진 동해 해상에 왕돌초의 위치를 알리는 등표가 설치돼 있다. 일부에서는 이어도처럼 이곳에도 동해를 관장하는 해상과학기지를 설치해야 한다고 말한다(국립수산과학원 제공).



179

동해의 해저에 숨죽인 채 누운 '수중 금강산' 왕돌초의 황홀한 비경. 남북 간 54킬로미터, 동서 간 21킬로미터로 여의도의 10배 규모에 이르는 왕돌초는 빼어난 수중 비경뿐 아니라 북서쪽은 북한한류, 남동쪽은 동한난류 영향권에 속해 아열대성에서 한대성까지 다양한 어종이 서식하는 어류 종 다양성의 보고이기도 하다. 줄돔은 이곳 해역이 난류영향권임을 말해준다(수중세계 이선명 제공).

Sea Mount)의 꼭대기 부분이므로 왕돌해산으로 부르는 것이 적당하다."는 견해를 내놓기도 한다. 주민들은 '왕돌짬'이라 하는데, '짬'은 튀어나온 돌을 지칭하는 토속어다. 여기를 어장으로 이용하는 후포 사람들은 왕돌암, 왕돌잠(짬), 왕달잠이라고 불러왔다.

국제적으로는 1907년 5월 13일 일본 우선회사(郵船會社) 소속의 기선 홍전환(弘前丸)이 선저의 암초 접촉 흔적을 보고하였으며, 1914년 3월에는 러시아 기선 블라디미르(Vladimir)호가 암초가 있음을 보고하였다. 그러나 일제시대나 그 이후의 어떤 수로지(水路誌)에도 등장하지 않다가 1990년에 이르러서야 비로소 '왕돌초'라는 이름으로 등재됐다. 공식적으로는 해양수산부 고시 제2002-102호(2002. 12. 12)에 의거 왕돌초(Wangdolcho)로 명명되고 해도에도 등재되었다.

이곳도 전설의 섬 이어도처럼 동해 어민들 간에 구전되어왔다. 선대부터 왕돌초에서 대구나 임연수를 잡아온 삼창호 선주 오정환(48세) 씨는 "본디

후포항 위쪽의 거일리 어민이 자망으로 왕돌초를 개척해서 처음으로 알려졌다."고 증언한다. '왕돌'이란 사람이 발견했다는 이야기도 전해진다. 본격적으로는 1953년 무렵, 바다로 들어간 머구리에 의해 전모가 드러난 이래 1960년 무렵부터 출어가 시작되었다. 동력선으로는 한 시간 삼십여 분이면 닿지만, 무동력 풍선으로는 두 시간 반 이상이 소요되는, 결코 가깝지 않은 곳인지라 뒤늦게 이용되기 시작하였다.

## 난 · 한류 추이 첨예한 종 다양성의 보고

좁은 해역임에도 수온 분포가 복잡하다. 북서쪽은 북한한류, 남동쪽은 동한난류 영향권이다. 좁은 해역에 이처럼 수온이 전혀 다르게 나타나기

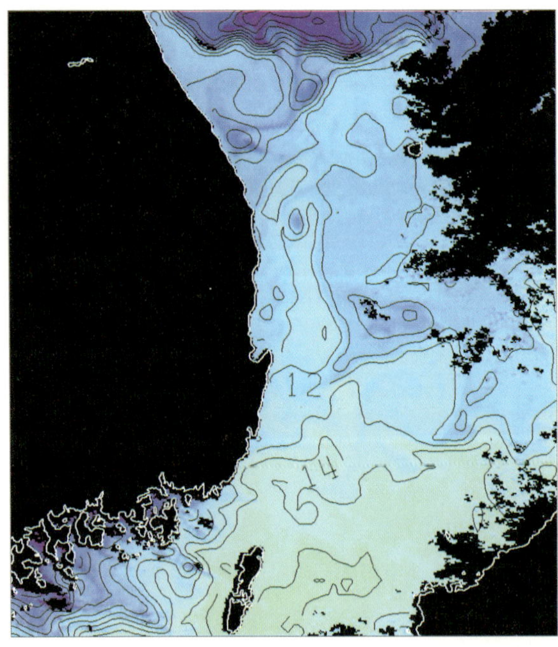

왕돌초 부근 해역은 난류와 한류가 정면충돌하면서 왕돌초를 중심으로 용승과 와류가 형성되어 생물 종이 다양하고 생산력이 커서 동해의 중간 보급지라 할 만하다.

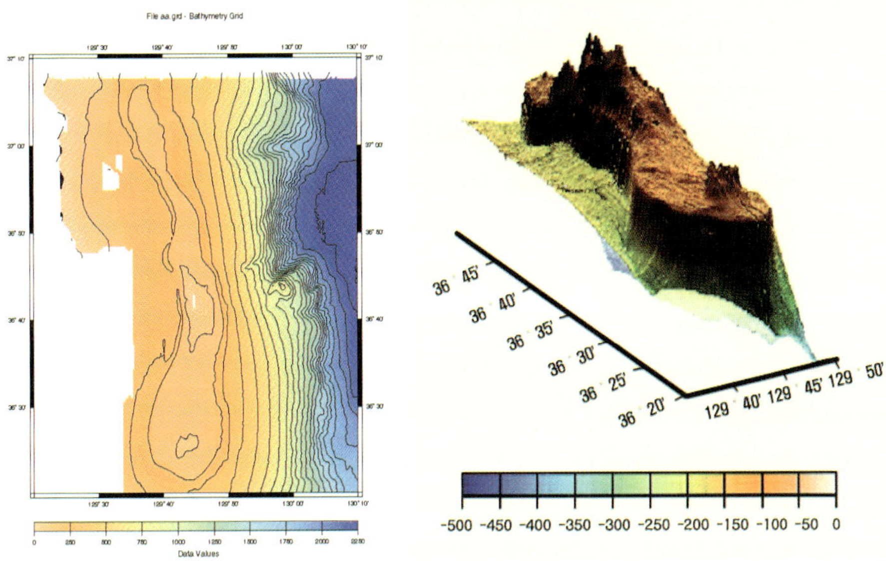


과학 앞에 태고의 모습을 드러낸 왕돌초의 평면도와 3차원 영상(국립수산과학원 제공).

에 한류와 난류 어종이 모두 존재한다. 난류와 한류가 정면충돌하면서 왕돌초를 중심으로 용승과 와류가 형성되어 생물 종이 다양하고 생산력이 커서 동해의 중간 보급지라 할 만하다. 실제로 아열대성 어종부터 한대성 어종까지 생물 생산력이 무척 높은 곳이다. 동해수산연구소에 따르면, 이 인근에 출현하는 어종은 모두 40여 종에 이른다. 어류는 물론 연체동물류, 두족류, 갑각류, 극피동물류 등이 모두 포함돼 있다.

그 가운데 대표 어종은 개볼락, 불볼락, 임연수어, 활놀래기, 샛돔, 부시리, 인상어, 자리돔 등이다. 또 미역치, 자리돔, 인상어, 망상어, 놀래기류와 쥐치 등은 연중 서식하고 있다. 재미있는 것은 아열대성 어류인 줄도화돔, 파랑돔, 자리돔, 거북복 등이 20퍼센트 이상을 차지하고 있다는 점이다. 1년을 주기로 관찰하면 수온에 따른 어종의 흥망성쇠가 드러나고 있어 수온이 미치는 절대적 영향력이 감지된다. 키 큰 감태군락이나 수심 30미

왕돌초 부근 해역에 서식하는 임연수어.

터 부근에서 만날 수 있는 해송(산호류) 같은 생물 종은 난류 영향이 지대함을 말해준다. 수온이 높아져 난류의 힘이 강해지는 철에는 거의 제주도 앞바다에 들어온 느낌이다.

꽁치, 방어, 부시리, 잿방어, 대구, 도루묵 등의 회유 경로이기도 하다. 실제로 2003년 8월에 실시한 동해수산연구소의 조사에서 수백 마리씩 무리를 이룬 난류 어종 부시리(방어류)의 회유, 1월 조사에서는 한류성 어종인 임연수어가 확인돼 난 · 한류의 계절적 추이가 첨예한 곳임을 증명하고 있다. 종 다양성의 보고라는 의미다.

왕돌초는 수심 5.3미터, 등심선 50미터의 해저면(최고 5미터, 최저 200미터)을 지니며 세 개의 봉우리(맞잠, 중간잠, 샛잠)로 해저퇴를 형성하고 있다. 북쪽 봉우리는 북잠, 중간 봉우리는 중간잠, 남쪽 봉우리는 남잠이라고 부른다. 북잠은 샛잠, 남잠은 맞잠이라고 부르기도 하는데, 찬바람인 샛바람과 더운 바람인 맞바람에서 유래했다. 기상변화 양상이 물속에도 똑같이 반영되어 샛잠, 맞잠이 이뤄진 셈이다. 샛잠은 거친 물살 때문에 해초들이 붙질 못해 맨 바위로 남아 있는데, 이곳에 내린 그물이 바위에 걸려 쉽게 찢기는가 하면 어족의 종류도 다르다.

어류의 남획은 이곳이라고 예외가 아니다. 어획 강도가 높은 삼중자망과 통발, 잠수기어업 등이 연중 이뤄져 무분별한 남획으로 어족이 급감하는 추세다. 영덕군과 울진군에서 모두 1,555건의 각종 어업허가가 난 상태다. 울진군 자망협회 소속 오정환 어민은 "자망은 45년 전 무렵부터 시작되었



184

는데, 씨알 굵은 임연수어와 불볼락이 굉장히 많이 잡혔습니다. 제가 처음 시작한 1990년도에도 임연수어, 쥐치, 방어 따위가 다량으로 잡혔고요."라고 증언한다. 겨울 김장철만 되면 알 차고 씨알 굵은

그물 청소를 하자 40여 년 만에 대게가 다시 나타났다.

임연수어가 산란장을 찾아 수심이 제일 얕은 높은 봉우리의 수심 6~30미터 지점까지 몰려들었다. 한 마리에 1킬로그램이 넘을 정도로 큰 임연수어가 잡히곤 했는데 2000년에 들어오면서 높은 봉우리까지 고기가 올라오질 않아 수심 30~50여 미터에서 잡아 올린다. 그만큼 어족자원이 대폭 줄었다는 증거다. 단위 노력당 어획량이 10.5킬로그램(1976년)에서 1.5킬로그램(2005년)에 불과하다. 과도한 어획으로 산란장 및 서식장이 파괴되었기 때문이다.

월별 주 어종을 살펴보면, 1~4월은 대게, 4월 초에는 왕돌초 주변의 수심 얕은 곳에서 참가리와 한치, 5~7월까지는 임연수어와 대구 및 잡어, 7~8월에는 쥐치와 방어가 주종을 이루는 가운데 간혹 혹돔, 능성어 등이 보이며, 9~12월까지는 임연수어와 대구, 조피볼락(우럭), 가자미류 등이 많이 잡힌다.

삼척에서 영덕까지는 자망, 통발, 채낚기 등이 이뤄지고 있는데, 특히 왕돌초 중심부에는 울진군의 기성면, 평해읍, 후포면 지선의 어민들이 진출해 조업을 한다. 심각한 문제는 분해되지 않고 뒤얽혀 바다를 장악한 합성섬유 그물이다. 예전 목(면사)그물을 쓰던 시절에는 폐그물이 자연 분해되었으나 나일론 같은 합성섬유의 발명과 더불어 값싸고 반영구적인 그물이 대대적으로 보급되면서 바다를 휘감기 시작한 것이다. 수중 정화사업이

벌어지지만 개인이 제거하기에 역부족인 엄청난 크기의 폐그물이 왕돌초를 뒤덮기 시작했다. 폐그물은 유령고기잡이(Ghost Fishing)를 하게 마련이어서 해양생물이 얽혀들며, 얽힌 생물은 미끼가 되어 다른 생물이 또다시 걸려드는 재앙이 반복된다. 근년에 그물 청소를 하자 40여 년 만에 대게가 나타난 것도 유령그물만 없앤다면 쉽게 어족자원이 증대될 수 있음을 시사한다.

어선 척당 어구 분실 양이 연간 30~50틀이며, 연간 분실 총량은 9,840~16,400틀에 이른다. 가령, 게를 잡는 어망이 게 산란지역이자 생육장인 수심 80~200여 미터 해역에, 잡어 어망은 수심 80미터 이내의 너른 암초지대에 엉켜 있다. 2003년 폐그물 수거 사업으로 총 17억 원을 투자하여 폐망 418톤을 수거하였으나 '새발의 피'이리라. 천하의 수중 절경 왕돌초에 서서히 인간이 만든 재앙의 그림자가 한발 한발 다가서고 있는 중이다.


## 인간이 만든 재앙의 그림자 한발 한발 드리워

무분별한 낚시와 스쿠버 다이빙으로 인한 자연경관 및 어족 감소도 심각한 지경이다. 이곳에는 다이버들의 관심이 집중되고 있어 인근에서 손쉽게 다이버들을 만날 수 있다. 다이버들이 후포 연안을 자주 찾아오는 까닭은 그만큼 바다생물이 다양하고 풍광이 수려해서다. 다이버들 입장에서야 경관 좋은 곳을 마다할 리 없지만 후과가 남는다. 마침 답사에 나섰을 때도 후포 연안에서 다이버 대회가 열리고 있었다.

주업으로 어업에 종사하는 어민과 '취미'로 잠수하는 다이버 간의 화해와 바다사랑의 뜻을 되새기는 계기라고 주관자인 전재경(생명회의) 박사는 설명했다. 늘어나는 다이버들, 어민들의 실제적·심리적 피해, 그러면서도 '찾아오는 관광어촌'을 꾸려서라도 생활의 도움을 받아야 하는 어민들의 입장 등이 조화를 이룰 수 있는 계기를 만들자는 취지다.

청소년기부터 오랜 세월 바다 밑을 누벼온 이선명(수중세계 대표)은 "취미를 위해서라도 환경훼손이라는 반대급부를 감당해야 하는 현상에 관해 책임 있는 설명이 뒤따라야 할 것입니다. 그런 점에서 바다에 관한 상호간의 무한대의 책임, 그런 것을 느껴야 하지 않을까요. 즐기는 만큼 책임을 지라고나 할까요."라며 다이버들의 책임의식을 강조한다. 물론 남획에 몰두하는 어민도 연대책임에서 면죄될 수는 없으리라. 울진군이 바다목장화 지역으로 선정되면서 많은 예산이 배정돼 바다 관광화도 촉진될 전망이다. 물론 바다목장화는 효용성에서 논란이 그치지 않고 있다.

왕돌초는 수산과학 관측지란 측면에서도 중요하다. 이어도 종합해양과학기지와는 또 다른 차원에서 동해를 연구, 관찰함으로써 바다정보를 집중화시킬 수 있는 방안이 모색되어야 한다. 현재는 해양수산부에서 세운 부표만이 외롭게 떠 있어 장소 표시와 등대 역할을 하고 있을 뿐이다. 오랫동안 왕돌초에 대한 열정으로 답사단을 안내한 양용수 박사(국립수산과학원)는 "자연을 훼손하지 않는 범위에서 왕돌초에 과학기지가 건설되었으면 한다."는 바람을 피력했다. 그 '자연을 훼손하지 않는 범위', 반드시 지켜져야 하리라.

우리가 먹는 어종은 사실 제한적이다. 가령 개불도 과거에는 징그럽다며 전혀 먹지 않았다. 동해 심해저에도 이같이 인간의 손길이 닿지 않은 어족 자원의 보고가 숨어 있다. 양 박사가 이끄는 연구팀이 600~1천 미터의 심해저 자원을 탐색한 결과, 청자갈치·분홍꼼치·먹갈치·가시베도라치 등이 관찰되었고, 분홍새우도 다량 어획되었다.

이 가운데 분홍새우는 판매 가치가 있지만 나머지는 모두 '버리는 물고기'들이다. 버려야 하는 그 물고기들도 양만 많다면 하다못해 어묵이라도 만들 수 있지 않을까. 일본이 동해 심해저에서 끌어올린 다양한 생물체로 신약 개발에 몰두하고 있다는 사실을 타산지석으로 삼아야 하겠지만 그러나 불행하게도 동해 심해저연구센터는 직원이래야 고작 두 명뿐이란다 (2005년 기준).


## 수중 천연기념물로 지정, 후손에 고스란히 물려줘야


왕돌초가 '동해의 심장'이니 만큼 그 심장의 박동력으로 우리가 해낼 수 있는 것 또한 무한대다. 그런 만큼 심장에 위해를 가하는 일은 당연히 금물이다. 왕돌초는 더 이상 '숨어 있는 진주'가 아니다. 이곳의 실태는 방송사와 다이버들의 수중촬영을 통해 전모가 공개되었다. 과학자들의 연구도 집중되고 있으며 해마다 왕돌초 관련 심포지엄도 열리고 있다.

경북도청 해양수산과장을 지낸 김병묵 영덕군수는 "울진군이나 경북만의 심장이 아닙니다. 동해에 이런 거대한 바다 속 비밀지대가 있다는 것을 전 국민이 알아야 합니다. 그리고 어민들이나 해양수산부도 반성해야 합니다. 과다한 어획노력을 감소시킬 수 있는 어업 구조조정이 뒤따를 수밖에 없습니다. 무엇보다 폐어구 문제를 완전 해결할 수 있는 생분해성 어구를 개발하고 앞으로는 의무적으로 분해되는 어구만을 써야 합니다."라고 힘주어 말한다.

지속 가능한 개발을 말하고 있지만 사실 '지속 가능'이란 말저럼 허구도 없을 것이다. 세계적으로 유명한 어류생물학자인 시드니 홀트는 1979년에 이런 말을 했다.

살아 있는 해양자원을 고갈시키지 않으면서 이용하고자 하는 인간의 노력은 지금까지 대체로 실패했습니다. 이것은 자연이 우리에게 어떤 날카로운 경고를 내린 것이라고 할 수 있습니다.

바로 왕돌초의 줄어드는 물고기들도 어떤 경고음에 해당된다고 할 수 있으리라. 전 국민이 왕돌초를 알아야 할 이유는 분명하다. 육상에 있었더라면 당연히 천연기념물이겠지만 불행하게도 사람들은 '육지 것', 심지어는 날아다니는 '하늘 것'까지 천연기념물로 지정하면서도 막상 바다 밑에 있는 '보물'은 박대하기 일쑤다. 이 아름다운 바다 속 풍광을 후손들에게 고스란히 물려주어 그들이 활용할 수 있게 하기 위해서 지금 우리는 어떤 '긴급 행동'을 취해야 할까. 쿠스토 선장이 남긴 말을 다시 한 번 읽어본다.

생명의 순환과 바다의 순환은 떨어질 수 없는 것입니다. 만일 인류를 구원하고 싶다면 바다를 구해야 할 것입니다.

# 1·4 이후 나 홀로 왔던 아바이들 삶이 오롯이

## 이북과 이남을 드나든 디아스포라의 삶

　"눈보라가 휘날리는 바람 찬 흥남부두"에 목을 놓아 불러도 보고, 찾아도 봤던 그 금순이는 어디서 길을 잃고 어디로 갔을까. "피눈물을 흘리면서 1·4 이후 나 홀로 왔다."던 무수한 그 '아바이'들은 어디로 갔을까. 속초시의 바닷가 마을 청호동, 이른바 '아바이마을'로 더 유명한 '함경도촌'을 찾아가면 그네들이 살아온 삶의 내력을 엿볼 수 있다. 이상국 시인의 '갯배'란 시를 읽어보자. 갯배란 바로 청호동과 중앙동 사이를 오가는 나

룻배이니 아바이들의 삶과 함께 해온 피란민의 '문화유산'이라고 할 만하다. 아바이마을 사람들은 시인의 표현대로 '피난의 나라'를 이끌어왔다.

> 우리는
>
> 우리들 떠도는 삶을 끌고
>
> 아침저녁 삐꺽거리며
>
> 청호동과 중앙동 사이를 오간 게 아니고
>
> 마흔 몇 해 동안 정말은
>
> 이북과 이남 사이를 드나든 것이다

디아스포라(Diaspora), 이산의 역사는 지난 20세기 한민족의 운명과도 같은 것이었다. 유대인만 해외로 떠돈 것이 아니라 엄청난 수의 우리 백성들도 세계를 떠돌았고 그 후과는 지금도 이어지고 있다. 또한 분단과 전쟁으로 인하여 같은 한반도 내에서도 디아스포라의 비극은 계속되고 있다. 청호동은 그러한 비극의 현장을 잘 압축 설명해주는 곳이다.

속초에서 서울로 오자면 미시령을 넘게 마련인데, 그 고갯목에 차를 세우고 굽어보면 속초 시내와 동해가 한눈에 들어온다. 왼쪽의 영랑호, 오른쪽의 청초호, 그 뒤편으로 동해가 배경처럼 놓여 산과 바다와 호수의 동네임을 한눈에 알 수 있다. 그토록 아름답던 청초호의 길이 1킬로미터, 너비 80여 미터 남짓한 백사장에 함경도 피란민들이 처음 피란선의 닻을 내렸다. 그럭저럭 살다 보면 돌아갈 수 있으려니 생각했으나 영영 불귀의 몸이 되어 하나둘 세상을 떠났다. 1세대 세상은 거의 막을 내렸고, 2세대도 이제는 거의 중년을 넘겼다. 그렇게 반백 년 넘게 청초호 바닷가에 뿌리내리고 살았다.

속초는 본디 자그마한 읍내였다. 속초면이 속초읍이 된 시점이 1942년,



191

미시령에서 내려다본 청초호 일대. 오른쪽 상단에 동해에 근접한 청초호가 보이며, 왼쪽 상단에는 영랑호가 보인다.

해방 이후는 38선 이북에 포함되어 있었다. 설악산을 병풍처럼 끼고 있고, 석호가 그야말로 그림같이 펼쳐져서 시인묵객들이 풍류를 즐기던 관동팔경의 하나다.

주민들은 어업보다 주로 농업에 종사했다. 1930년대, 정어리 떼가 청초호로 몰려들어 배들이 새까맣게 닻을 내렸을 때도 정작 속초 배들은 별로 없었다. 청초호는 본디 일제에 의해 내항으로 개발되었다. 그러나 막상 속초 원주민들의 배는 별로 없었다. 전쟁은 중앙의 역사만이 아니라 지역사도 송두리째 바꿔놓았으니 속초도 예외가 아니었다. 어업에 종사하는 피란민이 원주민보다 많아지면서 급속도로 어업 중심지로 바뀌었다.

종전 이후에 연고를 찾아 몰려드는 연쇄 이동이 맞물렸다. '일가친척 없는 몸'들이 고향 사람을 찾아드는 것은 당연한 일이었다. 5만여 명이 배를 타거나 육로로 내려와 이곳에 여장을 풀었다. 선단을 이룬 이들은 청초호

모래톱에 배를 댔다. 청호동 주민들은 함경도가 93퍼센트를 차지하는데 이들의 70퍼센트가 어업에 종사하였다. 육로로 내려온 이들은 학사평(지금의 공설운동장 쪽)에 '해방촌'을 꾸렸으며 농업에 종사하였는데 차차 흩어져서 도시 속에 녹아들었다. 반면, 본디 어업에 종사하던 청호동 사람들은 강인한 단결력을 과시하며 지금껏 버티고 있다.


## 청초호에 뿌리내린 '삼팔따라지'의 삶

함경도, 그 중에서도 함경남도 사람들이 7할 정도 차지하므로 손쉽게 동질성이 확보되었다. 이북에서도 뱃일을 하던 사람들이 많았기에 바다와 인접한 지역에 뿌리내리려고 애썼으며 집단촌이 쉽게 형성되었다. 정평마을, 앵고치마을, 이원마을, 영흥마을, 단천마을, 흥원마을, 신창마을, 신포마을 등 청호동 집단 취락명은 이네들이 내려와서도 응집력을 갖고 살아왔음을 웅변한다. 이 중에서도 단천과 신포마을이 헤게모니를 쥐고 살았다. 속초에는 지금도 함남도민회, 원산시민회, 함흥시민회, 북청군민회 등등 무수한 월남 조직이 있어 피

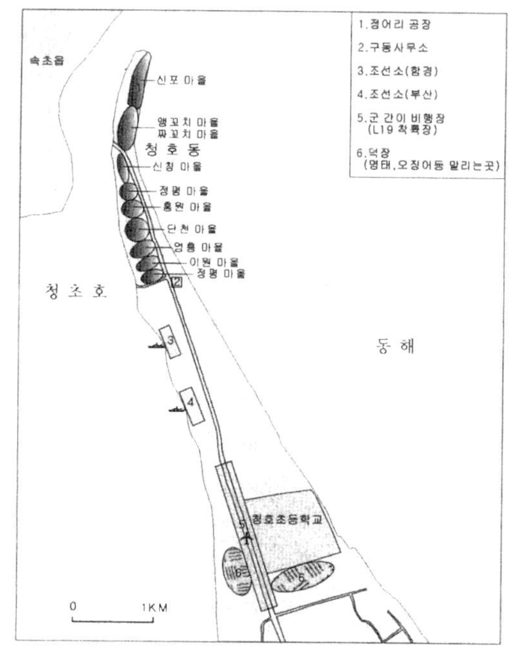


6·25 직후 청호동 일대(속초문화원, 《속초시 거주 피난민 정착사》, 2000년).

1930년대 속초 동명항 풍경(왼쪽). 6·25 동란 와중에 주로 함경도 피란민들이 몰려들어 이룬 '해방촌'이 모태가 된 속초 청초호 주변(오른쪽). 수려한 설악산을 병풍처럼 두르고 석호의 모래톱이 발달한 천혜의 입지로 어업을 하던 피란민들이 정착하기에 유리한 지형이었다. 이들은 가자미식해 등 다양한 함경도 문화를 이식하며 전후의 힘겨운 세월을 이겨냈다.



란민 도시의 면모를 보인다.

이들이 석호의 모래톱에 불과한 청호동을 선택하게 된 동기는 무엇보다 국가 소유 해빈(海濱)인지라 무단 정착이 용이하였기 때문이다. 당시에 공터로 남아 있었고 군정허가를 받아 점유할 수 있는 국유지였기에 토지소유권 분쟁이 거의 없었던 것도 중요한 이유였다. 게다가 청초호와 바다를 벗하는 길목이라 유일하게 지니고 있던 밥벌이 기술인 어업을 지속할 수 있었기 때문이다.

사실 분난기에 이북 어민들이 전국 해안에 뿌리를 내리면서 '어업의 장기 지속성'을 보여준 사실에 대한 연구는 본격적으로 이뤄진 적이 없다. 그러나 전국을 돌아보면 해안 곳곳에 이들이 정착했음을 알 수 있다. 가령 서해안 덕적도 진리포구는 황해도민이 집단 거주하며, 화성의 마산포같이

194

작은 포구에도 황해도촌이 존재한다. 인천시 화수부두에도 유별나게 황해
도민이 많았으니, 김금화 같은 무당들이 인천을 거점으로 배연신굿을 하
는 토대도 바로 이 때문이다. 전쟁 때 선단을 통한 대대적인 피란과 정착
이 이뤄졌음을 말해준다.

모진 해풍이 불어닥치는 낯선 바닷가에 당도하여 고생고생한 대목은 필
설로 이루 말하기 어렵다. 한마디로 분단의 비극이었다. 미군부대의 철조
망 주변에 널린 레이션 박스를 주워 오고, 부서진 배, 드럼통 등을 엮어서
집이랄 것도 없는 집을 지었다. 겨울이 오면 흙을 발라서 흙집이 되었다.
구겨진 드럼통을 펴서 지붕을 얹기도 했고, 주변에 돌아다니는 모든 물건
들을 주워 모아 청호동을 만들어 나갔다.

남해안의 여수, 거제 등으로 피란 갔던 이들이 이곳으로 몰려들었고, 경

1950년대 피란민의 고달픈 삶(속초시·속초문화원, 《옛사진으로 엮은 속초의 발자취》, 2001년).

상도의 후포, 구룡포, 강원도의 양양, 대포 등에서도 몰려들었다. 나중에는 이른바 '반공포로' 중에서도 많은 이들이 이곳으로 찾아들었다. 참으로 모진 세월이었다.

청호동 사람들이 이남으로 피난 올 때 가족을 모두 동반한 경우는 17퍼센트, 가족의 일부만 내려온 경우는 45퍼센트, 나머지는 혈혈단신 내려왔다. 같은 이북 출신과 결혼한 경우가 67퍼센트, 강원도 출신이 30퍼센트다. 반면에 2세대의 배우자는 같은 이북 출신이 불과 20퍼센트로 낮아지고 강원도 출신이 40퍼센트로 높아진다. 즉, 이주민 1세대들은 가급적 자신의 고향사람, 또는 이북 출신을 배우자로 선호했지만 2세대부터는 선호 여부와 상관없이 우선 수적 제한으로 묶어짐을 알 수 있다. 이제 3세대로 접어들고 더 이상 이런 통계수치 자체가 무의미해졌다. 청호동에서도 많은 젊은이들이 고향을 떠나 객지로 나갔다.

그러나 아직도 청호동을 지키는 노인들이 있다. 2세대가 주력부대이지만 여전히 1세대로 생존한 이들도 있다. 그들 세대는 오늘도 추석 같은 명절에 고깃배를 타고 나가면 이북 쪽 고향산천을 바라보며 눈물짓곤 한다. 이 가슴 아픈 어촌에 관하여 강릉대 박철환 교수는 다음과 같이 표현한 바



196

있으니 적절한 답안이다.

　　속초는 미도(美都)다. 여러 가지의 색깔로 조화를 이루는 가을의 설악이 아름답게 보이듯이 다양한 인격들이 이루어놓은 속초도 아름답다. 그러나 미도 속초에는 가슴 아픈 상처의 흔적이 아직도 곳곳에 남아 있다.


## 함경도 어업기술의 문화전파 통로

　　청호동에서도 모래톱 맨 끝에 형성된 신포마을을 눈여겨볼 필요가 있다. 신포는 오늘날 북한 최대의 수산사업소가 있는 어업 전진기지이며, 일제 시대에 함경도 어업의 최대 거점이었다. 한마디로 신포 사람들은 동해안 에서 가장 뛰어난 어민들이었으니, 이들의 저력이 모여 강원도 유수의 어 항 속초를 만드는 힘이 되었는지도 모를 일이다.

　　신포는 남쪽으로 봉화반도가 뻗어 나왔고, 서쪽과 북쪽에 산이 있어 바 람을 피하기 좋다. 《한국수산지》(1905)에 따르면, 호수 300, 인구 1,360여 명이었으며 명태 집산지로 이름 높았던 곳이다. 당시에 인구 1천 명이 넘 는 포구라면 상당한 규모다. 식민지로 접어들자 시가가 번창하며 기선 출 입이 잦고 일본인 거주자가 증가했다. 건너편 북청으로 정기선이 다녔으 며, 성진·원산·부산 등지로 연안 회항선도 다녔다.

　　1905년 당시에 이미 일본인 거주자는 수비대, 헌병대를 제외하고도 남 자 31명, 여자 23명이 살았으며, 직업도 무역상·기선업·잡화상·매약 상·여인숙·음식점·과자상·우육상 등 다양했다. 신포 바로 앞의 마량 도 출신인 박임학(79세) 옹의 증언.

북청군 신포읍 마량도가 고향이지요. 지금 경수로 만드는 곳까지 포함해
신포시가 되었어요. 신포 앞 섬, 거기가 내 고향 마량도지요. 신포 읍내에
서 마량까지 수로로 10리밖에 안 돼요. 연락선이 있었는데, 하루에 세 번씩
다녔지요. 마량도는 12개 마을(리)로 되어 있었습니다. 소방서, 주재소,
그리고 국민학교도 있고, 300여 호가 살았지요. 평지 대신 산이 많았
고……."

지도를 펼쳐볼 필요가 있다. 신포와 홍원 사이의 마량도가 바로 코앞이
다. 12개의 마을이 형성될 정도의 크기이니 동해안에 섬이 없다는 우리들
의 통념을 깰 만하다. 밑으로는 함흥이 있고, 함흥만 아래에 원산이 있어
천혜의 산란장이다. 이른바 한반도의 허리라고 하는 바로 그곳이다.

신포 사람들은 청호동에 정착한 이래 한시도 배를 떠나지 않았다. 함경
도 명태잡이 기술이 이곳에 고스란히 전파되었다. 피란민을 통한 어업기
술의 전파가 이루어진 것이다. 당연히 '아바이 말씨'와 음식도 함께 와 뿌

설악산을 배경으로 보는 청초호 아바이마을 포구(왼쪽). 청호동에 정착한 실향 사람들은 '아바이 말씨'와 음식도 함께 뿌리를 이어갔다.

리를 이어갔다. 덕분에 지금도 청호동 골목길에는 아바이순대를 비롯하여 함흥냉면 간판 등이 줄지어 서 있다. 단천 출신으로 단천식당이란 작은 가게를 운영하는 윤복자(63세) 씨는 함경도 음식 중에서 해산물로 명란젓, 창난젓, 아가미젓, 꽁치젓, 메가리젓, 오징어젓 등의 젓갈류를 꼽았는데, 그 중 가장 함경도적인 것으로 가자미식해를 내세웠다.

생선을 소금에 절이면 염장어가 되고, 발효시키면 식해 또는 어장(魚醬)이 되는 것이니, 이런 유의 음식은 전 세계에 분포되어 있다. 생선식해는 이른바 '감주' 식혜와는 다른 것이지만, 발효시킨다는 근본적 원리는 같다. 곡식과 생선을 섞어 발효시킨 것이 가자미식해이니, 동해안의 원래 주인공인 동예(東濊)나 발해인들이 바로 이 식해를 먹었을 것이다. 곡식과 생선을 버무려서 발효시켜 저장하는 기술은 선사시대 이래의 식생활이므로 가자미식해는 한반도에 흔치 않게 남아 있는, 그 자체로서 살아 있는 무형의 문화유산 아니겠는가. 사실 동해안에 가자미만큼 흔한 물고기도 없다.

"왜 식해를 만들 때 수많은 생선 중에서 가자미를 쓰느냐?"는 질문에

북한 신포의 산처럼 쌓인 명태들. 신포는 지금도 북한 제1의 수산기지일 정도로 어업이 왕성하다(사진집 《조선민주주의 인민공화국》, 조선·평양·조선화보사, 1988).

"뻑다구가 날래 물르기(빨리 삭기) 때문"이란다. 덧붙여 "가자미식해는 뼈가 물러야지 좋으니까."라고 사족을 단다. 재미있는 것은 조밥 대신에 쌀밥을 쓴다는 점이다.

"경상도 사람들이 조밥을 넣지, 여기서는 그리 안 해요."

이런 습속은 다른 곳도 같아 강릉시 사천면 진리 일대 등 여타 강릉시 일대에서도 흰 쌀밥을 이용해 식해를 만든다. 조로 만드는 것과 비교해 맛이 어떠냐고 물었다.

"조밥보다 쌀밥이 더 맛있어요. 예전에는 값도 쌀이 비쌌지요. 삼척 넘어가고 경상도 가니까 다 조밥 넣데요. 그러나 이 인근은 모두 쌀밥으로 해요." 우리가 알던 '조밥 가자미식해'와는 다르다.

명태순대는 또 어떤가. 명태를 절인 뒤에 내장을 빼내어 깨끗이 씻고 물기를 거둔다. 명태 내장, 두부, 삶은 배추와 숙주, 다진 마늘, 다진 파, 후춧가루, 소금, 된장 등을 모두 섞어 소를 만들어 명태 입 쪽에서부터 뱃속까지 꼭꼭 채워넣고 입을 아무린다. 김장철에 많이 만들어 꾸덕꾸덕하게 말려 겨우내 찌거나 구워서 썰어 먹는다. 참으로 독특한 순대가 아닐 수 없다.

분단을 통한 음식문화의 전파과정이 잘 드러난다. 이제 반백 년쯤 지나다 보니 아바이들의 삶도 서서히 변해갔다. 2세대들은 강원도 원주민과 많이 결혼했으며, 3세대들은 학교, 직장 문제 등으로 외지로 나가 사는 경우도 많아 '아바이마을'의 정체성이 서서히 무너져 내리고 있다. 게다가 속초시는 낙후된 이 일대를 대대적으로 '개선'하려는 계획을 갖고 있다. 지금도 드라마 〈가을동화〉에 등장한 '갯배'라는 독특한 도항 수단이 남아 있기는 하지만, 새 다리가 완공되면서 거대한 교각에 마을 경관이 눌린 꼴이 되고 말았다.


## '수복기념탑'과 '망향동산'


속초에는 두 개의 상징적인 표징이 전해진다.

그 하나는 바다가 보이는 길거리에 세워진 '수복기념탑'이다. 1954년 5월 10일에 건립하였다가 1983년 강풍으로 파손된 모자상(母子像)을 다시 세웠다. 어머니가 어린아이를 데리고 북쪽을 응시하는 이 조각상은 언제든지 돌아가야 할 것만 같은 고향을 염원하고 있다. 북녘 피난민 인구밀도가 가장 높은 속초다운 조각상이다. 그러나 어머니는 이미 세상을 떠났고 아이도 노년에 접어든 분단의 세월이다.

또 다른 상징은 고성군 초성면 성천리에 조성된 '망향동산'이다. 망향동산은 전국 어디에나 있지만 속초의 경우는 각별하다. 비석에 각인된 함흥송(咸興頌)에 구구절절 고향의 마음을 풀어놓고 있으니 아바이들에게는 단순한 묘원이 아니라 고향 그 자체이리라.

현재 속초시와 고성군 관내에는 함경남도 도민회가 운영하는 망향동산이 무려 20여 개소나 된다. 함흥, 원산, 흥남, 단천, 북청(신포·신창·속후), 만춘, 이원, 함주, 정평, 영흥, 고원, 문천, 신흥, 장진, 갑산, 삼수, 풍산, 혜산진, 안변 등이 그것이다. 이외에도 함경북도, 심지어 평안도와 황해도의 망향동산도 있다. '피란민의 나라'란 표현이 딱 들어맞는다. 동해를 벗 삼아 살다가 동해안 도로를 관통하여 내려오거나 뱃길로 내려와 동해 연변에 자리 잡고 살다가 끝내 동해 쪽으로 발을 뻗고 누웠다.


## 취락지 보존하여 '아바이박물관'으로

이런 생각을 해본다. 어차피 2세, 3세로 내려가면서 피가 섞이고, 함경도적 정체성도 사라지고 있다. 그렇다면 오히려 적극적으로 청호동 바닷가 취락지를 보존해 '살아 있는 아바이박물관' 정도로 했으면 하는 희망이다. 분단시대의 박물관이자 분단의 균열 속에서도 고향의 응집력을 지니고 반백 년을 살아온 그네들의 삶은 그 자체가 '역사자료'이기 때문이다. 게다가 해양문화사적으로 그들의 어업기술사는 이북의 신포와 마량도 어업사를 고스란히 옮겨온 경우에 해당된다.

옛 사진첩에 1950년대의 북청사자놀이가 확인되니, 무형문화재로 지정되기 훨씬 이전부터 고향의 춤과 노래를 계속 이어왔다는 증거 아닌가. 쌀밥으로 빚은 가자미식해와 북청사자놀이의 호탕한 대륙적 음악이 뇌리에서 사라지지 않는 한 '아바이 삶'도 영원히 사라지지 않을 것만 같다. 시신

을 화장하여 속초 바닷가에 뿌리면서 바닷물을 통해서라도 고향으로 돌아
가길 기원하는 아바이들이 존재하는 한, 청호동은 지켜지고, 또 살아남으
리라.

# 더이상
# 말짱 도루묵은 없다

## 미끈한 생김새에 비린내도 없는 '도루묵'

사람들은 왜 기를 쓰고 '고급 어종'만 찾을까. 고급 어종만이 고급화된 미각을 만족시킨다고 믿는 것일까. 평범 속에 진리가 있듯, 흔하디흔한 물고기들이 외려 우리의 미각에 들이맞는다. 이유는 간단하다. 장구한 세월, 그 맛의 유전자가 혀에 각인되어 있기 때문이다.

오랜만에 동해에서 겨울철 진미를 찾아 나섰다. 동해안 겨울 진미는 단연 명태다. 그러나 이곳 명태잡이는 '사형선고'를 받은 지 오래다. '북양태'와

'일본산'이 득세하고 있다. 그런 점에서 만만치 않은 어획량을 유지하면서 서민들에게 가깝게 다가선 '도루묵'과 '양미리'에 자꾸 눈길이 간다. 그런데 정작 도루묵과 양미리에 관한 일반인의 지식수준은 의외로 낮다.

'실컷 일을 해놨더니 망조가 들어 그르치는 상황'을 일컬어 '말짱 도루묵'이라고들 한다. 도루묵이 오죽 하찮게 보였으면 속담에서조차 이렇게 허투루 비교되고 비하될까. 일설에는 임진년 전쟁통에 피란 가던 임금이 이걸 먹고는 너무 맛이 있어 은어라는 이름을 붙였다 한다. 그 후 전쟁이 끝나 환궁해서 그 맛을 다시 보려고 청해 먹었는데 옛날 그 맛이 아니었다. 그래서 "도루 물리라."고 한 데서 도루묵이라는 이름이 붙었다는 것이다. 그 임금이 선조(宣祖)라는데, '믿거나 말거나'다. 그렇지만 이제 더 이상 '말짱 도루묵'은 없다. 값이 비싸져 "도루묵이나 먹자."는 말도 쉽게 할 수 없다. "감히 도루묵을 먹다니……." 정도로 바꿔어야 격에 맞게 됐다.

도루묵은 깔끔한 신사 같다. 비린내가 거의 없다. 생김새부터 말쑥하게 차려입고 외출에 나선 미끈한 멋쟁이다. 맛도 생김새를 닮았다. 비린내를 풍기면서 뭉그적거리는 생선이 아니라선지 일본인들은 이 도루묵을 보면 군침을 삼키며 달려든다. 더군다나 일본에서 알 밴 도루묵은 금값이다. 2003년까지만 해도 우리 도루묵은 상당량 일본으로 수출됐다. 도루묵 값이 비싼 것은 바로 일본 수출 때문이다. 정의철 연구관(국립수산진흥원)은 "우리 수산물 값은 일본으로의 수출 여부가 좌우하는 측면이 있다."고 해석했다. 그후 일본 수출길이 막히자 값도 눅어졌다. 근년의 일이다.

도루묵은 두루묵이, 두루매기, 환목어(還目魚), 목어(目魚), 은어(銀魚) 등 다양한 방언이 있다. 《세종실록지리지(世宗實錄地理志)》 등의 고문헌에 등장하는 은어는 오늘날의 도루묵을 뜻하며, 현재의 회유어종인 은어는 은구어(銀口魚)라 구분하였음을 주목할 필요가 있다. 우리나라의 동해는 물론이고 일본, 캄차카, 사할린, 알래스카 등지에서도 잡힌다. 일본 시마네

맛이 하찮다고 해서 그런 이름이 붙여졌지만 최근 들어 담백한 맛이 알려지면서 부쩍 찾는 사람이 늘고 있는 도루묵.

현(島根縣) 쪽에서도 많이 잡히는데 우리 바다의 도루묵이 산란한 뒤 일본 쪽으로 회유하는 것으로 여기기도 하지만 전혀 다른 생태조건을 가진 것으로 보기도 한다. 기호도가 높은 만큼 일본 학자들의 도루묵에 대한 관심은 높다.

국립수산과학원의 연구에 따르면, 도루묵 산란기는 9~12월, 주 산란기는 9~11월로 추정된다. 점착성 침성란(沈性卵)을 가진 도루묵은 연안 저층성 어종으로 보통 수심 200~300미터 사이에서 서식한다. 2003년 연간 생산량은 1,900톤이었다. 지난 1970년대 초반만 해도 해마다 2만 5천 톤까지 잡혔으나 요즘은 1,500~5천 톤 정도가 고작이다. 연도별 어획고가 1천여 톤에서 2만 톤까지 오르락내리락 하는 것을 보면 남획 말고도 다른 요인이 있는 것 같다.

## 노릇노릇 구워 톡톡 알 터지는 소리를 음미하며

도루묵은 산란기가 가까워지면서 딱딱해진 알을 해초에 잔뜩 산란해놓는다. 바람이라도 불 양이면 파도에 밀려온 도루묵 알이 거품이 일듯 해변을 뒤덮는다. 알을 주워다 파는 일은 불과 얼마 전까지 흔했던 해변 풍습이다. 아예 유리상자로 물속을 들여다보며 작업하는 '창경바리'로 해초에 붙은 알을 채취해 내다팔기도 했다. 이 모든 게 흘러간 옛이야기가 되고 말았다.

조업 반경은 고성에서 속초, 양양, 강릉 등 강원 북부다. 물고기마다 제 집과 고향이 있듯 강원 북부가 도루묵의 원적지쯤 된다. 경북에서도 많은 양이 잡히고 있으나 강원도 것과 비교하면 맛이 덜하다. 속초항에서 만난 어부 노만선(52세) 씨는 "예전에는 개도 안 물어갔다."고 회고한다. '말짱 도루묵'이란 표현은 그만큼 흔하다는 뜻도 내포하고 있으리라.

도루묵은 유자망(흘림그물)이나 기선저인망으로 잡는다. 그런데 강릉 사천진의 김덕중 어촌계장이 재미있는 증언을 했다. 산란을 위해 연안으로 몰려온 놈들을 '주벅'으로 잡았단다. 고문헌에 '주박(柱泊)'으로 표현되는 우리의 전통 정치망이 동해에서 확인되는 순간이다. 굵은 말뚝을 박고, 그물을 걸쳐 조수간만의 차를 이용해 고기를 잡던 전통적인 서해안 어법이 동해안에서도 행해졌다는 새로운 발견이다. 사천진에서는 '물밑 주벅'이라고 하여 닻을 물밑에 고정시켜 그물을 놓았다. 대략 1970년도까지 행해지다 사라진 어법이니, 잊혀지기 전에 이를 기록해둔다. 주벅으로 잡던 시절에는 부둣가에 가마니를 깔고 잡힌 도루묵을 산처럼 쌓아뒀다. 오늘날은 기선저인망으로 100미터가 넘는 바다 밑을 샅샅이 훑고 다니니 어족고갈은 불 보듯 뻔하다.

도루묵 조리법은 의외로 다양하다. 찌개와 구이, 찜은 익히 알려져 있고, 살짝 말려서 볶기, 그리고 뼈째로 토막 낸 도루묵회도 별미다. 도루묵회는 도시인들에

속초 인근 음식점에서는 도루묵 등 제철 생선을 구이로 내놓아 동해안에서만 맛볼 수 있는 별미를 선사하고 있다.

겐 거의 알려지지 않았다. 먹어보니 담백하기 이를 데 없다. 은어튀김처럼 튀겨낸 도루묵튀김도 별미다. 싱싱한 도루묵을 그대로 옷을 입혀 기름에 튀겨서 술안주로 내놓곤 하는데 도심에서는 쉽게 맛볼 수 없다. 도루묵이 워낙 비싸기 때문에라도 도루묵조림을 많이 먹는다. 간장과 파, 마늘 등 갖은 양념을 넣고 도루묵을 조리면 '밥도둑'이란 소리가 나올 정도다. 함경도식 가자미식해처럼 물기를 뺀 도루묵에 차좁쌀과 함께 삭힌 도루묵식해도 강원도의 별미다. 강원도에서는 김장철에 명태 아니면 도루묵을 넣어 발효시키는데 김치 맛이 시원해지고 도루묵 삭힌 맛이 그만이다.

그러나 통통하게 알이 밴 도루묵을 석쇠에 올려놓고 노릇노릇 구워 '톡톡' 알 터지는 소리를 음미하며 먹는 미각이야말로 겨울철에 동해를 찾아온 보람을 느끼게 해주는 별미 중의 별미가 아닐까. 도루묵을 오로지 알 때문에 찾는다는 사람들이 있을 정도로 마니아를 거느리고 있는 명품음식이다. 동해의 겨울 칼바람을 맞으면서 부둣가에 앉아 연탄불에 올린 석쇠에서 알을 뒤적거리며 소주잔을 거느림은 삶의 에너지를 솟구치게 하는 또 하나의 흥취이리라.

예전처럼 흔하지는 않지만, 그래도 다획 어종인 도루묵의 진가를 제대로 알아주는 이 없으니, 이른바 '고급 어종'이라는 무식한 선별 기준의 비객관성에 대하여 일침을 가하지 않을 수 없다.


## 너무 흔해서 대접 못 받는 '양미리'


동해의 또 다른 별미인 양미리도 제 대접을 받지 못한다. 속초 청초호변의 '삼숙이 생선구이집'을 찾았다. 주인장 이름이 삼숙이란다. 생선 장사 수십 년에 '창피한 줄도 모르고' 자신의 이름을 쓴 간판을 내걸었단다. 그녀의 생선장사 스케줄을 보면 동해 어종의 생활사가 고스란히 드러난다.

5월 초에 시작한 산 오징어 장사가 추석 전까지 이어진다. 추석이 지나면서는 양미리 장사를 하고, 이어 11월 20일을 전후해 양미리 성어기가 되면서 서서히 도루묵이 잡히기 시작한다. 도루묵 장사는 양미리보다 일찍 시작해 일찍 끝난다. 11월에 시작해 12월 중순이면 대충 끝나며 그 이후에 파는 것들은 모두 냉동 도루묵이다. 양미리 장사도 12월이면 '종을 치며' 그 후로는 냉동 양미리를 말려서 시장에 낸다.

양미리가 제 대접을 못 받는 이유는 단 하나, 너무 흔하기 때문이다. 양미리는 동

양미리가 제 대접을 못 받는 이유는 단 하나, 너무 흔하기 때문이다.

해안 전역에 세력을 펼친다. 그렇게 흔해서인지 사람들은 양미리의 진가를 제대로 모른다. 말려서 볶거나 구워 먹기도 하며, 날것으로 김치찌개를 끓이기도 한다.

그 옛날 변변한 반찬거리가 없던 시절, 주홍빛 알이 꽉 찬 말린 양미리 엮음을 처마 밑에 걸어두고 한 마리씩 빼내어 연탄불에 구워서 초간장에 찍어 먹었다. 동물성 단백질이 부족하던 터에 기름진 양미리의 담백한 살과 깊은 맛의 알배기는 농촌에서 모처럼 생선 냄새를 맡을 수 있는 기회였다. 그런데 어쩌다 양미리가 우리 식탁에서 사라졌다.

양미리를 추어탕처럼 곱게 갈아서 탕으로 끓여 먹는 조리법만큼은 세간에 거의 알려지지 않았다. 양미리탕

'예전에는 개도 안 물어간 게' 동해안의 '도루묵'과 '양미리'였지만 이제 더 이상 그런 푸대접은 없다. 턱없이 값만 부풀린 어류를 '고급 어종'이라며 집착하는 천박한 선별기준으로는 아직도 '싸구려'여서 생각보다 값이 싸고, 값이 싸서 하찮게 여겨지기도 했던 도루묵과 양미리가 새로운 평가 속에 동해의 별미로 자리 잡고 있다. 찌개와 구이, 찜, 볶음은 물론 뼈째 토막 내 무친 회 등으로 서민들의 식도락을 채워주는 도루묵, 그리고 한겨울 바닷바람에 맛을 들이는 양미리는 해산물에 관한 허위의식에 발목 잡힌 우리의 의식을 바꿀 주역으로 부족함이 없다. 사진은 속초의 바닷가 덕장에서 양미리를 훔치는 도둑고양이(서울신문 도준석 기자 제공).

에 잘게 다진 풋고추와 마늘을 넣고 밥을 말아 먹어보니 추어탕은 '저리 가라' 다. 수입 미꾸라지탕을 둘러싼 논란이 많은 처지에 동해에서 지천으로 잡히는 100퍼센트 국내산 양미리탕에 아무도 관심을 돌리지 않는 게 이상하다. 내가 음식 장사를 한다면 반드시 염두에 둘 건강식 메뉴다. 확실히 우리는 우리 해산물에 관한 활용도와 이해도가 실망스러울 만큼 저급할 뿐더러 보수적이기까지 하다는 사실이 여기서도 드러난다. 양미리로 식해도 만들어 먹는다. 가자미식해처럼 좁쌀을 이용해 시원하게 담가 먹는다. 해산물 요리에 관한 고정관념을 이제는 깨끗이 버릴 일이다.


## 양미리는 본디 '까나리' 가 맞아


수산학자들은 우리들이 잘못 알고 있는 상식을 완전히 까뒤집는다. 양미리는 본디 까나리가 맞단다. 양미리는 동해안에서 붙인 지방 이름일 뿐이다. 양미리가 까나리라면 그 누구도 선뜻 동의하기 어려우리라. 1997년까지는 수협에서도 양미리로 집계되었고 1998년부터 까나리로 통계를 잡고 있다. 그만큼 전문가들도 헷갈렸다는 증거다.

한국산 까나리(*Ammodytes personatus*)는 세 지역 개체군의 유전변이를 가지고 있다. 까나리는 한국, 일본 등지에 분포하는 냉수성, 연안성 식용자원으로 한국산 까나리는 크기와 척수골수에서 동해산(20센티미터)이 서해산(6~7센티미터) 및 남해산(8~9센티미터)보다 크고 많다. 수산과학원의 실험결과, 동해집단은 서해 및 남해집단과 유전적으로 뚜렷이 구분되는 반면에 서해 및 남해집단은 큰 차이가 없다(《한국산 까나리 세 지역 개체군의 유전변이》, 한국해양과학기술협의회 공동학술대회, 2006. 5. 15).

선인들도 이 같은 종 다양성을 일찍이 이해하고 있었다. 이덕무(李德懋)

도루묵과 함께 동해안의 겨울 미각을 돋우는 양미리가 주문진 읍내의 작업장에서 두름으로 엮이고 있다. 주문진이나 속초 등지의 겨울포구에서는 어느 곳에서나 양미리 두름이 쉽게 눈에 뜨인다.

는 《청장관전서(靑莊館全書)》에서 이르길(57권 盎葉記 4), "물고기 중에 몸의 크기는 차이가 있으나 모양이 서로 비슷한 것이 있다. 즉, 준치는 큰데 비웃은 작고, 민어는 큰데 조기는 작고, 대구는 큰데 명태는 작고, 다랑어는 큰데 고등어는 작다. 문어는 큰데 낙지는 작고 뱀장어는 큰데 미꾸라지는 작다."고 하였다. 같은 과를 구분하여 물고기의 범주를 이해하려 했던 과학적인 인식수준이 엿보인다.

까나리는 농어목 까나릿과에 속하며 우리나라와 일본, 사할린, 오호츠크해 등지에 분포하는 한류성 어종이다. 그런데 동해안에서는 그 까나리를 양미리 혹은 앵미리라고 부른다. 남해안에서는 큰 까나리는 양미리, 어린 새끼는 말리는 과정에서 반원처럼 휘어진다고 하여 곡멸이라 부른다. 까나리의 주 생산지는 태안군 안면도, 옹진군 백령도, 보령시 장고도, 부안군 위도 연안으로 알려져 있지만 실제로 대부분 강원도에서 잡힌다. 동

해안의 까나리에 비하여 소형어종인 서해안 것은 주로 까나리젓을 담근다. 반면에 크게 자라는 동해안의 까나리는 말려서 '양미리'로 출하된다.

까나리답게 양미리는 여름잠을 잔다. 수온이 15도 이상이 되면 모래밭에 기어 들어가 시원한 여름잠을 즐기는 별난 족속이다. 다른 바닷고기들이 포식하려고 혈안이 된 여름철에 느긋하게 모래 속에 들어가 공복상태로 여름나기를 한다. 그렇지만 까나리는 동트기 전에 먹이를 잡아먹기 위하여 모래 속에서 한 번씩 수중으로 튀어오르는 습성이 있다. 이런 습성을 간파한 인간들은 미리 바닥에 그물을 깔아놓아 뛰어오른 양미리가 그물코에 꿰게 한다. '발치기'라고 해서 해저의 모래바닥에 그물을 깐 뒤 잠수부가 들어가 발로 모래밭을 밟아서 양미리들이 놀라서 튀어나오는 것을 잡아들이기도 한다. 산란 전까지는 계속 모래 속에서 살다가 산란기가 가까워 '외출'이 시작되면 이때부터는 '누인 그물'이 아니라 '세운 그물'로 잡아



213

임옥상, 〈동해〉, 종이에 아크릴(2010년 세계박람회 유치를 위한 해양미술제, '바다의 촉감' 전시도록, 2000년).

들인다. 예전에는 까나리를 후리그물로도 잡았으나 지금은 자망으로 잡는다. 물고기의 삶과 이에 대응하는 인간의 교묘한 머리싸움이 이처럼 어법까지 발달시켰으리라.

양미리 값은 얼마나 될까. 20마리 1두름에 2천~2,500원 선이다. 한 마리에 200원꼴이니 이보다 값이 눅은 생선이 있을까. 전국에서 양미리가 가장 많이 건조되는 주문진의 덕장을 찾아가니 줄에 엮는 작업을 하는 아주머니들의 두름당 인건비가 고작 300원이란다. 손이 날래 이가 200두름, 즉 하루에 4천여 마리를 엮고서 6만 원 정도를 받는다. 평균은 이보다 못해 고작 100여 두름을 엮어 일당 3만 원 정도를 번다. 한 달 내내 하루도 쉬지 않고 일을 해봐야 100만 원 벌이도 안 된다. 낮은 양미리 가격이 이처럼 어촌의 저임금으로 이어지고 있는 것이다.

양미리는 명태를 비롯한 각종 낚시미끼로 팔려 나간다. 양식장에서는 광어 등을 시장에 내놓기 전에 보신용으로 양미리를 먹인다. 그만큼 영양가가 높고 먹을거리로서도 종합적 자격을 갖추고 있다는 증거다.


## 도루묵, 양미리에서 평범 속의 진리 깨달아


한가한 '생선타령'이나 하려고 양미리와 도루묵에 얽힌 시시콜콜한 이야기를 늘어놓은 것이 아니다. 고급 어종 운운하며 그릇된 상식으로 해산물에 관한 허위의식에 사로잡혀 있는 우리들 밥상문화를 뒤집어볼 필요가 있지 않을까.

말짱 도루묵은 더 이상 없다. 마리당 불과 200원에 지나지 않는 양미리, 아니 동해 까나리의 전방위적 품격과 용도에서 평범 속의 진리를 깨닫는다. 겨울 별미를 찾아 떠난 동해 여행에서 양미리와 도루묵을 살폈으니, 그 새로운 재발견의 기쁨을 어찌 나만 즐길 수 있으랴.

'금강산도 식후경'이라 하였거늘, 관해의 즐거움 중에는 먹는 즐거움도 빼놓을 수 없는 것이니 하찮은 먹을거리 하나도 제대로 알고 먹을 일이다.

# 남쪽 위주의 관동팔경을 벗어나 두만강까지

## 사라지는 석호, 위기에 빠진 석호

　　강릉 못 미처의 명주 땅 안인진 포구는 해물이 풍부하고 깨끗한 동해바다 포구의 대명사처럼 인식된다. 그러나 사태는 다소 비극적이다. 석탄산업 육성을 위하여 국책사업으로 건설한 영동화력발전소의 무연탄재가 쏟아져 나온다. 《임영지(臨瀛誌)》를 들추어보니, 풍호라는 생소한 호수가 등장한다.

호수의 둘레가 4킬로미터쯤 되어 크기는 경포에 미치지 못하나 호수 중심
에 연꽃이 만발하여 경포에서는 볼 수 없는 경치를 이루고 있다.


기록에 따르면 원래 30여만 평에 달하였으며, 연꽃으로 마을농사의 풍
흉을 점쳤다고 한다. 수초 우거진 호숫가에서 붕어 · 잉어 · 뱀장어 · 가물
치를 잡았고, 백사장과 소나무 · 단풍나무가 푸른 호수와 어우러졌고, 풍
호정이란 정자가 있어 풍취를 더해주었으며, 겨울이면 철새 떼가 몰려들
어 장관을 연출하였다. 그 호수를 발전소에서 나오는 연탄재로 차곡차곡
채운 결과, 풍호는 흔적도 없이 사라졌다.

람사협약을 들추어보자. 람사의 정식 명칭은 '물새 서식처로서 특히 국제
적으로 중요한 습지에 관한 협약'으로 1971년 이란의 람사(Ramsar)에서 체
결되었다. 세계적으로 중요한 습지 상실과 침식을 억제하며 물새 서식 습지
대를 국제적으로 보호하기 위한 협약이다. 습지는 늪과 갯벌, 석호를 망라
한다. 우포늪, 달성늪, 대평늪 같은 늪이 위험에 처해 있다면, 서해안 일대
에서는 갯벌이 사라지고 있다. 동해안 석호라고 예외일까.

후빙기에 접어들어 빙하가 녹으면서 높아진 해수면으로 인하여 하천의
하구가 침수되고 그것이 물에 의해 운반된 토사에 막혀 석호가 만들어졌
다. 고성의 화진포호와 송지호, 속초의 영랑호와 청초호, 양양의 매호, 강
릉의 경포호와 향호 등이 그것이다. 석호는 인공호수와 달라 습지 보존대
상 1호다. 그러나 석호는 다른 어느 것보다 인간의 공격에 직면하였다.

1976년부터 1978년의 일이다. 화진포에서 군생활을 하고 있을 때, 호수
는 모두 천혜의 갈대밭으로 둘러싸였다. 20여 년 뒤의 화진포는 개발이라
는 명목으로 호숫가 모래밭에 콘크리트 주차장을 만들어 더 이상 옛 모습
이 아니었다. 안인의 풍호도 이름만 남긴 채 아예 사라졌다.

강원도에만 15개 이상의 석호가 존재했다. 그러나 풍호, 궁개호, 쌍호 등

1 송지호. 상대적으로 자연적인 모습을 잘 간직하고 있다.
2 청초호. 미시령에서 내려다본 경관. 석호가 바다의 산물임이 분명히 드러난다.




은 거의 매립되어 흔적만 남은 상태이며, 봉포호·광포호·천진호도 크게 훼손된 상태다. 오늘날까지 명맥을 잇고 있는 석호는 화진포호·송지호·청초호·영랑호·매호·경포호·향호뿐이다. 석호에 관한 연구는 의외로 드물다. 2002년 제종길 박사(해양생물학, 현 국회의원)의 실태조사에 따르면 거의 모든 석호가 매우 위험한 지경에 처해 있다.

경포호는 주변에 일주도로가 건설되어 가장자리 습지가 훼손되었으며 유입 하천 주변의 습지는 농경지로 개간되었다. 황어·숭어·큰가시고기·날망둑종 등이 채집되었으며, 흰꼬리수리·참수리·큰기러기·큰고니·흰죽지수리 등이 관찰되었다. 주문진에 위치한 향호는 1980년대까지만 해도 철새 도래지와 낚시의 명소였으나 생활 오폐수와 축산폐수, 규사

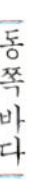

채취 등으로 오염되었다. 그래도 청둥오리, 흰뺨검둥오리와 갈매기, 괭이 갈매기 등이 관찰되며, 많은 오염에도 불구하고 저습지와 갈대밭이 남아 있어 개개비와 덤불해오라기 번식지로 이용되고 있다.

양양군 현남면 포매리에 위치한 매호는 강원도 현존 석호 중에서 가장 작은 규모로 수심이 가장 낮다. 두 개의 소하천이 유입되며 습지식물대가 잘 발달해 있고 철새 도래지로 지정되었다. 다른 석호에 비하여 상대적으로 양호한 수질을 보여주고 있으나 이곳 역시 각종 개발사업으로 수질이 악화 되고 있다. 2001년 기준, 매호에서 관찰된 조류는 11목 23과 37종에 이른 다. 흰뺨검둥오리, 왜가리, 중대백로, 쇠백로, 괭이갈매기, 백할미새 등이 출몰하며, 천연기념물 백로, 왜가리 번식지가 주변에 있다. 넓은 갈대밭에

관동팔경의 다수가 석호 주변에 형성되었음은 범상치 않은 일이다. (〈관동 팔경〉, 50×35, 진주 대아고등학교 소장).

서는 개개비들이 번식하고 있으며 모래톱에서는 청다리도요, 붉은갯도요 등 도요류들이 관찰된다.

설악산 연봉으로 둘러싸인 청초호는 현존 석호 가운데 최대 크기다. 청호동 함경도 아바이들이 바로 청초호반의 모래톱에 정착하여 오늘날까지 살아오고 있다. 호수로 유입되는 하천은 청초호를 비롯하여 10여 개의 소하천이 있으며 어항과 사업항의 기능을 겸한다. 같은 속초시에 위치한 영랑호는 청초호와 인접해 있으며 호수 통로에는 사주가 넓게 발달하여 해수 유입이 감소하여 담수화가 진행 중이다. 호수 주변에 일주도로를 건설하면서 자연 수초대가 많이 소실되었으며, 호변 습지를 갖춘 자연 석호의 특성을 완전히 상실하였다.

고성군 죽왕면에 소재한 송지호는 해안선과 평행되게 놓여 있으며 평균 수심은 약 3미터다. 석호 가운데 비교적 자연형태를 그대로 유지하고 있는 호수다. 다른 석호와 달리 호수 주변의 갈대밭이 개간되지 않아서 자연 상태의 모습이 잘 보존되어 있다. 이런 관계로 57종이라는 비교적 많은 조류가 관찰되고 있으며 보호조류인 말똥가리와 독수리도 살고 있다.



220

고성군의 화진포호는 연결된 두 개의 호수(내호와 외호)로 구성되며, 두 호수는 좁고 얕은 수로로 이어져 있다. 외호는 바다와 좁은 통로로 연결되는데 평상시에는 닫혀 있다가 장마 또는 폭풍에 의해 바다와 일시적으로 연결되는 '갯터짐'의 현상을 보여준다. 호반에 광범위하게 갈대군락이 형성되어 있으며 띠조개·빛조개 등 16종의 저서동물, 보호조류인 쇠가마우지, 큰고니, 말똥가리 등이 관찰되었다.


## 동해안의 다이내믹한 경관을 창출하는 석호


석호는 서해안과 남해안에 비하여 밋밋하고, 어쩌면 볼품없는 단조로운 동해안을 한층 다이내믹하게 꾸며주는 환경이다. 강릉의 경포호와 속초의 청초호, 해금강의 삼일포 같은 호수가 없다면 수많은 시인묵객들이 찾아와 시를 짓고 그림을 그릴 확률이 줄어들었음 직하다. 예나 지금이나 동해안의 가장 뛰어난 경관의 으뜸은 이들 석호를 중심으로 쳤으니, 오늘날 경포대가 동해안 경관에서 차지하는 위상을 고려한다면 쉽게 이해될 대목이다. 관동팔경의 다수가 석호 주변에 형성되었음은 범상치 않은 것이다. 석호와 관동팔경을 묶어서 역시나 '동해 경관 1번지'로 명명할 수 있는 소이는 여기에 있다.

석호(潟湖, costal lagoon)는 바다와 이어진 얕은 바다호수를 뜻한다. 내륙으로 만입된 자연호수지만 바다와 지속적인 생태학적, 수리학적 교류를 지속하거나 과거에 그런 적이 있던 호수다. 바다를 향하여 지속적으로 담수를 배출시키는 하구와 다르게 모래톱으로 막혀 있어 작은 통로로 정기적, 부정기적으로 바다와 소통할 뿐이다.

그림에서 보듯이 연안류의 영향으로 모래톱(sand spit)이 형성되어 만에 만입구 사주(bay mouth bar)가 만들어지고, 해수욕장으로 쓰이는 해빈이 형

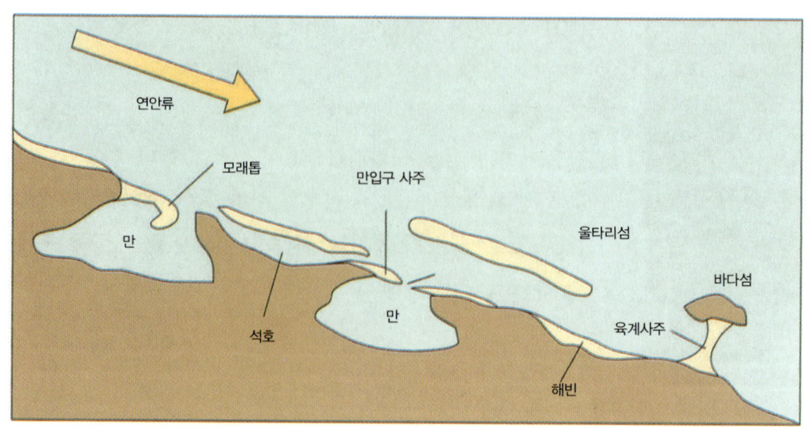


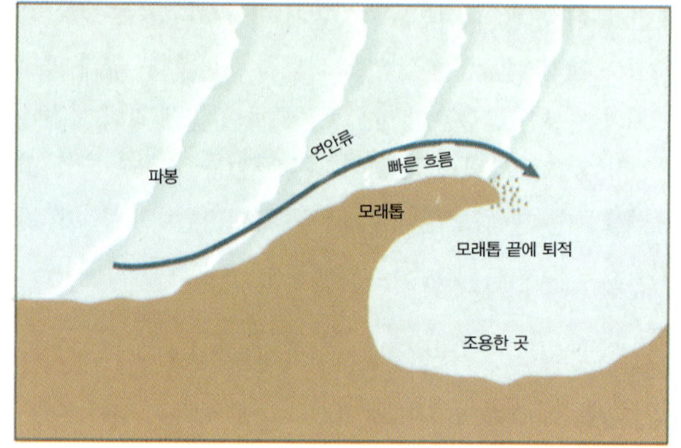


해안의 가상적인 여러 지형들. 연안류의 영향으로 만입구의 사주가 형성되거나 석호, 육계사주, 해빈 등이 만들어진다(위 그림). 연안류가 돌출부를 지나 조용한 만으로 들어가면서 유속이 느려져 모래톱이 만들어지는 과정을 보여준다(아래 그림). (Tom Garrison, "*OCEANOGRA-PHY*", Brooks Cole, 1999)

성되거나 울타리섬, 작은 섬과 연결된 육계사주(tombolo), 때로는 모래톱이 발달하여 완벽한 석호로 발전하기도 한다. 어느 석호나 바다로 열린 작은 통로(inlet)를 갖게 마련이다. 그 통로로 해수가 유입되어 석호는 기본적으로 담수와 해수가 섞인 염담호(鹽淡湖), 혹은 함수호(鹹水湖), 기수호(汽水湖)라고도 부른다. 염분이 5~15퍼센트 섞여 있으니 완벽한 담수와 또 달라서 석호 나름의 독특한 종 다양성을 확보하고 있다.

　석호는 또한 역사적으로도 소중하다. 동해안에서 가장 오래된 선사시대의 집단 주거지가 석호 주변에 산재하였다. 함경도 동해안을 쭉 따라서 내려오다 보면 부산까지 닿는다. 마찬가지로 반대의 경우도 가능하다. 백두

대간이 위에서 아래로 한반도의 등골처럼 휘어져 나왔다면 이러한 동고서
저(東高西底) 지형은 해안선을 따라 오가는 남북의 교통을 발달시킨 반면
에 백두대간을 관통하는 동서교통은 무력화시켰다. 그래서 영동과 영서의
문화는 같은 강원도지만 현격한 차이를 보여주는 반면에 동해안을 따라서
강원도, 경상북도, 함경도의 문화는 도를 뛰어넘는 문화적 친연성을 보여
준다. 가령, 함경도 사람들이 많이 먹는 가자미식해 같은 토속음식은 강원
도는 물론이고 경북 해안까지 널리 분포된다.

그렇다면 함경도쯤에서 걸어 내려오던 한반도의 선주민들은 바닷가 어
디에 거주지를 마련했을까. 두말할 것 없이 석호 아니면 남대천 같은 작은
강이 흘러내리는 동해의 하구들이다. 속초시 조양동, 명주군 연곡면 방내
리, 양양시 포월리 등 영동지방의 집단 취락지 대부분은 호반이나 하천을
끼고 있는 산구릉지다. 가령, 함경북도 북단의 동해안에는 1949년에 발굴
된 초도(草島) 원시 유적지가 위치한다. 초도 건너편에는 번포, 만포 등의
석호가 있다. 돌화살촉, 돌창, 돌도끼, 작살, 호미, 돌칼, 바늘, 조개장신
구, 질그릇, 항아리 등이 출토되었다. 함경북도 굴포리 유적, 즉 석호인 굴
포 근역에서 1963년 원시 선사유적이 발굴되어 조개무덤, 골각기, 돌연장,
구석기 유물 등이 발견되었다. 강원도 양양의 쌍호가 위치한 오호리에서
도 선사유적이 발굴되어 현재 선사박물관이 개관을 앞두고 있다.


## 남한보다 많은 이북의 석호들


우리는 남쪽의 석호뿐 아니라 이북의 석호에 관해서도 관심을 돌려야 할
것이다. 북한지역에는 함경북도와 남도, 그리고 강원도 북쪽에 크고 작은
석호들이 즐비하여 동해 관해의 1번지로 자리 잡고 있으며 실제로 최고의

선사유적이 발굴된 양양 오호리의 쌍호.

휴양지로 손꼽히는 곳들이다.

함북 선봉군 굴포리에는 좁은 목으로 연결된 동번포와 서번포가 있다. 선봉군은 예전의 웅기읍 일대를 기반으로 새롭게 만든 행정단위인바, 한반도의 끝자락인 동북단 두만강 하구다. 번포는 바다의 만이 막힌 석호로 일부 지역은 좁은 목으로 바다와 연결되어 바닷물이 드나들고 있다. 동번포 호수 바닥은 대부분 감탕으로 일부 지역만 모래와 바위다. 호수를 이용하여 굴을 보호증식하고 있으며 담수 양어장으로 활용되고 있다. 서번포는 우리나라 자연호수 가운데 제일 크며 넓이 16.12제곱킬로미터, 둘레 34.5킬로미터에 이른다. 서번포에는 새우가 많이 자라고 있으며 북쪽 기슭에 부포오리장이 있다.

동번포가 있는 함북 선봉군의 굴포리와 구룡평 사이에는 만포(晩浦)가 위치한다. 호수 바닥에는 감탕 또는 모래가 깔려 있다. 호수에는 잉어, 붕어, 황어 등 물고기들과 오리 먹이로 이용되는 물풀들이 매우 많다. 북한의 다른 호수들과 마찬가지로 담수양어장으로 활용되고 있다.

굴포리에는 굴이 많이 난다고 하여 명명된 굴포(屈浦)가 위치한다. 고려 시대에 여진족 정벌을 위하여 보급품을 선박으로 이곳 포구로 실어 날랐다고 한다. 재미있는 것은 굴포 앞에 떠 있는 적도(赤島)라는 작은 바위섬이다. 섬 모양이 서북을 닮고 바위 색깔이 붉다고 하여 붙여졌다. 고려 말 이태조의 선조인 익조(翼祖) 일가가 여진족의 남침을 피하여 잠시 이 섬에 피난한 일이 있었다고 한다. 바위섬에는 그 당시의 유적이 남아 있다고 하며 섬 안에서 물이 솟아나와 육지 주민들이 이곳으로 찾아와서 휴식을 취하였다고 한다. 적도 건너편에는 난도(卵島)라는 바위섬이 있으며 북한의 바닷새 보호구역(천연기념물 31호)이기도 하다.

함경북도 청진시에는 옛날에 포구로 쓰이던 석호가 3개소 있다. 동포(東浦), 남포(南浦), 순담(蓴潭)이 그것이다. 함경북도의 어랑군은 예전의 경성군 남부지역에 신설된 행정구역이다. 어랑군의 장연호에서 어랑천 건너 남쪽에 무계호(武溪湖)란 담수호가 있으며 그 동쪽에 동연호(東淵湖)가 위치한다. 호수 근처에 여진족 토성이 전해진다. 호수에는 빙어, 황어, 뱅어, 잉어, 초어 같은 민물고기가 살고 주변 경치가 매우 아름다우며 북한의 천연기념물 327호로 지정되어 있다. 담수호이면서도 바다에서 파도가 심한 날에는 바닷물이 역류하여 들어온다.

함남의 이원군 해변의 명소인 학사대 서남쪽에는 군선연(群仙淵)이 위치한다. 호수를 중심으로 아름다운 산, 기암괴석, 백사장, 해수욕장 등이 있으며 높이 수십 길에 달하는 바위절벽인 쌍암(雙岩)과 광암(廣岩, 일명 덕바위), 그리고 해수욕장이 있다. 신선들이 놀고 갈 만한 곳이라 하여 군선이란 명칭이 붙었다.

함경남도 북청군에는 자잘한 석호들이 즐비하다. 서호리에는 서호(西湖)가 있으며, 호남포리에는 후포(厚浦)가 있다. 함경남도 정평군 동부 바닷



225

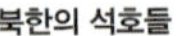

**북한의 석호들**
**1** 한반도 최북단의 석호들. 두만강 하구가 보이고 만포, 서번포, 동번포 등이 모여 있다(《조선관광지도첩》, 조석국제려행사, 평양, 1995).
**2** 함경도의 광포. 오리농장이 들어서 있다(《조선민주주의인민공화국》, 조선·평양·조선화보사, 1988).
**3** 강원도의 시중호. 종합휴양시설로 이용되고 있다(《조선관광안내》, 국가관광총국, 평양, 2002).

가에 있는 광포(廣浦)는 한반도에서 두 번째로 큰 자연호수다. 전형적인 석호로 바닷가의 만이 모래톱의 발달로 막히면서 이루어졌다. 예전에는 하천 하구였으나 침식작용에 의하여 하구 구역이 넓어져 오늘날의 길고 큰 포구 형태로 남아 있다. 너른 개, 즉 넓은 개, 넓은 갯벌이란 뜻을 지닌다. 부평천, 구읍천, 원수천 등 60여 개의 하천들이 흘러든다. 고려시대에 축성한 천리장성은 압록강 하구에서 시작하여 바로 이곳 북단에 있는 연포(連浦)에서 끝난다. 원수천 어구에는 밀물을 막기 위한 시설물이 건설되어 위 광포는 담수호, 아래 광포는 반함수호로 되었다. 포구 안에는 용암(龍岩)이 서 있으며 수면은 잔잔하고 맑다. 줄, 마름풀, 선인말, 떠살이식물 등이 분포한다. 위 광포에는 잉어, 붕어, 조류개가 많이 살며 초어, 화련어 등을 양식하고 있다. 아래 광포에는 빙어, 숭어, 전어들이 철에 따라 밀려든다. 북한에서는 호수 주변에 대규모의 현대적인 오리농장을 세워 오리들이 호수를 노닐고 있다.

함경남도 금야군(구 영흥군)의 남동쪽 바닷가에는 남북으로 길쭉하게 실북 모양으로 생긴 하포가 있다. 호수 서쪽 언덕지대는 사철 푸른 소나무숲이 덮여 있고 동쪽은 넓지 않은 모래톱으로 막혀 있다. 호수의 경치가 매우 아름답다. 하포는 관개용수 원천으로, 양어장으로 널리 이용되고 있다.

강원도 통천군에는 바다에서 약 300여 미터 떨어진 곳에 물이 유달리 맑고 잔잔한 시중호(侍中湖)가 위치한다. 강동포(江東浦)라고도 부르는데 조수작용으로 인해 형성된 석호다. 과거의 시중호는 오늘날 이 호수를 뜻하는 것이 아니라 북쪽 소동정(小洞庭)을 지칭한 것으로 여겨진다. 호수 주변의 푸른 수초, 잔잔한 수면, 호반의 흰 모래, 주위의 송림, 붉게 핀 해당화, 가을철에 붉게 물드는 단풍과 붉은 감나무가 아름다움을 더해준다. 가물치, 잉어, 붕어 등 민물고기가 잡히고 있으며 호수 바닥의 두터운 감탕을 이용한 검은 진흙 온천이 있다. 이북에서는 이곳에 시중호 요양소를 설치하였다. 자연 경승지, 천연기념물 등으로 지정하였으며 해수욕장, 일광욕장, 유선장, 온천장 같은 시중호 휴양지구 복합단지로 이용하고 있다.

강원도 통천군의 북동부 동해 연안에 있는 동정호는 예전에 만이었던 곳이 좁고 긴 모래톱에 막혀서 이루어진 석호다. 면적 4.84제곱킬로미터로 강원도 자연호수 가운데서 제일 크다. 호수는 그리 깊지 않으며 물면 높이는 바다 물면과 같다. 물은 맑고 깨끗하며 물에는 소금기가 많다. 동정호의 북서쪽 연안에는 본래 섬을 이루었던 바위들이 병풍처럼 늘어서 있으며 남동쪽은 좁은 물길에 의하여 천아포와 잇닿아 있다. 그리고 남서쪽에서는 명화동천이 이 호수에 흘러든다. 그러므로 호수의 소금기가 점차 연해지고 흙모래 등이 쌓여서 물 깊이가 얕아지고 있다. 호수에는 숭어, 잉어, 황어, 농어, 도미, 새우 등이 있다. 호수는 양어양식장으로 이용된다. 동정호의 바닥에는 병 치료에 효능이 높은 니토성 치료용 감탕이 존재하여 북한에서는 이를 이용하여 한방요법에 활용하고 있다.

통천군 북쪽에는 천아포(天鵝浦)가 있다. 물이 맑고 짜며 밑바닥은 모래다. 호숫가에는 사철 푸른 소나무숲이 우거져 있으며 바다 쪽의 긴 모래톱에는 해당화가 만발하여 경치가 매우 아름답다. 북쪽은 좁은 물길에 의하여 동정호와 연결된다.

이북 쪽 고성군의 금강산에는 너무도 유명하여 설명할 필요조차 없는 삼일포가 있다. 호수 서편의 낮은 36개의 산봉우리에 송림이 우거져서 병풍처럼 둘러싼 천하의 절경이라 일찍부터 관동팔경의 하나다. 고성군 초구리 바닷가에는 남쪽의 속초 영랑호(永郎湖)와 이름이 같은 석호가 있다. 신선이 아름다운 호수에서 놀았다는 전설에서 유래한 영랑호는 반달 모양인데 동서 방향으로 길게 놓여 있다. 주위에는 마람이봉, 구선이봉 등 낮은 산이 둘러 있다. 마람이봉의 산자락이 호수 가운데로 들어가 머리를 들고 있다. 기슭에는 흰 모래불과 푸른 소나무숲이 있다. 영랑호 남쪽 구선봉

아래에는 일명 거울못이라 부르는 감호(鑑湖)가 위치한다. 감호 동쪽으로 약 300미터의 모래둑이 있고 이 둑을 넘어서면 동해가 된다. 조선 후기의 시인 양사언은 이 호수의 풍광을 감팔경(鑑八景)이란 시로 써놓았다.

개발이 덜 되었기 때문에 북한지역의 석호들이 상대적으로 안정적인 환경조건을 갖추고 있는 것으로 여겨진다. 그러나 이곳에서 오리농장을 경영한다거나 관광지 개발이 촉발되고 있어 북한의 석호라고 안심할 수 없는 지경이다. 가령, 함경도의 광포는 북쪽의 함흥 공업지대에서 흘러나오는 공업폐수로 크게 오염되고 있다. 북한의 석호에 관한 상세한 정보는 접근이 매우 어려운 실정이다. 그러나 남북한의 석호들은 공히 동해 명소의 1번지이자 동해의 역사와 더불어 시작된 자연환경의 보고로 재인식되어 남북이 공동으로 협력하고 보존하는 노력을 기울여야 하지 않을까.


## 드높은 경지에 도달한 우리의 관해문화


동해안의 명승지 여덟 곳을 꼽았으니 관동팔경(關東八景)이란 통천의 총석정(叢石亭), 고성의 삼일포, 간성의 청간정(淸澗亭), 강릉의 경포대, 삼척의 죽서루(竹西樓), 울진의 망양정(望洋亭), 평해의 월송정(月松亭)이 그것이다. 사람에 따라서는 월송정 대신 시중대(侍中臺)를 넣기도 한다. 삼일포, 경포대, 시중대 등이 모두 석호 경관이니 관동팔경과 석호의 연관성이 돋보인다. 관동팔경과 이들 석호는 지금도 수많은 관광객들이 찾아들고 있으며, 실제로 강릉의 경포대는 다른 어느 관광지보다 많은 사람들이 찾는 1번지의 위치를 놓지 않고 있다. 관동팔경에 관해서는 더 이상의 자세한 설명이 불요하리라.

그런데 관동팔경의 신화 창조는 어디까지나 금강산이 강원도에 있다는

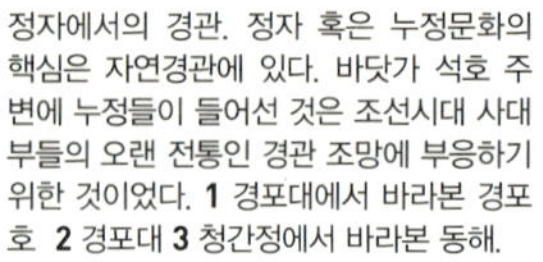

정자에서의 경관. 정자 혹은 누정문화의 핵심은 자연경관에 있다. 바닷가 석호 주변에 누정들이 들어선 것은 조선시대 사대부들의 오랜 전통인 경관 조망에 부응하기 위한 것이었다. 1 경포대에서 바라본 경포호 2 경포대 3 청간정에서 바라본 동해.

결정적 요인이 결합되어 빚어진, 홉스봄의 표현대로 '만들어진 전통'임에 틀림없다. 사실 관해의 명소는 비단 관동팔경에만 있는 것이 아니다. 강원도를 벗어난 경상남도나 함경도 바닷가에도 얼마든지 명소가 있다. 관동팔경의 신화가 다분히 특정 지역 중심의 만들어진 전통임이 분명해진다. 그래서 '관동팔경을 넘어서 두만강까지'라는 슬로건이 가능할 것이다. 함경도의 관해 명소 몇 군데를 산책하는 것으로 마무리하고자 한다.

동북단 두만강 하구의 서수라(西水羅)에는 해망대(海望臺)라는 언덕이 있어 한반도의 끝자락에서 동해와 두만 강을 굽어보는 묘미를 맛볼 수 있다. 통일이 되면, 아마도 일출을 맛보는 최고의 위치로 부각될 전망이다. 함경북도 경성에는 주을온천으로 유명한 주을천(朱乙川) 하구의 해변에 학사대(學士臺)란 바위 언덕이 있어 옛 사람들이 바다를 바라보거나 해돋이를 구경하였다. 어랑군에는 어랑천 하구에 수중대(水中臺)라 부르는 바다로 돌출한 큰 바위가 있다. 바위 위에 수백 명이 앉을 수 있는 공간이 있어 동시에 여러 사람이 동해를 조망하던 명소다. 명천군에는 해변에 위치한 높은 절벽인 국화대(菊花臺)가 있다. 천 길 낭떠러지 위에 넓은 공간이 있어 동해를 조망하던 곳이며 예부터 칠보산과 함께 명천의 명소였다.

관동팔경 중 하나인 금강산 총석정의 1920년대 모습.

함경남도 김책시 바닷가에는 망해대(望海臺)가 위치한다. 동해의 장엄한 경관을 바라볼 수 있는 전망대 같은 곳이다. 바위언덕은 바다 벼랑 위에 있으며 위가 평탄하여 수백 명이 앉을 수 있는 공간이 있어 예부터 최고의 경승지로 꼽았다. 김책시 남쪽에는 고래가 물을 뿜는 모습을 관망했다고 하는 유서 깊은 전망대인 유선대가 위치한다.

함경남도의 이원군 해변에는 동해로 돌출한 험준한 바위산이 있고 해변에 면하여 기둥절벽처럼 우뚝한 두 개의 바위가 있으니 일찍이 관북의 명소로 이름 높던 학사대다. 여러 층으로 된 이 거대한 바위절벽에는 예부터 시인묵객들이 찾아와 흔적을 남겼다. 중종 45년(1530) 이곤(李坤)이 이곳을

다양한 관해와 그 경관. 관해의 으뜸처는 반드시 관동팔경에만 있는 것은 아니니 삼면이 바다인 나라답게 곳곳에 관해의 비경이 숨어 있다.
**1** 남해 관해의 일례. 한라산 중턱에서 굽어본 서귀포 보목 쪽의 관해.
**2** 동해 관해의 일례. 독도를 바라보는 사람들(2005년 11월 블라디보스토크에서 후쿠오카 가는 뱃전에서).
**3** 서해 관해의 일례. 뱃전에서 바라본 백령도 두무진 풍경.

《영남명승도첩》에 실린 부산의 명승지 그림(김윤겸, 동아대학교박물관 소장).

들렀을 때 이 기괴하고 웅장한 바위를 동암(東岩)이라 부르면서 바위벽에 '천고기암 만리홍파(千古奇岩 萬里洪波)'라고 새겼으며, 효종(1655)조에 김수항(金壽恒)과 조엄(趙曮)이 이곳을 들러 소요 하면서 문성암이라 불렀다. 영조조에는 현감 권도(權噵)가 이곳 에 자주 들러 휴식을 취하면서 암벽에 학사대라 새긴 이래로 학사대가 공 식 명칭이 된다. 함흥에는 관북 10경에 속하는 높이 30미터의 거대한 바위 절벽인 귀경대(龜景臺)가 위치하며 관해의 명소다. 영흥에는 해망대(海望 臺)가 있어 아침 동해의 해돋이로 유명하여 관북 제1승지로 손꼽힌다.

강원도 통천의 팔경대(八景臺)는 그곳에서 둘러보는 경치가 여덟 가지나 된다는 데서 비롯되었다. 즉, 하루 동안의 낮·밤·아침·저녁 무렵의 경 치, 그리고 1년 중 봄·여름·가을·겨울의 경치를 말한다. 바다가 연출 하는 경관의 다양성, 그리고 바다를 바라보는 사람들 마음의 다양성을 이 처럼 잘 표현한 명소도 드물 것이다. 이러하니 강원도 중심의 아름다운 관 동팔경에 더하여 함경도나 경상도의 비교적 덜 알려진 동해 명소들에도 두루 관심을 기울일 일이다.

# 동해 관해 1번지

**남해 보리암, 강화 보문사와 함께 3대 관음도량**

놀라운 일이 생기면 사람들은 '맙소사!', '아이구, 하느님!'이라거나 '어머나!'를 외친다. 그런데 예전 사람들은 '나무관세음보살'이 입에 붙어 있었다. 2005년 4월 5일 식목일, 한국 관음도량의 진원지인 천년 고찰 낙산사가 화염에 휩싸인 장면을 보면서 '나무관세음보살'이라는 탄식이 절로 터져 나왔다. 관음보살(觀音菩薩)은 화마도 물리친다는데…….

동해의 '관해 1번지'는 두말할 것 없이 낙산사다. 교과서에도 나오는 곳

낙산사를 창건한 의상조사의 탄생을 동해 일출에 묘사한 탱화.

이라 오히려 수학여행 코스에서 빠질 정도로 널리 알려진 낙산사가 쑥대밭이 되었으니, 고찰의 운명이란 이런 것인가.

관음보살은 관세음(觀世音), 또는 관자재보살(觀自在菩薩)이라 한다. 대자대비의 화신으로 사바세계의 중생들이 진심으로 부르기만 해도 고통과 번민에서 벗어날 수 있다고 알려져 있다. 《관세음보문품(觀世音普門品)》, 즉 《관음경(觀音經)》에 부처께서 이르기를 "선남자여! 많은 중생이 온갖 괴로움에서 벗어날 수 없을 때 관음을 한 마음으로 부르면 그 소리를 들으시고 모든 괴로움으로부터 벗어나게 해주신다. 활활 타는 뜨거운 불길에 갇힌다 해도 타지 않으니, 관세음보살의 위력 때문이다. 큰 물길에 떠내려간다 해도 관음을 부르면 곧 안전한 땅에 이르게 될 것이다."라고 했다. 큰일 닥쳤을 때 저절로 관세음보살을 외치는 것은 이런 관음 영력을 믿는 데서 비롯된 것이다.

낙산사는 원효스님이 세웠다는 남해 보리암(菩提庵), 그리고 신라 선덕여왕 4년(635) 한 어부가 바다에서 22개의 석불을 건져 올린 뒤에 세워졌



235

다는 강화 보문사(普門寺)와 더
불어 한국 3대 관음도량이자,
세계 8대 보타성지다. 국제적
관점에서 볼 때 관음신앙의 원
조는 아무래도 낙산사다. 의상
조사(義相祖師)가 중국 보타낙
가사(菩陀洛迦寺)의 전례를 따

화엄경의 심오한 진리를 7언시 30구로 응축시킨 〈화엄일승법계
도(華嚴一乘法界圖)〉.

라서 세운 가람이기 때문이다. 조선 후기 순조(純祖)시대의 인물인 범해(梵
海)가 찬한 《동사열전(東師列傳)》에는 다음과 같이 의상의 행장을 밝히고
있다.

귀국하는 당나라 사신의 배에 실려 입당, 화엄의 2대 조사인 종남산 지엄
(智儼)의 방에 들어가 함께 화엄경에 관해 문답하였다. 화엄경의 오묘한
뜻을 논함에 있어 깊숙하고 은밀한 부분까지도 철저히 해부, 분석하니 가
히 청출어람 격이었다.

이렇듯 해동 화엄종의 시조라 하여 그는 의상조사로도 불린다. 《삼국유
사》에 의하면 의상은 원효와 가까웠던 도반이다. 뜻을 같이해 중국 유학길
에 오르다 원효는 되돌아오고, 의상은 건너갔다. 661년에 산둥 반도 끝에
있는 무역항 등주(登州)로 들어갔으니 이때 이미 30대 후반이었다. 수많은
유학승들이 뱃길로 중국을 오고 갔음은 그만큼 바다를 통한 문명교류의
빈번함을 잘 암시한다.

오늘날까지 불교의식에서 빼놓지 않고 애송되는 그 유명한 법성게(法性
偈)도 바로 의상조사의 창작이다. 화엄경의 심오한 진리를 7언시 30구로
응축시켜놓았으니 본래 이름은 '화엄일승법계도(華嚴一乘法界圖)'다. 의상

〈낙산사도(洛山寺圖)〉. 해안가의 절벽과 둥그스름한 산 능선을 타고 위용을 뽐내는 소나무, 그 사이에 자리 잡은 낙산사와 민가들을 다채롭게 표현했다. 해가 떠오르는 바다에서 바라보는 구도의 설정이 이채롭다(작자 미상, 《관동십경(關東十境)》, 1748년, 규장각 소장).

은 일관되게 실천하는 삶을 살았다. 철저한 신분제 계급사회인 당대에 거대한 토지와 노비를 거느린 사찰의 영화를 끝내 거부하였다. 그의 일생을 보면 높은 학문을 대성하는 데 그치지 않고 제자 양성과 대중 교화를 활발히 함과 아울러 불교의 사회적 실천에도 힘썼다. 의상의 시대는 신라가 삼국을 통일하고 내정간섭을 일삼는 당나라와 맞서 싸우던 시점이다. 또한 동족 간의 전쟁으로 국토와 민심이 피폐해져 있었다. 불교사가 정의행의 해석에 따르자면, 의상은 화엄경의 변증적 세계관을 실천적으로 해석하여 사물의 본질(法性)을 깨달으면 중생도 처음 뜻을 품자마자 곧 정각을 이루어(初發心時便正覺) 부처와 다름없다는 혁명적 견해를 담고 있다고 하였다. 그런 그가 세운 가람이 바로 낙산사다.

설악산의 준수한 줄기가 양양 쪽 동해로 흘러내리다가 빚어낸 오봉산 품 안에 넉넉하게 자리 잡아 산은 작되 옹골지며, 산세가 수려하여 송림이 우거졌고, 동해를 벗하여 가히 해산(海山)의 격조를 말해준다. 벼랑 때리는 파도를 벗 삼아 잠들고, 다시금 파도소리에 선잠을 깨는 가람이다. 오봉산은 본디 보타산 낙가산이었으니, 낙산이란 관음보살이 산다는 포타라카(Potalaka)의 음역으로, 낙가산(洛迦山) 혹은 낙가로도 불린다. 화엄경 입법계품(入法界品)에 등장하는 말이며 그에 따라 인도와 중국에도 각각 그 이름을 딴 보타낙가산이 전해온다. 말하자면 양양 낙산사는 해동의 외진 곳에 위치할망정 국제적, 좀더 정확하게는 해양문명사적 국제성을 유감없이 보여주는 실례다.

## 중국 보타산과 주위 경관 · 지형 흡사

당에서 귀국한 의상은 온 나라를 주유하며 뜻을 펼칠 마땅한 땅을 찾다가

중국 보타산 조음동 사원(위)은 낙산사 홍련암(아래)의 다른 모습을 보는 듯해 의상조사가 이곳에 관음도량을 세운 까닭을 알
수 있게 한다. 너무도 흡사한 지형이다.



239

낙산사와 더불어 동해 관해의 제1명소인 의상대는 낙산사가 불타 없어지면서 당분간 홀로 바다를 지키게 됐다.

이곳에 이른다. 해변 석굴에 관음진신이 산다고 들었기 때문이다. 높이 100자가 넘는 해식 단애의 깎아지른 바위틈으로 쉴 새 없이 파도가 드나드는 험한 곳이다. 그곳에서 관음진신을 만나길 간구하여 관음굴로 가지만 험난한 파도가 가로막는다. 그 앞에서 "세세생생(世世生生) 관음을 친견하려고 귀명(歸命)하며 관세음대성을 이마 위에 모시고 영원히 모시겠습니다."는 발원문과 함께 기도를 올린다.

관음을 친견하고자 하였으나 뜻을 이루지 못하자 그대로 바닷물에 몸을 던진다. 마침내 관음이 그 정성에 감복하여 진신은 드러내지 않은 채 수정 염주 한 꾸러미를 건넸으며, 동해 용왕도 여의보주 한 알을 내렸다. 그러나 의상은 다시 이레 동안 진심으로 기도하여 마침내 관음을 친견한다. 관음은 의상에게 굴 위의 산꼭대기에 쌍죽(雙竹)이 솟아날 것인즉, 그곳에 절을 짓도록 계시한다.



240

낙산사를 이해하려면 반드시 중국 보타산을 알아야 한다. 관음도량인 보타산(普陀山)은 오대산(五臺山) 문수보살, 아미산(蛾眉山) 보현보살, 구화산(九華山) 지장보살 도량과 더불어 중국 불

화마에 자취를 감춘 보타루도 역시 낙산사에서 다시는 볼 수 없는 문화유산이다.

교의 4대 성지다. 바다 가운데 꽃처럼 피어 있는 보타산은 상하이에서 쾌속선으로 한 시간 반, 항저우(杭州) 이남의 닝보(寧波)에서는 네 시간이 걸리는 곳이다. 보타산은 1,300여 개로 이루어진 주산군도(舟山群島)에 속하며 배들이 떠나는 발착지인 망해진 입구에 있어 예부터 항해 기도처로 유명한 곳이다.

불긍거관음원(不肯去觀音院)은 보타산의 여러 사원 가운데 중심이며, 조음동(助音洞) 사원은 우리 낙산사와 주위 경관이나 지형이 너무도 흡사하다. 동해 일출의 관해지인 의상대와 바닷물이 절벽 아래까지 밀려들어와 절벽을 치며 동굴에서 파도를 일으키는 홍련암 관음굴과 너무 비슷해 하나의 의문이 풀린다.

의상이 일찍이 중국 보타산을 순례하고 그곳 지형과 거의 흡사한 동해안에서 바다로 돌출한 해식 동굴을 찾아내 그 위에 건물을 올렸던 것이 다양한 연기설화로 전해진 것은 아닐까. 그동안 불긍거관음원을 세운 유래를 《불조통기(佛祖統記)》란 자료를 통해 일본 승려 혜악(慧鍔)선사와 관련지어 설명하는 학설이 주류였다.

선종 대중 12년 일본국 사문 혜악이 오대산을 순례하여 관음상을 얻어가지고 영파로 귀국하려 하였다. 배가 보타산을 지날 때 바위에 걸려 나아가지



241

않았다. 모두들 두려워하여 '만약 존상이 해동에 인연이 무르익지 않았다면, 청컨대 이 산에 머무르소서.' 하고 기도하였더니 배가 떠서 움직였다. 이에 혜악이 슬퍼 떠나지 못하고, 해변에 초려를 짓고 관음상을 모셨다.

《불조통기》는 남송 함순 5년(1269)에 간행된 책으로 불긍거관음원 창건보다 무려 300년 후대다. 이 설이 단서가 되어 이후 중국과 일본에서는 이 설을 따르고 있다. 그러나 김문경(숭실대) 등은 보타산의 불긍거관음원이 일본의 혜악선사가 창건한 것이 아니라 실은 신라 상인들이 지었다는 설을 강력하게 펴고 있다. 그 근거로《불조통기》보다 훨씬 앞선 시기에 간행된 남송 말 서긍의《고려도경(高麗圖經)》(1124)을 들고 있다.

석교의 산록 위에 양무제가 세운 보타원이 있고, 전각 안에는 영험한 관음상이 있다. 옛날에 신라 상인이 오대산에 갔다가 그 불상을 조성해 싣고 본국으로 돌아가려 했다. 바다로 나아갔으나 배가 암초에 걸려 더 나아가지 아니하므로 관음상을 바위 위에 내려놓았다. 관음원의 승려 조악이 전각 안으로 모셨더니 해상으로 왕래하는 이들이 반드시 나아가 기도하매 감응하지 않음이 없었다.

이 기록은 보타산이 관음보살의 주 도량이며, 항해를 위한 기도도량으로 조성된 사실을 알려준다. 실제로 관음원 앞바다에는 신라초(新羅礁)로 불리는 조그마한 암초까지 남아 있다. 산둥 반도와 주산군도는 한국과 일본으로 내왕하는 중국 측 출발지였으며, 산둥의 법화원과 함께 보타산 관음전은 안전항해를 기원하는 항해 사찰이었다. 의상을 비롯한 많은 고승들의 중국 유학, 보타산과 비교되는 낙산사, 그리고 보타산의 신라인 흔적은 해로를 통한 중국과 신라의 왕성한 교류를 암시한다.

## 여러 번 화마에 휩싸였던 낙산사

　낙산사에는 관음과 얽힌 여러 설화들이 전해진다. 《삼국유사》를 보면 원효 역시 낙산의 관음 참배에 나선다. 낙산 근처에서 흰옷 입은 여인이 벼를 베기에 원효가 다가가 장난삼아 벼를 달라고 하니 여인은 벼가 흉작이라 줄 수 없다고 답한다. 다리에 이르니 한 여인이 서답을 빨고 있기에 마실 물을 청하니 서답 빨던 더러운 물을 주는지라 원효는 냇물을 새로 떠마셨다. 그랬더니 들판의 소나무 위에서 파랑새 한 마리가 ‘휴제호와상아’라고 말하는데, 모습은 보이지 않고 소나무 밑에 짚신 한 짝만 남아 있었다.

　절에 이르러 관음상 아래에 방금 보았던 짚신이 한 짝 있음을 보고서야 자신이 만난 여인이 관음임을 깨닫는다. 원효가 다시 암굴에 들어가 관음진신을 보고자 했으나 풍랑이 크게 일어 들어가지 못하고 낙산을 떠나야 했다. 원효의 관음 친견까지 더해 관음도량 낙산사의 격을 한층 높이는 설화다.

　관음의 주장처이면서도 정작 낙산사는 늘 편치가 않았다. 고려시대 몽골

동해 제1의 관해처(觀海處) 낙산사가 화마로 그 모습을 잃고 말았다. 중국에 불교의 성지인 불긍거관음원과 조음동사원이 있다면 우리에게는 낙산사가 있어 해동불교의 융성을 알릴 수 있었다. 역사적으로나, 규모로나 동해 사찰의 태두격인 낙산사의 소실과 아름다운 원장(垣墻)이 불에 그을어 안타깝고 민망하다.

군의 침략으로 초토화되어 관음상도 부서진다. 오대산에 자주 나다니던 세조는 원통전 석탑을 7층으로 늘리고 중창 불사를 단행한다. 그로부터 20년 뒤(1485)에 낙산사를 찾은 남효온의 《유금강산기(遊金剛山記)》를 보면, 그때까지는 의상이 만들었다는 관음소상이 관음전에 안치돼 있었고, 관음굴에는 파도가 돌을 쳐대는 전각도 있었으며, 그 시대에도 낙산 일출의 장관을 보려는 발길이 끊이지 않았던 것 같다. 관동팔경의 하나인 낙산 일출은 이미 조선시대부터 유명세를 치렀으니 최소 600년이 넘는 전통이다.

임진왜란과 병자호란을 겪으면서 절은 다시 무너진다. 광해군 11년(1619)에 관음굴을 중건하며, 인조 9년(1631)에 재건하여 어느 정도 복원된다. 그 모습은 겸재 정선이 힘찬 필치로 그린 낙산사와 관음굴에 잘 남아 있다. 이후 낙산사는 중건을 거듭하며 1925년에는 의상대까지 세워 동해 일출의 적지로 자리매김한다.

그러나 삼팔선 근역에 위치한 탓에, 한국전쟁의 격전지가 되면서 다시금 금석물과 원통전 앞 원문을 제외한 모든 당우가 불타버린다. 불자들이 가장 많이 찾아오는 고려시대 불상인 건칠관음보살좌상(乾漆觀音菩薩坐像, 보물 362호)을 모신 원통보전(圓通寶殿)도 전쟁 이후 새로 세운 것이다.

연꽃을 타고 바다를 건너는 관음이니, 낙산사 홍련암이란 검푸른 동해에 떠 있는 붉은 연꽃, 즉 관음의 분신이렷다. 홍련암 마룻바닥에는 10센티미터가량의 구멍이 있어 파도가 들이치는 모습이 한여름에도 전율을 느끼게 한다. 해일이 몰아쳐서 집채만 한 파도가 몰아쳐도 홍련암만큼은 잘 버텨왔다. 의상이 관음을 친견하고 동해 용왕이 여의주를 내린 장소로 손색이 없다. 이상하게도 벼랑 위에 위태롭게 세운 홍련암은 온갖 병화에도 끄떡없다. 그것 또한 관음의 원력은 아닐는지.

그러나 이 모든 게 이번 산불(2005)로 다시 잿더미가 되고 말았으니 낙산사는 본디 애초의 출발지였던 관음굴로 되돌아간 셈이다. 원통보전은 물론이고 해수관음을 상징하던 보타루도 사라졌다. 한가롭게 바다를 굽어보며 차를 마시던 솔숲이 흉물스럽게 그을었다. 바닷가 홍련암 요사채도 사라지고 관음굴만이 화마를 피했으니 본디 낙산사의 원점으로 회귀한 폭이다. 붉은 장송이 하늘을 가린 아름다운 솔밭 길을 올라가면 해수관음상이 있는 신선봉이 나오는데, 그 솔밭도 그만 타버렸다. 1977년에 700여 톤의 돌을 들여 높이 16미터로 세운 해수관음만이 남아 먼 동해를 굽어보며 서 있을 뿐이다. 관음보살이 중생들의 원력을 시험하려고 하심인가.

## 하나가 곧 전체요, 전체가 곧 하나다

죽어 자빠진 소나무의 몰골들이 귀신을 부를 것만 같은데 화마가 훑고 갔어도 낙산의 일출만은 어제와 다를 바 없으니, 그 아름다운 관해의 1번지를 모두의 공력으로 다시 세울 일이다. 관해의 명당이어서만은 아니다. 역사적으로나, 규모로나 동해안 사찰의 태두 격인 낙산사의 화마에 실로 안타까운 헌사를 바치지 않을 수 없다.

삶의 덧없음을 갈파한 낙산사 조신설화처럼 사람의 인생뿐 아니라 말 못하는 문화유산도 덧없는 것이런가. 비록 대대적인 중건이 이루어지고는 있으나 아름다운 원장(垣墻)이 처참하게 불에 그은 채 동해를 굽어보는 모습이 참으로 안쓰럽고 민망하다. 홍련암을 으깰 듯이 달려드는 동해의 일렁이는 파도를 바라보며 사물의 상호연관성을 밝힌 의상의 화엄사상을 다시 한 번 생각해본다.

하나 속에 전체요, 전체 속에 하나, 하나가 곧 전체요, 전체가 곧 하나다
(一中一切多中一, 一卽一切多卽一).

# 봄·가을 동해 신에게 풍어·풍농 기원

## 동해의 문화 상징물 1호

동해 표기를 둘러싸고 일본과 국제적인 '전쟁'이 붙어 있다. 세계지도 표기의 90퍼센트 이상은 동해(East Sea)보다 일본해(Sea of Japan)다. 한국인끼리야 당연히 '동해(東海)'라고 부르지만 어디까지나 '국내용'일 뿐, 국제사회에서는 '일본해(日本海)'로 통한다. 한국 사회의 관심은 온통 독도에만 쏠려 있는데 정작 동해 표기문제에 관해서는 독도 관심의 1할도 안 된다. 국제적 분쟁이 벌어질 때, 결국은 역사적 연원을 거슬러 올라가면서 연원을 따질 수밖에 없다. 그렇다면 우리에게 동해의 원형질과도 같은 모태는 어디에 있을까. 아무래도 양양의 동해신묘(東海神廟)가 아닐까.

서울에서 정동(正東)인 정동진이 TV 드라마 〈모래시계〉 때문에 급작스럽게 각광을 받았다면, 정작 동해의 중심인 동해신묘는 아는 이조차 드물다. 역사교육 부재를 논하지 않을 수 없다. 해신 포세이돈 신전에는 뜨거운 감동을 표하는 한국인들이 정작 자신의 조상들이 모시던 동해신묘엔 무감각하니 그 얼마나 자괴스러운 일인가. 그렇듯 자신의 것을 챙길 줄 모르니 일본이 동해를 'Japan-Sea'로 명명하고 전 세계에 홍보하는 일까지 벌어진다는 생각도 든다.

양양 남대천변에 동해신묘의 잔흔이 있다. 건물을 복원하여 명색이나마 구비하여놓았다. 10여 년 전에는 허물어진 터전에 부서진 비석 하나만이 달랑 서 있던 곳이다. 강원도 양양의 동해신사(東海神祠), 황해도 풍천의 서해신사(西海神祠), 나주(지금의 영암)의 남해신사(南海神祠), 그리고 바다가 없어 해신을 모실 수 없는 북쪽에는 강신(江神)으로 함북 경원의 두만강신사(豆滿江神祠), 평북 의주의 압록강사(鴨綠江祠)를 모셨다.

남한에 남아 있는 신사는 동해묘와 남해신사 둘뿐인데, 남해신사는 복원은 되어 있으나 본디 터전은 불확실하다. 반면에 동해묘는 비석이 남아 있어 정확한 터전이 확인되는 남한 땅의 유일한 국가적 해양성소다. 읍치 단위나 개별적으로 용신, 해신 등에 제사 지내는 신사, 굿당 등은 즐비하지만 국가 제사터는 매우 드물기에 이곳이 더욱 각별하다. 더욱이 동해는 묘(廟), 서해는 단(壇), 남해와 두만강은 신사(神祠), 압록강은 사(祠)를 두었으니 동해묘의

동해신묘를 중수할 때 세웠다가 일제 때 동강 나 버려졌던 동해신묘중수비가 최근에야 제자리를 찾았다.

위상이 가장 높았음을 알 수 있다. 즉, 동해의 문화적 상징물 1호, 더 나아가 우리나라 해신사의 1번지는 두말할 것 없이 바로 양양의 동해신묘다.

일찍이 《고려사(高麗史)》지리지에는 익령현(翼嶺縣)에 동해신사가 있다고 하였다. 익령은 양주(襄州), 즉 오늘날의 양양군이니 동해신묘는 최소한 고려시대부터 양양에 존재해온 중사(中祀)다. 《세종실록지리지》(153권)에도 '동해신사당(東海神祠堂)'이 부의 동쪽에 있으며 나라에서 향축을 내려서 춘추로 중사 제사 지낸다고 하였다. 《신증동국여지승람》에도 '동해신사'에서 춘추로 제사 지낸다고 하였다.

1414년, 예조(禮曹)에서 산천에 제사 지내는 규정을 만들면서 동해신묘의 신격을 '동해지신(東海之神)'으로 확정한다. 위패를 봉안할 사묘를 건립하고 신주(神廚)와 고방(庫房)을 각 2칸씩 건립하도록 규정한다. 아울러 동해신묘 근처에 거주하는 양인(良人), 보충군(補充軍), 공천(公賤) 중에서 두 집을 정하여 신역을 면제해주는 대신에 단묘를 정결하게 하도록 규정한다. 또 잡인의 근접을 금하고 묘역에서 벌목을 금지하는 등 엄격한 규정을 내린다(《태종실록》태종 14년 8월 辛酉).

국가에서는 강향사(降香使)를 보내 국가에서 내린 향으로 춘추로 제를 올리게 하였다. 향을 사르면서 국가적인 운명을 걸고 동해 용왕에게 신탁의 말을 듣듯 장엄한 제례를 봉행하였다. 해신에게 국태민안과 풍농·풍어를 기원하고, 큰 격변이 있을 때마다 신의 노여움을 달랬다.

그런데 세조 2년(1456)에 올린 양성지의 상소문에 의하면, 동해·남해·서해신사가 모두 고려조의 개성을 중심으로 정해졌기 때문에 한양을

조선조 전 기간 바다의 신을 위무하기 위해 나라에서 제사를 봉행하다 일제강점기에 훼철된 후 다시 복원한 동해신묘. 이곳은 바다를 감히 왕의 권위에 버금하게 여겼던 우리의 바다관(海輿王公同位)을 설명해주는 동해 제1의 성소다.

중심으로 볼 때 방위가 맞지 않으니 이들 신사를 모두 옮겨야 한다고 건의하고 있다. 동해신사는 강릉으로, 서해신사는 인천으로, 남해신사는 순천 등으로 옮겨야 한다고 주장했다. 그러나 그의 주장은 받아들여지지 않았던 것으로 보인다. 왜냐하면 후대에도 동해신묘 등이 여전히 제자리에 있었기 때문이다.

오히려 경종 2년(1722)과 영조 28년(1752)에 양양부사 채팽윤과 이성억에 의해 각각 중수되었으며, 정조 24년(1800)에 어사 권준과 강원도 관찰사 남공철의 주장으로 재차 중수된다. 중수 당시인 1800년에 남공철이 지은 동해신묘중수기사비(東海神廟重修記事及碑)가 지금까지 전해진다.

비문에는 바다와 왕이 동급(海興王公同位)이라고 하였으며, 만물을 윤택하게 하는 것에 물보다 더함이 없다고 하였다. 담장이 쇠락하고 민가가 제당 가까이 들어차 있어 닭과 개소리가 들리지 않게끔 하여 산천 제사를 엄숙하고 공경하게 할 필요가 있다고 하였다. 서울에서 향과 축을 보내어 제를 모시니, 백성들은 해신 보기를 부모와 같이 한다고도 하였다. 동해는 광덕왕(廣德王)이요, 서해는 광윤왕(廣潤王)이요, 남해는 광리왕(廣利王), 북해는 광택왕(廣澤王)이란 오랜 전통에 따른 것이다.


## 신묘 부순 군수 갑자기 숨져


동해신묘에 철퇴가 가해진 것은 일제 통감부 시절인 순종 2년(1908) 12월 26일. 명을 받은 최종락 양양군수가 훼철(毁撤)에 나섰으니, 그가 갑자기 죽은 것은 동해신의 노여움 때문이란 전설도 전해진다. 제사(祭祀)와 건물은 사라졌으나 양양의 민중은 여전히 '성전터'라 부르고, 신전 일대의 소나무를 '동해 금송란'이라 하여 일체 손대지 않았다. 국가 제사의 단절과 무관하게 민중의 삶 속에서 장기 지속적으로 신성성이 이어졌다는 증거다.

훼철 당시에 동해신묘중수기사비는 동강 나 개인 집에 보관되어오다가 근년에 제자리를 찾았다. 동해신묘 폐지는 당연히 동해를 일본해로 바꾸기 위한 일제의 전략이었음을 쉽게 짐작할 수 있다. 국제적으로 동해 명칭이 문제가 되고 있는 작금의 실정에서 동해신묘는 동해를 고유명사로 사용한 국가적 신전의 역사적 증거물로 국제사회에 내세울 만하다.

현재 동해신묘 앞에는 현대식 콘도들이 곳곳에 들어섰다. 동해신묘 원형 복원에 지대한 관심을 기울이며 파괴되는 현실을 가슴 아파하는 고경재 양양문화원장은 지형 변화를 이렇게 설명했다.

> 지금 보는 풍경은 전혀 옛 모습이 아니지요. 현재 콘도가 들어찬 동해에서
> 신전까지 바닷물이 들어와 둥글게 에워쌌습니다. 이곳은 개(바닷가)인지
> 라 글자 그대로 모래를 쌓아서 인공으로 조성한 조산에 신전을 세우고 둘
> 레에는 해자처럼 바닷물을 돌게 하였지요. 장관이었습니다.

지명도 조산동이다. 규장각에 있는 옛 양양현 지도에서 신묘를 둥글게
굽이도는 바닷물을 확인할 수 있다. 동해신묘를 중심으로 바닷물이 둥글
게 휘감아 보통 장관이 아니다. 오늘의 양양 시내까지도 바닷물이 들어왔
으니 바뀌어도 엄청 바뀌었다. 동해 바닷물이 넘실대는 신묘가 전승되었
다면 동해안 최고의 명소가 되었음 직하다. 말하자면 한국 유일의 국가적
해상신전(海上神殿)이었던 셈이다.

현재 신묘 건물이 복원되어 있으나 본디 매우 정연한 건물군이 들어섰던
것으로 확인된다. 남해나 서해신사에 건물 기록이 등장하지 않는 데 반하
여,《여지도서(興地圖書)》에는 '동해묘'의 여러 건물군을 기록하고 있다.

- 정전(正殿) : 정면 3칸, 측면 2칸, 도합 6칸으로 맞배지붕에 방풍판(防風板)
  설치
- 신문(神門) : 3문(門)으로 1칸씩 맞배지붕
- 전사청(奠祀廳) : 정면 2칸, 측면 1칸, 도합 2칸으로 맞배지붕
- 동서재(東西齋) : 각 2칸씩으로 정면 2칸, 측면 1칸 맞배지붕
- 백천문(百川門) : 1칸 문으로 맞배지붕

《여지도서》의 기록 및 1998년 강릉대학교 박물관 학술조사단에서 발굴

동해신묘의 신성성은 바다가 둥글게 에워싼 조선시대 양양읍 지도에서도 확인된다(1872년). 지도 하단에 동해 묘가 선명하다(왼쪽). 함경도 회령과 부령 사이에 '동해'라는 이름이 너무도 확실하다. 일본과 동해 명칭을 가지고 시비 붙고 있는 마당에 이 역시 좋은 증거물이다(오른쪽).

조사한 결과다. 그런데 문화재청에서는 본격적인 복원은 신경도 쓰지 않는 눈치다. 하고많은 건물들은 복원하면서, 심지어 한낱 집안의 역사에 불과한 건물조차 복원하면서 삼면이 바다인 나라에서 가장 중요한 바다신사에 신경을 쓰지 않고 있다. '동해' 명칭을 둘러싼 치열하고도 화급한 '국제적 전쟁' 따위는 안중에도 들어오지 않기 때문이다. 그만큼 '갯것'에 관한 무지와 무시가 오늘의 '동해냐 일본해냐' 하는 지난한 싸움을 벌어야 하는 국제적 현실을 만들어낸 것이리라.

## 하루 바삐 복원되어야 할 동해신묘

고려는 물론이고 조선시대에도 동서남해에 신사를 세워 해신에게 제사 지낸 것은 단순한 해신숭배가 아니다. 국가적인 해양전략의 일환으로 여겨진다. 그렇다면 동해묘의 제대로 된 복원은 국가적인 해양전략 차원에서라도 소중한 일이다.

영암에 가면 남해신사가 복원되어 있다. 2004년 말, 영암군은 시종면의 남해신사에 해신도를 봉안하였다. 남해신사는 1986년 전남기념물 97호 문화재로 지정되었고 2001년 복원공사를 거쳤다. 일찍이 《세종실록지리지》에는 나주목 남쪽에 남해신사당(南海神祀堂)이 평사(平祀)로 위치하여 똑같이 향축(香祝)을 내려 춘추로 제사 지낸다고 하였다. 그런데 사라진 신상도를 복원하면서 용신도를 그려 붙였다. 제대로 된 복원일까. 동해신묘 복원에 관하여, 특히 신상도에 관하여 좋은 의견이 하나 제출되어 있다.

사실 당대의 신상도를 알려주는 자료는 없다. 그렇지만 동해나 남해, 서해 어느 신당에도 정전에 용신을 모신 위패와 큼직한 용신도가 있었을 것으로 비정된다. 신라와 고려시대의 용은 석조, 혹은 금속제 등에 남아 있을 뿐 용신도는 없다. 정영호 문화재위원은 일본 고산사(高山寺) 소장품인 화엄종조사회화전(華嚴宗祖師繪畫傳)을 주목한 바 있다. 이 그림은 신라 화

동해신묘에서 바라본 남대천 기수대. 연어가 올라오는 길목이기도 하다.

엄조종의 개조 원효와 의상의 행장을 그린 내용인데 묘사한 세계는 신라와 중국이다. 가마쿠라(鎌倉) 시대 초기(1227년경)에 일본에 있는 자료와 문헌을 참고하여 그린 것이라고 일본학자들은 말하고 있다. 특히 여기서 용신도에 대하여 최고의 그림이라고 칭찬하면서 이 화엄종조사회화전의 많은 그림 중에서 그 절정을 바로 25지(紙)의 용신도로 꼽았다.

이 용신도는 선묘(善妙)가 의상대사를 신라까지 무사히 귀국하도록 보호하는 해신의 모습이다. 그러므로 이 해신도의 배경은 누구를 보호하고 무엇을 위하여 헌신한다는 일념이며, 따라서 그의 형태는 가장 힘이 있어 웅건하다. 동해묘가 모셔진 바로 이 지역에 낙산사가 자리 잡고 있으니 이 그림을 묘사하여 복원하는 것이 좋지 않겠냐는 의견을 내놓은 바 있다(〈동해신묘학술회의〉, 양양문화원, 1999. 9. 2).

동해신묘에서 굽어보이는 지근거리가 남대천 하구다. 신축한 낙산대교에서 바라보면 바다와 강이 만나는 모래톱이 푸른색과 흰색으로 묘한 대조를 이룬다. 가을이면 어김없이 연어가 올라온다. 남대천변 강과 바다가 합수하는 절경을 굽어보며 동해신묘는 천여 년의 역사를 지켜왔다. 그런데 그 동해가 국제사회에서는 대개 '일본해'란다. 동해신묘에 제사 드리는 그 마음은 단순한 복고주의가 아니다. 제 나라 제 바다조차도 제대로 지키지 못한 후손들의 참회의 시간이어야 하리라. 동해신묘의 제대로 된 복원을 꿈꾸는 소이도 여기에 있다.

# 그 많던 '동해 명태'는 다 어디로 갔을까

## 1-1번 시내버스의 차창 풍경

겨울이 끝나갈 무렵이면 강원도 최북단 고성 거진항이 부른다. 2월 말이면 늘 명태축제가 열린다. 그런데 축제랍시고 마냥 즐거울 수만은 없는 것이 그 많던 명태들이 사라지고 없기 때문이다. 도대체 그 많던 명태는 어디로 갔을까?

서울에서 곧장 고성 거진항으로 가지 않고 먼저 속초엘 들렀다. 속초에서 1-1번 시내버스를 탔다. 승용차를 버리고, 실로 오랜만에 타는 시내버스. 느낌부터 다르다. 이따금 버스 차창가에 자리 잡고 창문 너머의 동해 풍경을 음미하면서 떠나는 바다여행은 나름의 운치와 여유가 있다. 물론 바다 쪽 창가에 앉아야만 바다를 볼 수 있지만……

이 노선버스의 특징은 속초항을 출발해 천진, 아야진, 공현진, 간성읍내와 반암리를 거쳐 거진항까지 끊임없이 정차, 발차를 반복하되 반드시 옛길로만 달린다는 점이다. 동해안에서 군대생활을 한 사람이라면 기억날 것이다. 이 시내버스가 달리는 옛길이야말로 일제강점기부터 있던, 원산을 거쳐 청진, 나진, 그리고 두만강가까지 가는 바로 그 '신작로'다.

왜 느닷없이 버스 이야기를 하는가 하면, 30여 년 전인 1970년대 중반, 이곳 동해안 포구마다 가득 쌓여 있던 명태 생각이 떠올라서다. 명태를 말리는 덕장이 지금처럼 진부령 따위에만 있질 않고 웬만한 포구마다 질펀하게 널려 있었다. 수온이 섭씨 1~10도인 찬 바다에서 사는 명태인지라 속초나 주문진을 하한선으로 하여 양양, 고성, 원산, 북청 등 강원도와 함경도 일대에서 널리 잡혔다. 명태가 흔할 때는 강릉 아래의 삼척 같은 동네에서도 출어했다.

거진항이 한눈에 굽어 보이는 산동네 성황당에 오르면 명태를 말리느라 읍내 전체가 명태밭이었고, 그래서 낯선 이에게 생태 한두 마리 건네주는 것으로는 셈도 치르지 않았다. 거진항 부둣가마다 거짓말 보태지 않고 무슨 동산처럼 명태가 쌓여 있

불과 30여 년 전만 해도 겨울이면 동해안 포구마다 갓 잡아 올린 명태가 산더미처럼 쌓였는가 하면 이걸 말리느라 해안마을이 온통 명태밭을 이뤘으나 최근에는 해마다 어획량이 줄어 '금태'로 둔갑했다.



257

거진항의 겨울 경관. 고성 산불로 앙상하게 헐벗은 산만큼이나 동해의 수중세계도 고갈된 어족자원으로 황량하다.

었다. 몇 마리씩 박스에 담겨 상전대접 받으며 팔려 나가는 모습은 상상할 수도 없던 시절이다. '싸구려' 생선이라고 할까, 그만큼 흔하다고 할까.

30여 년 전 이야기를 해서 무엇 하나. 불과 10여 년 전까지만 해도 명태가 그런대로 잡혔다. 그러다가 2000년부터는 급격히 어획량이 줄어 '동해 명태'를 구경하기도 어렵다. 서울 등지의 값비싼 생태는 대부분 북한산 아니면 일본산이다. 온난화 때문에 사라졌다는 주장이 있다. 수온 1도가 높아지면 그에 따라 적어도 수백 킬로미터의 한계선 이동이 이루어진다. 동해에 난류성 물고기들이 출현하는 것은 분명하지만 어떤 문제만 생기면 온난화를 앞세우는 그런 주먹구구식 견해에는 선뜻 동의하기 어렵다. 온난화가 중요 원인이기는 하겠지만, 지난 시절의 남획도 뼈아픈 요인이리라.

## 노가리와 명태는 다른 종자?



근자에 심각한 오해가 있었다. "노가리는 명태와 다른 종자다. 그러므로 얼마든지 잡아도 된다."는 것이었다. 수산학자라는 자들이 태연자약하게 TV에 출연하여 명태와 노가리는 종자 자체가 다름을 '학문적으로' 주장하면서 "노가리는 아무리 자라도 이 이상 클 수 없다."고 하였다. 이 바람에 명태가 씨 마를까 걱정하던 어부들도 주저 없이 노가리를 잡았으며, 해마다 엄청난 양이 술안주로 사라졌다. 1970년대에 처음 생겨난 호프집이란 맥주집에서 가장 흔한 안주가 노가리였다. 구워 먹고, 날로도 먹고, 찜을 쪄서 반찬으로도 먹고, 이래저래 노가리는 값싼 생선이었다. 정부의 공식 견해도 "노가리는 명태 새끼가 아니다."는 것이었으니 민관 합동으로 명태의 씨를 말린 꼴이다.

결론은 뻔하다. 노가리의 부모가 틀림없이 명태임이 확인되었다. 그렇게 새끼들을 잡아들이고서야 어찌 큰 고기가 남아 잡히기를 기대할 수 있으랴. 남획은 어김없이 인간에게 보복을 가하여 '국민의 생선'이었던 명태는 이제 특수 계층의 생선이 되고 말았다. 만약에 원양태마저 사라진다면, 명태는 역사책에서나 만나게 되리라.

명태는 오호츠크해에서도 많이 잡히기 때문에 영어 이름이 알래스카 폴락(Alaska pollack)이다. 중국 이름은 사쉐(狹鱈), 또는 밍타이위(明太魚)이고, 일본에서는 여러 가지 말이 있지만 멘타이(メンタイ)라고 우리의 명태와 발음이 유사하다.

명태는 우리 국민이 가장 선호하는 생선이다. 그 자리를 넘보는 생선은 없다. 서해안 조기가 여기에 버금가는 지위를 누리기는 하지만, 미안하게도 굴비는 총 어획량에서 북어에 훨씬 못 미친다. 조기와 명태의 공통점은 '절 받는 물고기'란 점이다. 조기는 제사상같이 격식이 필요한 곳에서나 대접을 받지만 명태는 시도 때도 없이 상전대접이다. 전국 어딜 가나 '북어 대가리' 하나 안 걸린 곳이 없으며, 굿판·고사판의 단골이기도 하다. 의례의 주역으로 자리 잡았음은 그만큼 품격을 인정받았다는 증거이며,

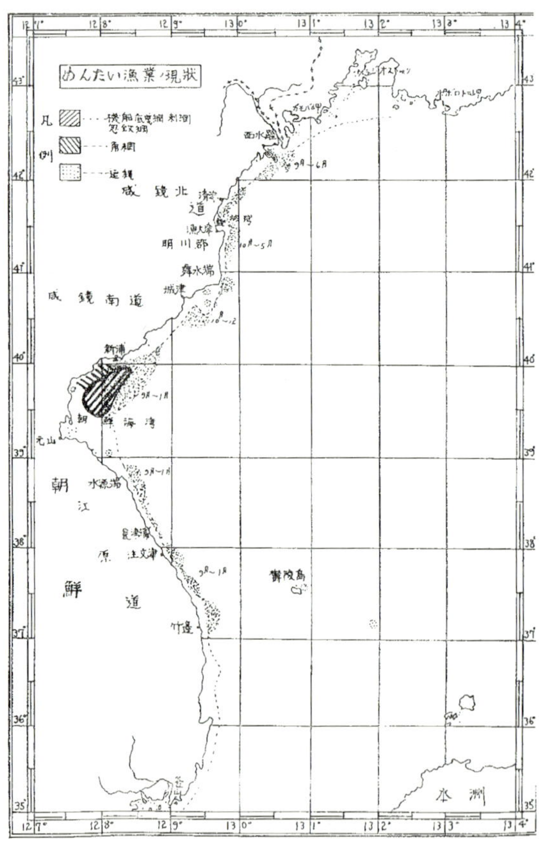


함경남도 앞바다에서의 1930년대 명태잡이. 이 일대 해역에서 명태가 무진장으로 많이 잡혔다(위).
일제시대 명태어업현황도(《조선제이구기선저예망어업수산조합 10년사(朝鮮第二區幾船底曳網漁業水産組合 十年史)》, 1940년). 주 어장이 함경도와 강원도이며 특히 함경도 신포가 중심이다(아래).



관해기 · 觀海記

그 사실만으로도 역사·문화적 권위를 담보한다.

고려나 조선 전기에는 명태라는 말이 확인되지 않는다. 문헌상의 '무태어'가 명태라는 주장이 있으나 입증되지 않았다. 고작해야 "300여 년 전 명천의 태씨 성을 가진 어부가 최초로 잡았다 해서 명태라고 부른다."는 속설이 있을 뿐이다. 조재삼(趙在三)의 《송남잡지(松南雜識)》에 그런 기사가 등장한 것이 후대에 속설로 전해진 것 같다. 함경도와 일본 동해안 지방에서 명태 간으로 기름을 짜서 등불을 밝힌 데서 '밝게 해준다'는 뜻으로 명태가 되었다는 속설도 있다. 그런데 이들 전설이 최소한의 진실은 가진다. 함경북도의 명산인 칠보산에 면한 명천에서 남쪽의 원산 근역까지가 천혜의 명태잡이 어장이었다. "함경도 명천군에서 주로 낚시로 잡다가 어장이 남북으로 넓혀진 것"이라고 일본 학자들은 기록했다. 그 중에서도 북청 신포는 지금도 북한의 동해어업 전진기지이며, 그 앞에 마량도가 있다. 이 마량도에 관해서는 설명이 필요하다.


## '북어'란 본래 북쪽 바다에서 잡은 것

마량도는 일제 때부터 명태잡이 본산으로 이름난 섬이다. 북청의 신포읍에서 불과 10리 거리다. 섬에는 열두 곳의 자연마을이 있으며, 인구는 300여 호에 달했다. 동해에 섬이 없다는 통념을 바꿀 필요가 있다. 마천포 등이 유명했으며 도민들 대다수가 어업에 종사하였으니, 한국전쟁 와중에 월남해 속초 청호동 아바이마을에 정착한 이들 중에 상당수가 바로 마량도와 신포 출신이다. 그들이 함경도식 어법도 가지고 내려와 남한 땅에서 함경도식 어법으로 명태를 잡았음은 두말할 것도 없다. 예전에 마량도 근역은 산란을 위해 몰려온 명태들로 '물 반 고기 반'이었다.

갓 잡아온 명태는 할복과 세척과정을 거쳐 덕장에서 말린 뒤 전국 각처로 실려 나갔다. 명태의 알과 내장을 빼내는 일제강점기 어촌의 아낙네들. 새끼로 대가리를 꿰어 말리면 북어가 된다.

말린 건태를 북어(北魚), 생태를 명태라 부른다. 그러나 원래는 북어와 명태는 동의이어(同意異語)였을 것이다. 이만영(李晩永)의 《재물보(才物譜)》에는 "북쪽 바다에서 잡으므로 북어"라고 했으며, 유희(柳僖)는 《물명고(物名攷)》에서 "대구어의 작은 것인데 동해의 북쪽 끝에서 잡으므로 북어라는 이름을 얻었다."고 했다. 이규경(李圭景)은 《오주연문장전산고(五洲衍文長箋散稿)》에서 "우리나라 동북해 중에 일종의 물고기가 있는데, 그 이름을 북어라 하며 세속에서는 명태라 한다."고 했다.

그러던 것이 오늘날에는 말린 것을 북어라고 부르니 어찌 된 일인가. 본디 남쪽에서는 생태 구경을 못하고 고작해야 말린 것만 먹었다. 이 때문에 북쪽에서 내려온 북어라면 오로지 말린 건태만을 뜻하는 것이 되어 급기

야는 북쪽에서까지 건태를 모조리 북어라 지칭하게 된 것이다. 서유구가 《임원경제지》에서 "생것을 명태, 마른 것을 북어라 한다."고 한 것을 보면 적어도 18세기부터 그렇게 구분하였음을 알 수 있다.

명태는 대구과에 속하는 한류성 어종이다. 일본의 중부 이북, 중국 연해, 북대서양의 동서 연해에도 분포한다. 일본 것은 우리와 비슷하거나 같은 종이지만, 베링해의 명태는 길이와 몸집이 크고 맛도 많이 달라 일부 수산 학자들은 종이 다르다고 여기기도 한다. 명태는 여름에는 200미터 이상의 바다 깊은 곳에서 살다가 겨울이 되면 산란을 위해 연안으로 떼를 지어 몰려든다. "검푸른 바다 바다 밑에서 줄지어 떼 지어 놀러 다니다가"로 시작되는 양영문 작사의 가곡 〈명태〉는 바로 이 같은 생태를 말해줌이다.

산란기는 11월부터 다음 해 1월까지다. 보통 한 마리가 낳는 알 수는 25 만~50만 개가량이다. 그러니 명란젓 한 젓가락이 얼마나 많은 명태의 생명인지 스스로 가늠해볼 일이다. 산란장은 동해안의 30~60미터 수심이며, 일본 쪽에서는 50~200미터 수층에서 산란한다. 저층에서 산란한 알들은 해면으로 떠올라 흘러 다닌다. 명태는 암수의 크기가 분명하여 암컷이 크다. 성숙기가 다가오면 암컷 수가 무려 두 배까지 늘어난다. 오징어, 새우류 등을 잡아먹는데 탐식성이 강하여 자기 새끼들을 잡아먹기까지 한다.


## 뜬 고기와 밑물 고기, 연승바리와 그물바리


명태는 '뜬 고기'가 아니라 '밑물 고기'이기 때문에 잡는 방식도 이에 따라 발달했다. 낚시를 밑으로 늘여놓는 연승바리, 그물을 밑으로 드리우는 그물바리로 잡는 게 일반적이다. 낚시잡이는 조태(釣太), 그물잡이는 망태

(網太)라 부르기도 한다. 전통적으로 명태잡이 배 선장이 하는 가장 중요한 역할은 낚시나 그물을 어느 깊이로 드리우는가를 결정하는 일이었다. 명태 떼가 노는 적절한 수심을 노련하게 잡아내야 속칭 대박이 터지기 때문이다. 같은 어장에서도 이 배는 만선인데, 저 배는 텅 비어 있는 수도 있다.

어느 정도로 낚시와 그물을 드리우는가 하는 선장의 노련한 감각은 실로 오랜 경험이 빚어낸 민속지식(folk-knowledge)이 아닐 수 없다. 연승배 선장의 노하우는 고단수의 경험적 지식체계인지라 만만찮은 대접을 받았다. 그러나 민중들의 그 같은 민속지식으로 잡던 시절이 끝나고 첨단 어군탐지기가 등장하였음은 어족고갈의 신호음이기도 하다. GPS 같은 어군탐지기가 등장하면서 어부들의 체험적 지식은 뒷전으로 밀렸으며, 잘나가던 선장들은 실업자로 전락했다. 명태축제 현장체험에서 명태낚시 찍기 대회가 열렸는데, 이는 바로 연승낚시를 준비하는 여성들의 노동분업을 놀이화한 것이다.

'바리'라는 말은 고기 잡는 방식을 뜻하거나 아니면 '다금바리'처럼 어종 자체를 뜻하는 독특하고 순수한 우리말이다. 낚시의 경우는 명태어족이 감소하기 시작한 1970년대부터 줄어들어 지금은 거의 행해지지 않는다. 낚시로 그때그때 잡아 올리는 연승

고성 거진항에서 열린 명태축제에서 어민들이 전통어법인 명태낚시 찍기를 재현하고 있다.

바리 명태가 그물에 걸린 채 밤새 뻣뻣하게 죽어 나오는 그물바리 명태보다 값이 비쌀 것은 뻔한 이치다. 비교하면서 먹어보니 신선도에서부터 차이가 난다.

전통적 낚시바리나 그물바리는 모두 옛날이야기이며, 기선저인망으로 남획이 이루어진다. 길이가 20센티미터도 안 되는 노가리 같은 어린 것들이 혼획되어 어족자원을 고갈시키고 있는 상태다. 그나마 명태가 사라지면서 이제 멀리 출어하는 기선저인망으로도 명태 구경이 어렵게 되었다.

명태는 동해에서 가장 많이 잡히고, 그래서 산업적 가치가 가장 큰 어족자원이었다. 생태는 물론 냉동, 말림, 소금 절임을 해서도 먹는다. 명태지리, 고명지짐이, 매운탕, 무왁찌개, 알탕, 생태김치, 아가미깍두기, 생태김치, 창난젓, 명란젓, 명태식해, 아가미식해, 명태전, 명태완자 등 요리법도 헤아릴 수 없이 많다.

간장에는 비타민 A가 많아서 간유를 뽑아낸다. 1911년에 308만여 관을 잡았던 것이 1919년에는 무려 2,066만 관이나 잡았다. 짧은 기간 사이에 어획량이 무려 7배나 증가했다. 건어물은 이동성이 좋아 북어는 전국 각처로 실려 나갔으니, 명태와 상관없는 서해안에서도 명태는 사람들의 입을 떠나지 않았다. 명태는 조선시대의 국내 교역품에서 대단히 중요했으며, 장시를 따라 곳곳에서 판매되었다. 전국적 유통을 지닌 드문 생선이었다. 오징어 따위가 전국화되는 것은 훨씬 후대의 일이었으니 명태의 상품경제적 가치가 돋보이며 그만큼 수요가 많았다는 뜻이다.

명태의 백미는 역시 명란젓이다. 살코기 못지않게 명란은 식탁을 풍성하게 해주는 귀한 식품이다. 터지지 않게 잘 간수한 알집을 접시에 담백하게 올려놓은 미끈하고 통통한 자태를 생각해보자. 조선시대 문헌에 명태란(明太卵)이 곳곳에 보이며 왕실의 의궤에도 등장하는 것으로 보아 왕실에서 서민층에 이르기까지 널리 먹던 젓갈이다. 저장, 유통이 어려웠던 시절에

'명태자'는 일본인들이 대단히 좋아하는 명태어란을 뜻한다(위, 2005년 11월 하카다 항의 명란젓가게에서 찍음). 생태탕(아래). 담백한 육질이 우리의 식성에 잘 어울리는 명태는 살코기는 물론 아가미, 내장, 알 등 무엇 하나 버릴 게 없다.

북어 같은 건어물과 명란젓 같은 젓갈이야말로 동해 이외 사람들이 명태를 접할 수 있던 유일한 수단이었다. 날로도 먹고 쪄서도 먹고 탕으로도 끓여 먹으니 식성 까다로운 이들도 명란젓만큼은 사양하지 않는다. 이웃 일본에서도 동해 쪽에 사는 사람들, 가령 야마구치현(山口縣) 같은 곳에서는 명란젓을 지역특산품으로 높이 치고 있으니 국제적인 식품이기도 하다.

나 역시 명란젓을 지극히 사랑하지만, 한발 물러나 생각해본다면 앞으로는 명란젓을 우리의 식탁에서 물리쳐야 할 것 같다. 특히 일본인들은 명태 자체는 게맛살 등의 원료로 가공하고 명란젓에 몰입하고 있다. 명란젓을 금지시킨다면, 매우 어려운 결단이기는 하지만, 그만큼 엄청난 알들이 사라져가는 명태 종족을 번식시키지 않을까. 결단의 순간이 다가오고 있다.

## 다양한 이름만큼 널리 사랑받은 물고기

2월 말의 명태축제 때 잡히는 명태는 '춘태바리'다. '동태바리'는 음력 10월부터 동지·선달에 잡히는 것, 춘태바리는 설날이 지나 잡히는 명태를 말한다. 크기에 따라서도 대태, 중태, 소태, 그리고 아주 작은 앵태, 혹은 노가리로 나뉜다. 본디 노가리는 부산지역 말이다. 이 밖에 산란을 마쳐 뼈만 남은 꺾태, 마지막 어기에 잡힌 막물태, 초겨울 도루묵을 쫓는 은어바지, 선달에 잡히는 선달바지 등 다양한 이름이 존재한다. 싱싱한 생태, 말린 북어(건태), 얼었다 녹은 황태, 딱딱하게 마른 깡태, 내장과 아가미를 빼고 4∼5마리씩 한 코에 꿰어 반쯤 말린 코다리까지 가지각색이다.

북한의 민속학연구소 김희권은 우리가 미처 몰랐던 명태의 다른 이름도 들려준다. 4월의 사태, 5월의 오태, 아침 해가 올라오기 직전과 저녁에 해 떨어질 무렵 잡은 때기물, 강원도에서 잡은 강태(江太), 배를 가른 피태 등이 그것이다. 이름이 다양함은 명태가 보편적 어류여서 서민 생선으로 폭넓게 사랑을 받았다는 증거다. 오죽하면 이규경이 "일상 반찬에 쓰이며 여염집과 가난한 사람들까지도 마른 고기를 제사에 쓸 정도로 흔하고도 쓸모 있는 물건이다."고 했을까.

축제에는 20여만 명의 인파가 몰려든다. 화려했던 옛 추억을 기려서일까. 축제의 팡파르는 우아하게 바다로 퍼지는데 정작 주인공은 그곳에 없다. 만약 거진항이 폭파된다면 온 국민이 난리일 것이나 오랫동안 먹어온 '국민생선 제1호 명태'가 사라졌는데 아무도 말들이 없다. 명태의 소멸은 바로 한때 흥청거리던 거진읍내를 여지없이 폭파시킨 꼴이니, 일손 빼앗긴 어민들은 시름없이 방황만 하고 있다. 누구의 책임일까. 다시 묻지 않을 수 없다. 그 많던 명태는 모두 어디로 가고, 값비싼 금태만 남아 있을까.

# 백두대간 눈과 칼바람이 빚은 명품, 황태

## 바닷바람에 그냥 말린 북어는 황태와 다르다

산에서 물고기를 구한다? 그럴 수도 있다. 일명 '더덕북어'로 불리는 황태는 백두대간의 심산유곡에 가야만 구할 수 있다. 백두대간을 사이에 두고 영동에 명태(明太)가 있다면, 영서인 산간에는 황태(黃太)가 있다. 눈이 펄펄 내려서 '교통 두절' 운운하는 방송이 나올 무렵이면 황태의 황금빛 치장이 짙어간다. 해마다 2월의 끝, 3월이 시작될 무렵이면 봄을 시샘하는 폭설이 내리곤 해 대관령 인근 '하늘 아래 첫 동네'인 평창군 횡계마을은 눈에 갇혀 봄을 맞는다.

황태의 본고장인 횡계마을은 생각보다 덜 알려졌다. 6·25가 끝난 1954년, 일단의 '함경도 아바이'들이 횡계마을로 찾아들었다. 그들은 소나무 말짱을 엮어서 덕장을 세웠고, 인근 송천 개울가에는 속초와 주문진에서 할복한 명태들이 터덜거리는 낡은 트럭에 실려와 부려졌다. 이 명태를 하루쯤 얼음물에 담가 수도승처럼 '정화의식'을 거친 후 3단 높이의 높다란 덕장에

명태를 할복하고 있는 1950년대 속초 아낙네들(1950년대, 속초시·속초문화원, 《옛사진으로 엮은 속초의 발자취》, 2001년).

내걸었다. 두 마리씩 코가 꿰인 동태들은 이렇게 변신을 준비했다.

황태라는 말은 본디 없었으나 해방 이후 단단한 북어와 구별하기 위해 만들어졌다. 황태와 북어는 출신 배경이 똑같이 생태(生太)이나 훨씬 극심하게 고난의 통과의례를 거치는 황태라서 그 결과는 판이하다. 황태는 모진 풍설을 맞으며 얼었다 녹기를 반복해 전혀 다른 먹을거리로의 변신에 성공하는 것이다.

'거래지'에서 흘러내린 물이 마을 앞을 가로지른다 해서 '엇개'로 불리던 횡계는 산간에 둘러싸인 너른 저지대다. 옛 장터인 '장선말'에 덕장이 들어서서 '덕장모퉁이'란 지명도 얻었다. 그러나 덕장 사정은 예전과 다르다. '원주민'이던 아바이 1세대들이 거의 세상을 떠났고, 이제는 주문진의

'업자'들이 땅을 임대해 겨울 한철 덕장을 꾸려 나간다.

12월부터 3월까지 약 4개월 동안 덕장 구경을 할 수 있다. 4월부터는 말목을 뜯어내 보관한 다음 그 땅에서 밭농사가 시작된다. 다시 겨울이 오면 경작지에 말목을 세웠다가 봄이면 뜯어내고, 이렇게 횡계의 사계는 덕장과 경작지 사이를 돌고 돈다.

횡계에서 제일 오래된 '삼신덕장'을 운영하는 평안도 출신의 유성준(83세) 옹과 유영선(40세) 씨 부자는 소문난 '황태 지킴이'다. 원주민으로는 유일하게 지금껏 횡계덕장의 전통을 지켜오고 있다. 원주민이라고는 하지만 월남하여 흘러들어온 지 40여 년에 불과하다. 날품팔이로 전전하다 어찌어찌 함경도 아바이들이 진을 친 이곳 산골까지 발길이 닿았다. 그들은 손에 돈이 쥐어지면 모두 땅을 샀다. 평당 30원에 사들인 땅이 지금은 거금의 땅으로 변했다. 그러나 유옹 부자는 모텔과 콘도가 올라가는 금싸라기

6 · 25를 전후해 월남한 '함경도 아바이'들이 시작한 횡계 황태덕장은 '북어'의 전통성을 우리 생활권에서 되살린 계기가 됐다. 육신을 혹한에 내맡겨 들이는 해탈의 황태 맛은 예나 지금이나 변함이 없다. 대관령 어름의 횡계와 진부령의 용대리는 각각 주문진과 속초, 고성의 명태를 소화해온 '황태 맛들임'의 명소들이다. 사진은 횡계의 눈밭 속 황태덕장과 초창기부터 동해 명태를 날라 씻었던 송천 개울.

땅에서 곁눈질 하지 않고 오로지 황태만 키워낼 뿐이다.

 같은 황태라도 명칭이 제각각이다. 너무 추워서 하얗게 질려버린 백태(白太). 이 백태는 겉이 허옇게 변해 상품 가치는 떨어지지만 창고에 넣어두면 스스로 발효하여 가까스로 상품 구실을 한다. 문제는 일명 먹태, 찐태로 불리는 흑태(黑太). 일기가 너무 따뜻해 얼지 않은 채로 마르면 딱딱한 북어가 되고 만다. 횡계 사람들은 황태와 북어를 엄정히 구분한다. 바닷가 세찬 해풍에 그대로 말린 놈을 바닥태, 즉 북어라 하며, 영서의 냇물에 씻어 차가운 서북풍에 말린 놈은 황태라고 부른다. 방망이로 두들겨 패지 않으면 먹을 수가 없으니 "북어와 여자는 두드려야 맛이 난다."는 이해 못할 속담이 예서 나왔음 직하다. 황태야 자신의 몸을 잔혹할 정도로 내돌려 이미 해탈의 경지에 이르렀으니, 그저 손으로 쩍쩍 찢어 입에 넣기만 하면 될 일이다.



271

1 황태와 달리 바닷가 세찬 해풍에 딱딱하게 말린 북어 (1997년 고성 대진항에서 찍음).
2 1930년대의 명태덕장. 지금과 같은 산골이 아니라 바닷가에 바짝 붙어 있다.
3 일렬로 정렬된 북어(용대리에서 2005년 2월 찍음).

바람을 못 이겨 덕에서 떨어지면 낙태(落太)요, 몸통에 흠집이 있거나 일부가 잘려 나가면 파태(破太)요, 애초부터 머리를 잘라내고 몸통만 말린 뒤 갈가리 찢어 안주나 반찬거리로 내놓는 '황태채'는 무두태(無頭太)다. 크기에 따라서도 이름이 다르다. 큰 놈부터 왕태(王太), 대태, 중태, 소태로 서열화되며, 앵태는 그 중 작은 놈(20센티미터 정도)으로 우리가 아는 노가리급이다. 당연히 몸집에 따라 가격도 다르다.

## 대관령엔 횡계덕장, 진부령엔 용대리덕장

유옹이 입촌할 당시만 해도 이 마을에는 20여 가구만 살았으며, 냇가를 따라 10여 채의 덕장이 있었을 뿐이다. 횡계는 본디 강릉도호부 소속으로 영서에 속하면서도 동해가 지척이다. 함경도 아바이들이 덕장의 최적지를 찾다가 '황태명당'으로 이곳을 점찍은 것이리라.

이제 더 이상 동해 명태를 황태덕장에 내거는 일은 없다. '지방태'는 사라지고 베링해의 '원양태'가 시장을 지배한다. 유옹은 "원양태가 횡계에 등장한 지도 벌써 40여 년이나 되었다."고 귀띔한다. 그동안 우리가 모르는 사이 명태 자원이 격감했다는 말이다.

덕장 한 칸에 평균 2,500마리가 걸리니, 20마리를 1급(한 축)으로 치면 한 칸에서 120급 정도가 건조된다. 이런 황태지만 최근에는 중국산 때문



273

황태에 인체의 독성을 풀어내는 성분이 들어 있다는 각종 한의서의 처방문은 얼었다 녹기를 반복하는 환난을 감당해낸 황태가 갖는 '베풂의 징표' 아니겠는가.

에 몸살이다. "개도 돈을 물고 다녔다."는 얘기는 전설이 된 지 오래다.

"이제는 맛으로 승부해야죠."

눈길을 무릅쓰고 기꺼이 현장까지 동행해준 이영신(평창문화원 사무국장) 시인의 훈수다. "구름도 쉬어간다."는 대관령 700고지의 냉랭한 기온과 극심한 일교차, 여름에도 손이 아린 송천, 영동고속도로가 뚫리기 전부터 동해로 가는 통로였던 천혜의 입지 등이 황금빛 황태신화를 창조해낸 주역들이다. 눈비 몰고 오는 동해의 '샛바람'을 피할 수 있는 영서에 자리 잡아 춥고 마른 북서풍을 꺼안으며 오늘도 황태는 노릇노릇 익어가고 있다.

횡계는 더 이상 먼지 날리는 비포장길의 산간 오지가 아니다. 도암면사무소가 옮겨오면서 인구도 3,800명에 이르고 있으며, 산간에 그럴듯한 저잣거리도 생겼다. 용평스키장이 번성하면서 겨울이면 스키족들의 발걸음이 끊이지 않는다. 덕분에 횡계의 황태 음식점에서 내는 황태구이, 찜, 탕 등의 맛깔스러운 별미가 빈한한 재정자립도의 촌동네 살림살이를 또 얼마나 윤택하게 하는지.

대관령이 횡계마을에 덕장을 선사했다면, 진부령은 용대리마을에 또 다른 덕장을 선사했다. 말하자면 대관령과 진부령이라는, 영동과 영서를 가르는 대표적인 고갯길이 남한 덕장의 최적지로 부각된 것이다. 백두대간을 넘어가는 고개는 단순한 도로가 아니다. 사람과 물산이 오가고, 문화가 오가던 전통시대의 동맥이었다. 강릉에서 지척인 횡계가 영동고속도로 권

역으로 주문진 등의 명태를 소화한 곳이라면, 인제군 용대리는 대체로 속
초나 고성 같은 강원 북부해안의 명태를 담당했다.

군인이었던 30여 년 전의 일이다. 휴가 때 거진에서 서울 마장동 터미널
까지 오자면 반드시 용대리를 거쳤다. 반대로 인제에서는 원통을 거쳐 용
대리를 통과해야만 진부령을 넘을 수 있었고, 이내 간성에 이르던 기억이
새롭다. 동해 주둔 군인들의 휴가 통로가 바로 명태들의 덕장행 루트다.

이곳 토박이인 방효정(81세) 인제문화원장의 기억으로는 일제강점기에
도 진부령 관통도로가 존재했다. 좁은 비포장도로가 인제와 간성, 즉 영
동·영서를 이었다. 당시만 해도 목탄차가 힘들게 넘어가는 고갯목이었
다. 속초와 인제를 연결하는 지금의 미시령은 1970년대에 군 작전도로로로
뚫렸다. 도부꾼들이 내설악 쪽의 소로를 이용하여 동해의 건어물과 소금
을 지고 넘어와 곡식으로 바꿔갔다. 해산물과 농산물의 물물교환이 소박
하게 이뤄졌다.

진부령과 미시령 코앞 길목에 자리 잡은 용대리가 오늘날과 같이 황태덕
장으로 명성을 날리게 된 것은 1980년대의 일이다. 전두환 전 대통령이 인
근 백담사로 귀양(?)오면서 갑자기 뜨기 시작했다는 주민들의 전언이다.
그러더니 땅 투기가 빚어질 즈음에는 덩달아 황태덕장도 뜨기 시작했다.

함경도 아바이들이 주축이 된
대관령 덕장과 달리 뒤늦게
1980년대에 5~6가구가 시작
한 진부령 덕장은 간성과 인
제 사람들이 주축이 되었고,
지금은 모두 인제 사람들이
운영한다.

지금은 옹벽 타기 훈련장으

전국 황태의 7할이 용대리에서 생산되고 있으니, 양평 쪽에서 홍천
을 거쳐 진부령이나 미시령을 넘고자 하는 이들은 용대리 길가의 무
수한 황태식당과 덕장을 거쳐야 한다.



275

로 더 잘 알려진 용머리가 있어 용대리로 불리는 이곳은 바람이 워낙 드세어 '바람부리'로 악명 높다. 밤과 낮을 번갈아 얼었다 녹기를 되풀이함은 대관령과 다를 바 없다. 폭설이 내린 지 10여 일이 지났건만 덕장에는 눈이 고스란히 쌓여 있다. 엄청난 바람이 '영 너머'에서 고개를 타고 내려온다. 현지인들은 영 너머란 말을 자주 쓴다. 바람은 물론이고 물산과 사람과 문화교류를 모두 "영 너머로 오간다."고 표현한다. 무려 40여 일간 영 너머 바람을 견디다 보면 황태 속살이 부풀어 솜처럼 부드러워진다.

 1990년 무렵부터 덕장이 불어나기 시작해 지금은 30여 개 덕장에서 연간 100만 마리 이상이 생산된다. 아예 지난 1999년부터는 황태축제가 시작돼 연간 7억 5천만 원 상당의 소득을 올리고 있으며, 축제 기간에만 10만~15만 인파가 전국에서 몰려든다. 영동에 명태축제가 있다면 영서에는 황태축제가 있는 셈이다. 해마다 2월 말에는 황태축제가 벌어진다. 전국 황태의 7할이 용대리에서 생산되고 있으니, 양평 쪽에서 홍천을 거쳐 진부령이나 미시령을 넘고자 하는 이들은 용대리 길가의 무수한 황태식당과 덕장을 거쳐야 한다.

 황태의 본적지는 두말할 것 없이 평창의 횡계리다. 반면에 황태를 새롭게 알린 곳은 인제의 용대리다. 하나는 대관령, 다른 하나는 진부령에 위치해 '영 너머'로 오가는 바람을 이용하면서 바다동네와 산동네의 인정과 물산까지도 맞교환하는 중이다.


## 분단 이후에도 남북을 오간 북어


 이유원은 《임하필기(林下筆記)》에서 명태를 수천 석씩 잡아들였다고 하였으며, 원산 등지에는 땔나무와 같이 쌓였다고 하였다. 겨울철의 동태나 소금에 절인 염장물, 말린 건어물 같은 유통가공물이 아니고서는 명태 구경을 할 수 없던 산골 촌동네에도 북어가 들어갔다.

함경도는 북방 산악지대로 밭농사지대이고 일부 해변에서만 논농사가 이루어지고 있었다. 그런데 연안에서 대거 명태가 잡히기 시작하면서 이를 말려서 전국에 유통시켜 큰 이득을 보게 되었다. 함경도의 사회경제적 토대에서 북어는 절대적인 지위를 차지하였다. 오늘날 진부령과 대관령 황태를 말하지만 본디 북어의 원적지는 이북지방이었다. 2005년 가을, 묘향산 향산호텔에서의 일이다. 주점에서 술 몇 병과 안주를 시켰는데 예의 황태가 나왔다. 원양산 명태가 아니라 이북에서 잡힌 자그마한 명태를 말린 진짜 우리의 황태였다. 얼마나 맛이 있던지, 그리고 가격은 왜 그리 싸고!

1945년을 기준으로 북어의 대부분은 함경도에서 생산되었다. 경원선 철길을 따라 한양으로 들어왔고 인천은 물론이고 부산, 마산 등지에도 북어가 유통되었다. 분단이 되었지만 남북조선 간의 교역은 초기에는 소규모 보부상들의 사무역(私貿易) 형태로 이루어졌다. 1946년 말에 '조선연안 교역의 감독에 관한 통첩'에 의해 공식적인 교역방침이 결정되었는데, 정부 수립 이후 1949년 3월 말 안보상의 이유로 갑자기 중단되었다. 남북 간의 교역물자를 살펴보면 대북 반출품은 주로 생고무 · 광목 · 양철 · 면사 · 작업화 및 전구 등이었고, 대북 반입품으로는 비료 · 카바이드 · 시멘트 · 마른 명태 · 가성소다 등이 주된 품목이었다. 수산물 중에서 북어가 매우 중요한 품목이었다. 교역이 중단된 상태에서도 비밀리에 북어를 등짐에 지고 삼팔선을 오르내리는 장사꾼들이 있었으니 그만큼 수요가 많았기 때문이다.

인천에서 건어물 상인 몇 분을 만난 적이 있다. 해방 이전부터 건어물을 취급하다 지금은 손을 놓은 분들인데 북어 하나만 가지고도 충분히 먹고 살았다고 증언하였다. 북어 거래만으로 생계유지가 가능할 만큼 북어의 거래량이 절대적이었고 건어물 거래 총량에서 높은 금액을 차지하였다는 말이다.

북어 및 황태의 요긴한 쓰임새를 길게 설명해 무엇 하랴. 짝짝 찢어서 술 안주로, 혹은 도시락 반찬이나 찜과 탕, 구이로, 무엇보다 조상님 제상에 듬직하니 올려 '절 받는 물고기'가 되기도 한다. '북어 대가리'로 상징되는 제의성은 이 심해 물고기의 신비성을 더해준다.

술안주로 반찬거리로 먹는 황태구이의 오묘한 맛을 생각해보자. 황태를 부드럽게 불려서 간장 양념장에 재워두었다가 굽거나, 아니면 고추장으로 매운맛을 내기도 한다. 노릇노릇하게 구워지는 빛깔은 그 자체로 입맛을 끌어당기는 별미가 아닐 수 없다. 근자에는 용대리뿐 아니라 전국에 황태 전문점이 번성하고 있으니, 1990년대는 황태요리의 전국화가 이루어진 시점으로 음식문화사에 기록해둘 만하다.

뭐니뭐니 해도 황태의 최고 미덕은 술꾼들에게는 해장국이 아닐까. 아침 해장감으로 황태에 비할 것이 없으니, 황태에 인체의 독을 빼는 성분이 들 어 있다는,《동의보감(東醫寶鑑)》을 위시한 각종 처방문은 필경 얼고 녹는 환난의 아픔을 겪은 존재만이 얻을 수 있는 '베풂의 징표'가 아닐는지.

# 청정 동해 바닷물이 모조리 '먹거리'다

## 물은 대지의 피

월든 호숫가 통나무집의 은둔자이자 비서구적 전통의 인물인 소로 (Henry David Thoreau, 1817~1862)는 "물은 대지의 피"라고 했다. 이런 말도 남겼다.

"만약 물이 없어져버린다면 그날부터 얼마나 많은 것들이 사라져버릴 까!"

그러나 그 '대지의 피'는 오염되었다. 그렇다고 아직 절망할 때는 아닌 것 같다. '아직'이란 단서가 붙기는 하지만, 적어도 바다가 있기 때문이다. 더군다나 해저 깊숙이 누워 있는 심층수는 태곳적 생명의 비밀을 잃지 않고 있다.

해수가 충만한 바다. 지구 표면의 약 7할은 바다이며, 이런 바다를 가진 행성은 태양계에서 지구뿐이다. 지구의 생명은 바다에서 싹텄다. 생명체를 구성하는 유기물은 생명체가 탄생하기 이전의 바다에서도 풍부히 포함되어 있었으니 이를 "수프와 같은 바다"라고 표현하는 학자도 있다. 이러한 조건에서 생명체가 탄생하였다. 오늘날 생물의 혈액 성분도 해수와 닮았다. 그래서 바다를 생명을 낳고 키워준 어머니라고 부른다. 철학자 바슐라르(G. Bachelard)는 "바다란 어머니이며 바닷물은 그 어머니에게서 나온 기적의 우유"라고 표현한 바 있다.

그 자체로 거대한 보고(寶庫)인 바다. 바다에서 고작 석유 뽑는 일에만 몰두하던 인간들이 뒤늦게 심층수로 눈길을 돌리고 있다. 바닷물을 먹자는 심층수 개발은 논리상 인류가 온몸으로 바다와 친해지려는 교감운동에 견줄 만하다. 자신을 낳고 키워준 어머니 바다의 체액을 마시려는 것이기 때문이다. 어머니의 자궁이 깜깜하듯이 심연의 바다도 어둡다. 100여 미터 넘게 심해로 들어가기 시작하면 빛이 들어오지 않고 바다의 모습도 완전히 달라진다. 수심 200여 미터까지는 그래도 식물로부터 시작되는 먹이사슬의 영향을 받지만 그보다 깊게 잠수하면 오로지 분해만이 이루어질 뿐이다. 그래서 해양학에서는 200여 미터까지를 천해(淺海), 그 이하를 심해라 부르는 것이다.

심층수는 간단하게 말하여 심해의 물이다. 심해의 물은 차갑고 무겁다. 심층수 안에는 분해해야 할 유기물이 거의 없기 때문에 세균이 번식할 수 없어 세균들이 아주 적다. 심층수가 청정하다는 것을 보여주는 아주 유명한 사례가 있다. 미국 우주홀 해양연구소의 잠수조사선 알빈호가 사고로 수심 1,540미터의 해저에 침몰하였다가 거의 1년 후에 인양되었는데 그 조사선 안에서 발견된 식품들이 전혀 썩지 않고 그대로인 채 발견되었다. 이는 심해가 저온과 고압상태였기 때문이기도 하겠지만 그만큼 심층수가 깨끗하다는 증거이기도 하다.

그러한 심층수를 마실 수 있다면? 봉이 김선달이 대동강 물을 팔았다면, 이제 현대판 김선달은 심층수를 주목한다. 바닷물을 팔겠다는 야심찬 계획에 국가가 직접 팔을 걷어붙이고 나섰다는 점이 옛날과 다르다. 해양수산부가 '해양한국(Ocean Korea 21)' 계획을 수립하여 해양산업 육성의 토대를 마련한 지 꼬박 4년 만인 2004년 7월 28일, 국가과학기술위원회는 MT(Marine Technology) 개발계획안을 통과시켰다. 해양연구원은 MT를 일컬어, "해양산업의 경쟁력 확보와 해양국토의 관리, 나아가 21세기 인류 공동의 과제인 자원고갈과 지구 환경 변화 문제를 해결하기 위한 미래 첨단과학 기술"로 정리한다. 심층수 개발은 바로 이 MT의 일환이다.

## 휘발유보다 비싼 물

최초의 심층수 개발현장을 찾았다. 2004년에 강원도 고성군 죽왕면 오호리를 찾았을 때는 심층수 공동연구센터 건물이 올라가고 있었는데 이듬해 찾아가 보니 이미 개관을 한 상태였다. 해양연구원이 주관하고 고성군이 동참해 연구기지를 건설, 본격적으로 산업화하겠다는 원대한 계획의 현장. 해양연구원의 김현주(해양심층수 연구센터장) 박사는 사업 전망을 낙관했다.

"초기에는 기반 시설비가 많이 들겠지만, 사회간접투자로 생각한다면 장기적으로 대단히 유망한 사업이 아닐 수 없지요."

송지호를 비롯해 금지호 · 번개 · 버덩개 · 황포 등 오호(五湖)와 '물개섬'으로 불리는 인근의 죽도로 이뤄진 이 일대가 우리 해양과학의 역사를 바꿀 심층수 개발의 전진기지로 탈바꿈하고 있다.

인류가 기댈 마지막 수자원이라는 설명이다.

아무리 심층수를 개발할 수 있는 기술력이 있어도 심해가 없다면 불가한 사업이다. 가령, 천해만 존재하는 우리의 서해에서는 심층수 개발이 불가하다. 우리에게 동해 같은 심해가 존재함은 하늘이 내린 복이 아닐 수 없다. 깊디깊은 동해의 심해는 우리의 미래에 남겨진 엄청난 미래의 자원이다.

동해 연안의 표층수는 겨울철에 북한한류의 영향이 크고, 여름철에는 대한난류의 영향이 커지는 것으로 나타난다. 특히 대한난류의 세력이 커지는 여름철에는 난류성 와류가 극전선역에 많이 형성된다. 이러한 와류는 수온의 수직분포에 영향을 미치지만 수심 300미터 이내에 한정되어 나타난다. 300미터 이하의 동해 고유수는 표층수의 영향을 받지 않고 연중 섭씨 1도 이하의 저온 안정성을 가지고 있다. 이처럼 동해의 심층수는 매우 안정적인 물이라고 할 수 있고 그만큼 최고의 청정성을 자랑한다. 저온성, 청정성, 부영양성, 미네랄성 등을 고루 갖추고 있다.

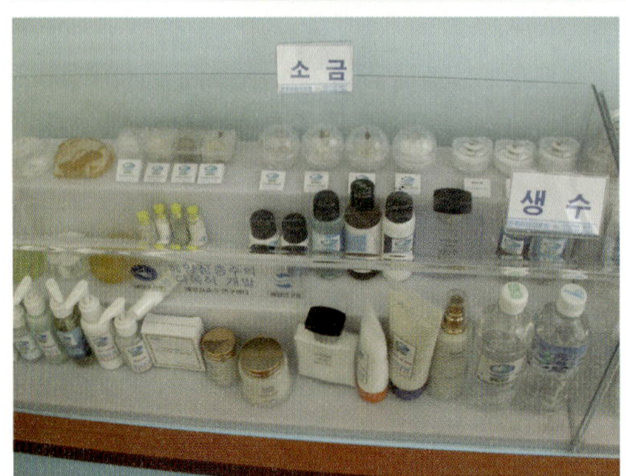

해양수산부의 MT(Marine Technology)개발계획안에 의해 추진되는 심층수 개발 모식도(위). 취수관 포설선이 가설한 파이프 라인을 따라 취수된 심층수는 육상의 해양심층수 공동연구센터에서 수질 분석과 인증 절차를 거친 뒤 1차 냉방에너지로 공급되며, 이어 담수화 과정을 거친 심층수는 음용 및 산업용으로 활용된다.
심층수로 만든 갖가지 시제품들(아래).

흔히들 심층수를 "휘발유 값보다 비싼 물"이라고 한다. 한때 서울에서 수입산 심층수가 2리터 한 병에 1만 5천여 원을 호가하였다. 덕분에 한동안 '가짜 심층수'도 많이 나돌았다. 뒤집어서 우리 사회에 심층수에 대한 기대치가 폭넓게 존재한다는 뜻이다. 정수기 시장이 폭발적으로 확대돼온 사실은 신뢰할 만한 물이 사라졌다는 증거이며, 반대급부로 심층수에 대한 갈증을 증폭시키고 있다. 우연일까. 심층수가 개발될 오호리는 여러 가지 점에서 의미 있는 곳이다. 오호는 송지호, 금지호, 번개, 버덩개, 황포로 불리는 다섯 개의 개〔浦〕가 있는 데서 비롯된 지명이다. 오염되지 않은 석호에서 쉼 없이 민물을 바다로 흘려보낸다. 모래밭에는 고성 특산물로, 오염에 민감한 명지조개가 자라고 있어 청정해역을 지키고 있다.

천혜의 황금모래밭 앞에는 죽도가 떠 있다. 비록 무인도지만 동해에서 섬을 만난다는 것은 그 사실만으로 기쁨이다. 하나로 겹쳐 보이지만 살펴보면 대죽도와 소죽도로 떨어져 있어 두 섬 사이로 배가 지나갈 정도다. 이곳에는 전해지는 속신이 있다. 정월 대보름날, 이 섬이 맞붙으면 가뭄이 들고, 떨어지면 장마가 든다는 것이다. 물높이 변화를 통하여 생업의 풍흉을 예조하던 옛 생태관을 반영한 듯하다.


## 물개들이 마시던 물


이곳 어민 장용수(71세) 옹은 재미있는 일화도 들려주었다. 예전 소죽도에는 물개가 집단 서식했었단다. 일제가 들어오기 전, 어민들은 일체 물개를 잡지 않았다. 생태환경적으로 물개와 더불어 자연과 공생한 것이다. 그랬던 것이 일제가 들어오면서 수난이 시작됐다. 한 번에 수십여 마리씩 잡아들여 껍질을 벗겨갔다. 한국전쟁 때는 군인들이 폭약을 터뜨려 대량으로 학살하기도 했다. 일제시대에 대거 사라진 물개는 전쟁통에 아예 자취를 감췄다. 그런데 지금도 봄이면 이따금 한두 마리가 섬에 나타나곤 한다. 멸종은 아니란 증거다.

연구기지 코밑에서 물개가 집단 서식했다는 사실도 경이로운데, 어민들

물개들이 집단 서식했던 죽도 전경. 죽도 근해에서 심층수를 끌어올리고 있다.

은 죽도 뒤쪽의 수심도 귀띔했다. 명주실 한 꾸러미가 내려갈 정도로 깊다는 오랜 믿음이다. 해도상으로도 이곳은 수심이 급격히 깊어지는 곳이다. 해변에서 불과 수백 미터 떨어진 곳에 냉수대가 형성돼 대구나 명태 같은 냉어류가 엄청나게 잡혔던 곳이기도 하단다.

심층수는 바로 그 깊은 곳에서 끌어올려지게 된다. 우연의 일치인지 몰라도 깊은 물골로 신비롭게 여겨지던 곳에서 심층수가 끌어올려지게 된 것이다. 민중의 자연 인지체계와 과학기술의 인지체계가 딱 맞아떨어지는 지점이 아닐 수 없다.

심층수 사업은 단순히 물만 퍼올리는 일이 아니다. 풍부한 심층수의 다목적 개발과 다단계 이용을 위한 실용적 기술 정립이 목표다. 심층수의 순환과 고유 특성, 분석 결과 등이 고려되어야 한다. 취수관과 복합 시설공법에 대한 설치 시뮬레이션이 파랑 및 유동장에서 종합 모형실험으로 실시되고 있다. 해양 심층수의 담수화, 더 나아가 산업화를 위한 소금 생산, 화장품과 식품 및 에너지에 대한 적용성까지 검토되고 있다. 당연히 환경

바이칼 호수의 원시 그대로의 물. 그대로 떠서 마실 수 있다.

조사 및 모델링 연구를 통한 생태환경 영향평가도 포함된다. 기술이 표준화되면 동해안 전역에서 심층수 개발이 가능해질 전망이다.

기초 연구가 이루어진다고 해도 실제 취수 시스템을 설계하고 인프라를 세우려면 많은 시간과 예산을 필요로 한다. 수년 뒤, 오호리를 방문한 사람들은 널린 바닷물이 모조리 '먹거리'라는 데 할 말을 잃을 것이다. 어찌 소중한 바닷물에 티끌이라도 함부로 버릴 수 있으랴.

2003년 여름, 바이칼호에서 배를 타고 나가 두레박으로 퍼올린 물로 갈증을 다스렸다. 표층수인데도 목젖을 적시는 시원함을 말로 형언하기 어려웠다. 그게 그토록 부러웠는데 이제는 동해 바닷물을 마시면서 살아갈



287

날이 문턱에 다가와 있으니!

그런데 우리가 유념해야 할 것이 하나 있으니, 머나먼 바닷가에 외롭게 서 있는 연구소에서 살아가야 하는 과학자들의 존재는 아직도 우리의 생각에서 너무나 멀리 있다. 오죽하면 "과학자를 차별하지 마라."는 분노의 목소리마저 들려오겠는가. 귀양살이같이 오지의 바닷가에서 오로지 연구에만 몰두할 수밖에 없는 조건은 심층수를 개발하기 위해서는 당연한 일이겠지만, 막상 현장에서 살아가는 과학자들의 삶은 고달프고 외롭지 않을 수 없는 것이다. 봉이 김선달식이 아닌 이상, 백년대계의 심층수를 개발하자면 해양강국을 만들겠다는 사회의 의지와 관심이 훨씬 더 필요하지 않을까.


## 밥상머리 옆에서 오폐수를 쏟아붓는다면

그런데, 반드시 한마디 하고 넘어가야 할 사안이 있다. 그 맑디맑은 청정수에 오폐수가 퍼부어진다면 믿음이 갈까. 좋은 이야기 하다가 갑자기 거북스러운 이야기를 하고 넘어가지 않으면 안 될 것 같다. 흡사 밥상에서 대소변 이야기 하는 것 같아 죄송스럽지만 이를 어쩌랴! 산업폐수, 생활하수, 기름유출 등등 바다 오염원은 여러 가지겠지만 드러내놓고 각종 폐기물을 바다에 투기한다는 사실을 TV 등에서 본 사람들이라면 차마 거기서 나오는 생선회조차 먹기 역겨울 것이다.

우리나라는 1988년부터 '해양오염방지법'에 근거하여 바다에 폐기물을 버리기 시작하였다. 동해의 두 곳, 서해의 한 곳을 지정하여 "육상처리 부담을 줄이고 하천과 연안을 보존한다."는 명분이란다. 바다가 쓰레기장인지 육지에서 처리 곤란한 폐기물을 특례법에 의해 바다에서 처분하고 있다. 어떤 것을 버리는가 묻는다면, 대략 육상에서 나오는 처치 곤란한 모든 쓰레기들을 버린다고 답하는 것이 맞을 것이다.

분뇨, 축산폐수, 유기·무기성 찌꺼기, 준설토사 등이 합법적으로 버려진다. 하수준설토와 건설오니는 2005년 5월, 하수오니와 폐수오니는 2012년, 적토는 2015년까지 투기할 수 있게끔 시한부로 법이 제정되기는 하였으나 원천적으로 투기는 그대로 진행될 것이다.

2005년에 버려진 폐기물 양은 '동해병, 서해병, 동해정' 해역을 합쳐서 거의 1천만 톤에 달하며, 이는 2.5톤 트럭 1만 대분에 해당하는 가공할 양이다. 독성폐기물로만 따져서 전 세계에서 가장 많이 해양투기를 일삼는 나라이기도 하다. 폐기물 총량에서 축산폐수가 전체의 29.6퍼센트로 가장 높으며, 하수처리 찌꺼기, 음식처리 폐수 등이 뒤를 잇고 있다.

해양투기 폐기물은 부산, 인천, 포항, 마산 등 11개의 주요 항구에서 적재되어 바다로 향한다. 심지어 비싼 돈을 들여서 쓰레기를 처리하고 남은 찌꺼기인 오니를 다시 물에 타서 바다에 버리는 웃지 못할 일도 벌어지고 있다.

환경운동가 구자상(부산환경운동연합 바다위원장)은 "광활한 동해에 투기되는 각종 폐기물로 인해 막대한 수산물 피해를 보고 있으며, 매일매일의 식탁에서 우리들은 미량의 독성물질을 몸속에 축적시켜가고 있는 중이다."라고 심각한 경고를 내리고 있다. 동해안의 지표종인 고래에서도 다량의 수은이 검출되고 있다.

쿠바를 생각해보자. 유기농으로 완벽한 성공을 거둔 쿠바에서는 사람의 변은 물론이고 동물의 오폐수도 모조리 유기농에 쓰이고 있어 버릴 것이 하나도 없다. 카리브해가 아름다운 것은 단지 석양의 노을이 아름답기 때문만은 아니다.

물론 현재까지 버린 이들 오폐수들이 동해의 심층수를 망가뜨릴 만큼 오염시킨 것은 아니다. 가령 오호리의 심해저에서 끌어올리는 물은 분석 결과 전혀 청정하기만 하다. 그러나 적어도 밥을 먹으면서 대소변 이야기를 가리는 것이 예의인 것처럼, 심층수를 끌어다가 마실 생각을 하면서 다른 한쪽에서는 대소변 이상의 것을 퍼부어 넣는다면, 예의도 아니고 논리도 맞지 않고 그 모든 것이 들어맞질 않는다. 그래서 앞에서는 한창 좋은 이야기를 해놓고 이 하기 싫은 말을 하지 않을 수 없는 소이가 여기에 있다.

## 고성 오호리 심층수

죽도를 떠나려는데, 사라진 물개 떼의 울음이 환청으로 들려왔다. 이곳 심층수가 세상에 선보인다면, '고성 오호리 심층수'란 이름을 내걸고 죽도 물개를 상표화해 그려 넣으면 어떨까. '건강한 물개들이 먹던 건강한 물'이기 때문이다.

'독도 심층수', '대화퇴 심층수' 하는 식으로 동해 곳곳의 지역성을 담보한 맑고 청량한 심층수가 대하처럼 도도히 목마른 세상 속으로 흘러가길 기대해본다. 오키나와의 구메지마에서도 미해(美海)파크를 건설하고 수심 600미터에서 심층수를 끌어올려 부촌을 조성한 현장을 본 적이 있다. 오호리도 그와 같은 미래가 가능할 것이다.

자연 곳곳이 유린당했어도 의연한 동해의 물만큼은 '동해물과 백두산이 마르고 닳도록' 길이 보존되면서 오늘에 이르렀다. 깊고 청정한 바다를 바로 곁에 두고 살아가는 것만도 고마워해야 할 일이다. 백두대간이 남으로 힘차게 내달렸다면 동으로는 드넓게 펼쳐진 동해가 심층수를 담아내 자원으로 이용할 수 있게 했으니, 새삼 조물주의 조화에 감사해야 할 일

아닌가.

　거듭, 고마운 만큼 잘 가꾸고 보듬어 미래세대에게 깨끗한 바다를 넘겨
주는 것은 동시대인의 의무가 아닐까.

# 민중의 간절한 염원 담긴 매향비는 어디로 갔을까

## 고려 충선왕 원년, 단서암에 매향비를 세우다

고려 충선왕 원년(1309). 금강산 삼일포에 강릉도 존무사(存撫使, 관찰사) 김천호를 비롯, 강릉부사 박흥수, 판관 김관보 등 동해의 지방관리들이 승려 지여(志如)와 함께 모였다. 의관 정제한 이들이 먼 길 마다않고 이른 아침에 모인 것을 보면 필경 곡절이 있을 법하였다. 석수장이가 지게에 비석을 지고 다가왔다.

김천호는 아무 말 없이 눈길로 배를 가리켰다. 비석이 먼저 배에 실렸다.

이어 김천호를 비롯해 박홍수 등이 차례로 배에 올랐다. 다행히 날씨는 좋았다. 지여가 "날짜 하나는 참으로 잘 잡았다."며 너털웃음을 터뜨렸으나 좌중은 묵묵부답이었다. 응답할 분위기가 아닌 듯했다. 배는 삼일포를 향해 노를 저어갔다.

"단서암에 배를 대게나."

김천호는 단호히 말했다. 삼일포에 있는 네 개의 섬 중에서 단서암(丹書岩)을 택한 것이다. 단서암을 선택한 데는 연유가 있었다.

화랑들이 삼일포를 다녀간 기념으로 남겼다는 기록, '영랑도남석행(永郎徒南石行, 영랑 일행이 남석을 다녀가다)'이라는 여섯 글자가 전해지고 있음을 이들은 잘 알고 있었다. 예부터 미륵의 당래하생(當來下生)을 서원하면서 은밀하게 찾아들던 비밀스러운 곳임도 또한 잘 알고 있었다. 매향비를 세

삼일포 근역의 그림 같은 해금강 절경. 이렇듯 아름다운 해금강을 볼 겸, 시인묵객들과 화공들이 삼일포를 나다녔다(2001년 해금강에서 찍음).

三日浦
丹書
埋香碑
龜巖

우기에는 안성맞춤인 곳이 아닌가. '호수가 가로막고 미륵도들이 성스럽게 여기는 곳이니, 누군들 이 매향비를 함부로 옮기지는 못하리라.'라고 내심 확신하면서.

이상의 기록은 삼일포 매향비의 40행, 369자를 풀어서 매향비 세우던 광경을 재구성해본 것이다. 당시 강원도 각 포구에 향나무를 베어 물속에 넣은 뒤 그 증표로 삼일포에 매향비를 세웠다.

매향비가 건립된 지 40년이 지난 1349년 가을, 이곡(李穀)이 삼일포를 다시 찾았다. 〈죽부인전(竹夫人傳)〉의 작가로 고등학교 교과서에도 올라 있는 이곡은 《동문선(東文選)》에 전해지는 동유기(東遊記)에 이렇게 썼다.

초사흘에 일찍 일어나 삼일포에 이르렀다. 성에서 북쪽으로 5리쯤에 있는데, 배에 올라 서남쪽 조그만 섬에 이르니, 덩그런 큰 돌이 있다. 그 꼭대기에 돌벽장이 있고 석불이 있으니, 세칭 미륵당이다.

이곡이 찾을 당시에는 매향비는 물론 석불까지 있었고 미륵당도 현존해 삼일포가 미륵신앙의 '메카'였음이 틀림없다. 그 뒤로도 매향비를 직접 보았다는 기록은 곳곳에 있다.

농암(農巖) 김창협(金昌協, 1651~1708)은 1671년 여름에 금강산을 유람한 뒤 삼일포에서 배를 타고 호수의 섬으로 들어갔다가 이런 글을 남겼다.

배를 옮겨대고 사선정 남쪽의 작은 바위 봉우리에 오르니 짤막한 비석이 있는데 마멸되어 글자를 볼 수가 없었다. 이를 세상에서 말하기를 미륵 매

〈삼일포도(三日浦圖)〉. 〈죽부인전〉을 지어 남긴 이곡이 《동문선》 동유기에 "섬에 이르니, 덩그런 큰 돌이 있다. 그 꼭대기에 돌벽장이 있고 석불이 있으니, 세칭 미륵당이다."라고 적어 미륵신앙의 실체와 매향비의 존재를 알렸으며, 이후 1748년에 그린 시화첩 《관동십경》에도 단서암 매향비의 흔적이 뚜렷하게 남아 전한다(규장각 소장).

향비라고 한다.

강원도 관찰사를 지낸 김상성 주관하에 1746년부터 1748년 사이에 그려진 시화첩 《관동십경(關東十景)》에는 매향비가 선명하게 나타나며, "매향비 아래에서 짐짓 배를 돌리네."라는 시구까지 확인된다. 박종(朴琮, 1735~1793)은 1767년 경주 구경을 떠났다가 삼일포에 들러서 쓴 《동경기행(東京紀行)》에서 이 비를 침향비(沈香碑)라고 하여 향을 묻었음을 분명히 하였다.

단서암에 올라 침향비를 보고는 배를 타고 오른쪽 언덕에 이르러 걸어서 솔숲을 빠져나와 돌아보니, 중은 노를 저어 돌아가고 있는데 풍경이 한적하기로는 그만이다.

이처럼 삼일포 매향비는 후대인들에게 회자되던 비석이었으며 금강산 순례의 필수 코스였다. 20세기에는 위당 정인보 선생이 금강산을 다녀오며 기록을 남겼다.

관동 해안에 향을 묻은 곳이 많으니, 이는 불사(佛事)라. 미륵하생할 때 같이 용화회(龍華會)에 나게 해달라는 발원이라 한다. 호수 위에 매향비가 있었는데 근재(謹齋)의 단갈사제(斷碣沙際)라는 시어가 이를 이름이다.

## 향 묻고 미륵 오기를 바란 민중들

매향비가 세워지던 충선왕 원년이면 고려가 저물어가던 때가 아닌가. 숯 처녀와 내시를 공물로 바치는 등 원나라의 횡포가 자못 극심하였고, 불교의 타락상도 극에 달하고 있었다. 당대 불교가 보여주었던 그릇된 행실을 새삼 탓해서 무엇 하랴. 그러한 시대에 동해의 변방에서 지방관리들에 의해 매향의례가 대대적으로 이루어졌다는 사실은 무엇을 의미하겠는가. 당시 민중의 염원을 형식적으로나마 풀어주려는 노력의 일환은 아니었을까.

삼일포 매향비는 1926년에 일본인 후지타 료사쿠(藤田亮策)에 의해 소개되었다. 그런데 그 뒤로 매향비는 간 곳 없이 사라지고 탁본한 비문만이 전해지고 있을 따름이다. 어떤 경로로 매향비가 사라졌는지는 알려지지 않았다. 높이 60센티미터에 불과한 작은 비였으니 집어가려고 마음만 먹는다면야 손쉬운 일이었을 것이다. 어디선가 박복한 여생을 쓸쓸히 보내고 있던가, 아니면 그 누군가가 미륵의 당래하생을 서원하면서 향을 묻듯 비 자체를 삼일포 깊은 물속에다 던져버렸는지도 모른다.

수많은 사람들의 비밀스러운 서원이 담겨 있는 매향비(埋香碑)란 무엇일까. 매향비란 글자 그대로, 향을 묻고 미륵이 오기를 기원하면서 세운 비석을 말한다. 그러나 그 실체에 대한 해석은 구구하다. 불교사의 수수께끼로 남아 있는가 하면 금석문의 숨겨진 비밀 혹은 글씨로 새겨진 비밀문서라고 하는 이들도 있고, 미륵세상을 찾아가는 해법이라고 보는 사람도 적지 않다. 이 모든 의문의 열쇠가 매향비에 있다. 나라가 좁다 보니 비밀스러운 것이 별반 없는데, 매향비만큼은 우리의 지적 호기심과 궁금증을 더해주기에 충분한 탐구 대상이 된다.

금강산 매향비문을 보고 조금만 주의를 기울여 현장을 찾아 나선다면 실로 놀라운 사실

高麗國江陵道存撫
使金□(天)皓知江陵府事
朴洪秀判官金光寶
襄州副使朴瑈□(登)州
副使鄭椽通州副使金
用鄕歆谷縣令□□臣
杆城□(縣)令之裕三陟
縣尉趙臣柱蔚珎縣令
□□□監務朴□
等□(與)諸樂筈䝊卑同
發信願謹以香木一千
五百條埋□各浦開

삼일포 매향비는 간 곳 없이 사라지고 탁본한 비문만이 전해지고 있다(황수영 편, 《한국금석유문(韓國金石遺文)》, 일지사, 1994년).

을 알게 된다. 삼일포 매향비문에는 삼척현 맹방촌(孟方村)에 향나무 150 그루를 심었다는 기록이 있다. 맹방촌은 지금의 동해안 맹방해수욕장에 해당되며, 산봉우리가 아름답게 솟고 백사장이 좋아 예부터 명승지로 알려진 곳이다. 삼일포 매향비에서 지적한 맹방에 가면 지금도 매향의례에 대한 촌로들의 증언을 들을 수 있다. 그야말로 전설처럼 전해지고 있는 매향비의 신화다.

그런데 동해안의 하고많은 곳 중에서 삼일포가 매향처로 주목받은 것은 나름의 이유가 있다. 삼일포는 산과 바다가 어울린 담수호다. 금강산 산봉우리와 맑은 해금강이 어우러진 삼일포는 예부터 신선이 노니는 호수로 알려졌으며 수많은 시인묵객들이 찾아들던 성소다. 앞에서 신라시대 영랑, 술랑 등의 전설과 흔적도 이 같은 사례의 하나일 뿐이다. 금강산과 깊은 인연을 맺은 당대 명필가인 양사언(楊士彦, 1517~1584)은 이런 시를 남겼으니, 그만큼 경관이 뛰어난 곳이었기에 매향처로 삼았을 것이다.

거울 속에 서른여섯 연꽃송이 피어오르고
일만이천 봉우리는 하늘가에 솟아 있네
호수 중간의 푸른 물가에 놓인 반석은
동쪽 바다를 찾아온 길손들이 쉬어 가기 좋구나

## '침향'은 새로운 세상에의 희구 상징

매향비는 흡사 해적들이 남긴 '보물지도'처럼 미륵신앙의 비밀과 맞닿아 있다. 그들은 왜, 무슨 마음에서 그런 비의(秘儀)를 열려고 했을까. 지금까지 발견된 매향비는 모조리 바닷가, 그것도 민물과 바닷물이 만나는

동해안 맹방해수욕장의 맹방산. 향을 묻었다는 기록에 등장한다. 바닷가로 돌출한 섬 아닌 섬으로 하천이 바닷물과 합수하는 기수대에 위치한다.

기수대에 자리 잡고 있다. 그 비밀은 향을 바다에 묻는 침향(沈香)에 있다. 사찰에서 피우는 향은 그을음이 생기므로 해마다 불상을 닦아주어야 한다. 그러나 침향은 그을음이 없어 귀하게 치며 약재로도 쓰인다. 부적에 영험이 있다고 믿듯이, 침향의 신성성에 기대어 고급 약재로 인정되었던 것 같다.

침향이 얼마나 소중했던가는 사리함에서 잘 드러난다. 금동으로 감싼 사리함 안에는 옥함이 있는데, 그 옥함 속 사리와 직접 닿는 부분만큼은 침향으로 만들었을 정도다. 명품이라고 부를 만한 불상 중에도 딱딱한 침향을 파서 조각한 것이 다수 있다. 침향을 예사롭지 않게 대한 옛사람의 경외심이 배어 나온다.

개펄에 묻은 향목은 침향이 되면 물 위로 떠오른다고 한다. 이무기가 천 년이 되면 용이 되어 승천하듯, 단순한 향목도 침향이 되면 이런 '승천의 식'을 거친다고 믿었던 것이다. 미륵하생을 기다리는 민중들에게 침향의 부상은 바로 새로운 세상의 떠오름이 아니었을까.

三日湖

고려 말 강릉 존무사 김천호 등 지방관리와 승려 지여 등에 의해 매향비가 세워졌던 금강산 삼일포 전경(위). 혼란스러운 시대에 민중의 서원을 담아 곳곳에 향나무를 묻고 그 내력을 기록한 삼일포 매향비는 미륵의 현신을 기다리는 간절한 구원의 증표로 전해져 오다 일제강점기 때 자취를 감추고 말았다(2001년 찍음).
조선 말기의 문신 이풍익(李豊翼, 1804~1887)이 금강산의 명승지를 두루 탐승하고 지은 시화첩인 《동유첩(東游帖)》에 실린 〈삼일호(三日湖)〉(아래, 작자 미상. 19세기 후반. 성균관대학교 박물관 소장).

  석가모니 불타가 2,500년 전에 중생제도를 했다면 불타는 미래의 희망을 열어두는 것도 잊지 않았다. 도솔천 용화수 아래에서 중생제도를 행할 삼회를 기다리는 '마스터플랜'이 그것이다. 그 미래불은 어떤 모습으로 우리에게 현현했을까. 금산사 미륵불같이 본찰에 자리잡은 미륵불만 미륵성지라고 할 수 있을까. 민중들은 미륵신앙을 대단히 포괄적으로 모셨던 것 같다. 목이 잘린 불상, 혹은 몸은 없고 머리만 남은 불상, 시대를 알 수 없이 어느 날 갑자기 밭 갈다가 나온 불상, 더 나아가 불상은커녕 단순한 돌덩이에 지나지 않는 바위, 그이들을 우리는 미륵이라고 부르고 있다.

  미륵을 기다리는 민중의 서원은 하나의 운동 양상으로 발전하곤 하였다. 가까운 중국에서도 미륵에 의탁한 '동양식 천년왕국 운동'이 자주 벌어졌다. 청조를 타도하고자 한 '백련교의 난' 따위가 그것이다. "천하가 난(亂)하면 미륵불이 강생한다." "미륵불이 바로 천하를 지킬 것이다." "천지를 바꾸자, 세상을 바꾸자, 반란의 해, 미결(未決)의 해" 같은 슬로건에서 새 세계의 열망과 미륵신앙과의 관련성이 잘 드러난다.

  우리의 경우에도 궁예가 스스로 미륵불을 자칭하였고, 강증산도 미륵불



301

에 의탁하였다. 불교가 시작된 이래로 미륵신앙은 하나의 운동, 미래불의 기다림 그 자체였다. 무슨 확신이 민중들로 하여금 미륵의 당래하생을 서원하게 만들었을까. 그만큼 현실의 고통이 컸다는 증거이리라. 매향비는 그러한 민중의 대망에 부응하여 바닷가 곳곳에 각인되었다.


## 바다와 강이 만나는 갯고랑마다 침향이


비단 금강산 삼일포 바닷가에만 있는 것이 아니니 전국 곳곳에서 바닷가에 매향 흔적이 산견된다. 서해의 당진 땅 안국사지(安國寺址)에는 거대한 배바위가 있고, 그 바위에 향을 묻었다는 기록이 최근년에 발견되었다. 당진에서 조금 내려와 서산 해미에서도 세종 9년(1427) 지역민이 주동이 되어 미륵당래(彌勒當來)를 기원하였음이 새겨진 해미 매향비가 발견되었다. 고창 선운사 일대에도 매향처가 있는데 비는 아직 발견되지 않았지만 갯벌 속에서 향나무가 나왔다고 한다.

영광의 법성포에서도 매향비가 발견되었다. 오늘날에는 법성포의 물길이 외곽으로 밀려났지만 매향비가 있던 곳까지 조수가 밀려들던 곳이다. 청옥색의 아름다운 돌에 선명한 글씨로 매향을 각인하여 완연한 비석으로 세워두었다. 은밀한 곳에 숨겨둔 형식이 아니라 세상에서 다 알 수 있게끔 비석으로 만들었다.

더 밑으로 내려가 월출산이 바라보이는 영암군의 엄길리에 가면 쇠바위라 부르는 작은 바위산이 들판에 우뚝 솟아 있다. 우뚝한 바위들이 봉우리를 이루고 있는데, 바위 형태가 흡사 여성의 '그것'처럼 옴폭 들어가서 가운데는 나무가 웃자라고 있다. 바위 틈새에 매향 글씨가 각인되어 있다.

남해바다 장흥 땅의 삼십포(三十浦)가 바라보이는 언덕배기에 세운 장흥



관해기 · 觀海記

고창 선운사 일대의 매향처. 이곳에서 나온 침향으로 선운사에서 향을 지폈다고 한다. 이곳도 인천 강과 서해바다가 합수하는 기수대다.

매향비(1434)는 가로 세로 높이 각 4미터 정도의 정방형 바위에 비문을 적었다. "천인이 같이 서원하여 향을 묻었다(宣德 九年 月 日 千人同願 巳地埋置 香徒主洪信)"는 글자가 전부다. 대단히 서투르고 엉성한 글씨. 배운 자들이 세운 것이 아니라는 증거다. 신안 앞바다 암태도에서도 매향비(1405)가 속속 발견되었다. 사학자 이해준 교수에 의해 '비석거리'라 불리는 개활지에서 발견되었다.

경상도로 접어들어 남해고속도로 부근의 사천군 흥사리에 가면 1970년대에 일찍이 발견된 사천 매향비가 있다. 고려 말 우왕 13년(1387), 사천의 지방민 4,100여 명이 모여 세웠다. 당시 인구 수에 비하면 대단한 숫자가 아닐 수 없다. 수천 명의 사람들이 갯고랑에 모여서 미륵하생을 서원하는 모습을 상상해보라. 그 의례의 장엄을 굳이 설명할 필요도 없으리라.

이렇게 동해안만이 아니라 서·남해안에서도 매향비는 그 모습을 드러낸다. 전국의 해안 곳곳에서 매향의례가 있었다는 말이다. 매향은 대체로 말단 지방사회를 단위로 이루어졌으며 발원자들이 느끼는 현실적 위기감을 반영한 민간신앙 형태에서 나왔다는 점으로 보면, 어떤 시대적인 위기감이나 전환기에 처한 지방민의 동향, 그 자체였다. 심리적 불안감에서 나온 집단적 제의, 그리고 새 세상에 대한 염원이 투영된 것이다.

중앙권력이 덜 미치는 바닷가는 늘 왜구의 노략질에 시달렸다. 불안정한 시대일수록 더욱 그러했다. 이런 어수선한

삼일포뿐 아니라 전국 곳곳의 바닷가에 매향 흔적이 나타난다. 기수대에 세웠다는 공통점을 지닌다. 해남 장군바위 매향비(위). 사천 매향비(아래).

세월에 평화와 안녕을 담은 절절한 염원을 미륵불에 의탁하여 집단적으로 서원했다. 여기에 용화세계를 꿈꾸던 미륵도들의 비밀결사 의례가 결합하여 기존의 세계와 질서에 대한 변혁의 의지까지 내포하였다. 말단 지방 수령들조차 이 대열에 참여했던 것은 그런 민중적 요구가 광범위했음을 반영한다. 무엇보다 현존 매향비의 태반이 고려 말, 조선 초에 만들어진 것임을 주목해야 한다.

현대판 새만금 매향비. 지금은 뭍으로 변해버렸다(부안 해창갯벌에서).

그러나 여전히 풀리지 않는 숙제가 남아 있다. 사천 매향비를 제외하고는 비문의 글자가 워낙 소략하여 전모를 알기가 어렵게 되어 있는 데다 왜 하필 매향으로 그 집단적 염원을 담았을까 하는 의문은 완전한 답을 찾지 못하기 때문이다.

해방 이후, 특히 1980년대 들어와서 지역사 연구가 활기를 띠면서 매향비가 하나둘 발견되었지만 아직 밝혀지지 않은 것이 더 많으리라. 미륵에 의탁하여 새로운 시대를 갈망하던 민중들의 삶의 증거물인 이들 금석문들은 참으로 오랜 세월을 기다렸다가 그 모습을 하나둘 후대인들에게 보여줄 전망이다.

## 통일시대 오면 비밀스러운 자태 드러내려나

남쪽 사람들이 연일 금강산 관광에 나선다. 관광에 나선 남쪽 사람들에게 삼일포와 해금강은 필수 코스지만 정작 안내문에는 매향비에 관한 기록이 없다. 남한은 물론이고 북쪽의 안내자들도 모르고 있거나, 아니면 의도적으로 매향비를 설명하지 않는 듯하다. 그래서 삼일포의 가장 신비로운 대목인 매향비의 내력을 전혀 모르고 돌아오게 마련이다.

마음속으로만 삼일포를 그리워하다가 실제로 삼일포에 갔을 때, 나는 삼일포 호수 안의 섬들을 바라보면서 매향비 생각에 가슴이 벅차 잠시 숨이 막혔던 적이 있다. 사라진 삼일포 매향비가 혹시나 말법(末法)의 상징처럼 존재하는 분단 상황이 종식되고 통일시대가 오면 비로소 그 비밀스러운 자태를 세상에 드러내지 않을까.

아틀란티스에서 해도 출병까지 :

# '21세기 묵시록'
# 파도를 타고
# 뭍으로 뭍으로…

## 섬, 인간세상의 또 다른 별천지

여름이 되면 누구나 바다로, 섬으로 떠나고 싶어한다. 누구나 '그 섬에 가고 싶다.'거나 '아무도 없는 섬에서 단 며칠이라도 쉬고 싶다.'고 생각한다. 생명의 원형질로 되돌아가고 싶은 소망이다. 확실히 섬에는 뭔가 있을 것만 같다. 섬의 무엇이 우리를 부르는 것일까.

아득한 바다에는 오로지 수평선뿐이다. 먼 바다에는 새도 날지 않는다. 창공을 나는 새를 볼 수 있다는 것은 육지나 섬이 가깝다는 증거다. 망망대해를 거쳐온 이들이 모처럼 안식을 갖는 섬은 분명 '생명의 땅'이다. 그러나 생명의 땅이기는 해도 모든 섬이 풍족하고 윤택한 것은 아니다. 대체로 섬 주변에는 파도와의 오랜 싸움 끝에 날카롭고 강렬한 흔적이 남아 있다. 파도, 바람, 식량난, 식수, 표류, 도망, 무역, 침략 따위의 몇 가지 단어들은 대개 섬을 표상하는 중요한 말들이다.

여기에 사람들은 섬에게 '이상향'이란 또 하나의 이름을 붙여주기도 한다. 섬의 삶은 분명히 '파라다이스'는 아니다. 그러나 육지의 탐학에서 자유롭지 못한 사람들의 '파라다이스'는 섬에서 형성될 수밖에 없다. 때로는 산림으로 도망가서 무리를 이룬 군도(群盜)들이 있기는 하지만, 그 숲 역시 육지의 일부분일 뿐이다.

그러나 섬은 뭔가 다르다. 가까운 섬은 분명히 육지의 연장선상에 있고, 도서민의 삶 역시 육지에 복속되게 마련이지만, 그렇더라도 섬의 실체가 바다 위에 존재함은 엄연한 사실이다. 지척에 있는 섬이라도 틀림없이 섬은 섬일 뿐이다. 누구든 썰물 때가 아니면 지척의 그곳을 걸어서 갈 수 없다. "어떤 섬도 걸어서 갈 수 없다."는 사실 하나만으로도 섬의 존재 이유는 육지와 다르다.

프랑스의 철학자 티에리 파코는 '유토피아'를 "폭탄이 장치된 이상향"으로 명명하면서, "유토피아는 미래가 아니라 다른 곳이라는 점이다. 사실 이것은 미래 예측의 과정에서 새로운 세계를 상상하는 것이 아니라, 새로운 세계를 바로 여기와 지금, 구세계 한가운데에 세운다는 것"으로 정의하고 있다. 그래서 대부분의 유토피아 이야기에서 '다른 곳'은 '미래의 곳'이 아니라 섬이거나 어떤 광대한 처녀지다. '그 어디에도 없는 곳', 그곳을 찾으면서 사람들은 손쉽게 섬을 유토피아의 땅으로 설정했던 것이다.

문화적 원형질로 볼 때, 섬의 탄생 자체가 신화적이다. 신화적이라 함은 섬을 매개로 무수한 은유, 끝없는 해석을 가능케 한다는 뜻이다. 신화는

그야말로 신화이기 때문이다. 인간 생명의 탄생이 바다라는 '미궁의 자궁'을 통해서 가능했다면, 섬은 그 '미궁의 자궁'에서 조건 지어진 숙명의 땅이다.


## 현실적 투사물, 구체성을 갖춘 섬


그러니까 지금으로부터 반백 년도 넘는, 1940년쯤에 일어났던 일이다. 소섬(북제주군 우도면)의 하우목동(下牛目洞)과 서천진동(西天津洞)의 경계인 '냇골알'에서였다. 갠 날씨인 데다 썰물이어서 마침 물질하기에는 안성

인류의 영원한 이상향인 섬. 대양에 떠 있는 이런 섬들은 또 하나의 아틀란티스로 믿어져왔다. 남태평양 보라보라섬(Scientific American Library, *Islands*, Irwin Christian 찍음).

맞춤이었다. 한 물거리 물질을 마치자, 해녀들은 재잘거리면서 채취한 해산물을 넣은 망시리를 들고 바닷가로 걸어 나왔다. 그런데 웬일일까. 만행이 할머니만은 보이질 않았다. 겁이 나서 누군가가 버럭 소릴 질렀다.

"큰일 났다. 만행이 할머니가 안 보염싱게."

바다에는 태왁만이 둥실 떠 있을 뿐, 한참 기다려도 만행이 할머니의 모습은 나타나질 않는다. 할머니가 숨졌다는 소식은 삽시간에 번져, 마을 사람들은 우르르 바닷가로 몰려 들었다. 바닷가는 삽시간에 어두운 침울만이 내리깔렸다. 모두가 망연자실한 채 두어 시간쯤 흘렀을까. 숨진 줄만 알았던 만행이 할머니가 귀신과도 같이 물 위로 불쑥 나타나는 게 아닌가. 할머니는 불을 쬐면서 자초지종을 천천히 털어놓았다.

할머니는 전복을 캔다고 바다 속 깊이 들어갔다. 머리가 아찔하더니 웬걸 놋종지가 눈앞에 보이는 게 아닌가. 놋종지는 자기가 인도하는 대로 따라 쫓아오도록 종용하는 시늉을 하면서 앞장서서 나아갔다. 그 놋종지를 따라가야만 될 듯이 느껴졌다. 느닷없이 수기나무가 훤칠하게 드러나더니 덩그런 대문이 보이고, 의젓한 기와집이 나타나는 게 아닌가. 훌륭한 절이었다. 염주를 든 스님이 할머니를 맞아들였다.

"이곳에 들어오면 우선 누구든 머리를 깎아야 합니다."



311

타이르듯 말하면서 스님은 박박, 할머니의 머리털을 깎기 시작했다. 할머니로서도 으레 그래야만 될 듯이 느껴졌다. 다 깎고 나자, 스님은 정색하며 뜻있는 말을 건넸다.

"당신이 이곳에 오기에는 헤아려보건대 너무 이르므로 사바세계에 되돌아가서 1년 반 동안만 더 지내다가 다시 올 것으로 하시오. 지금 들물 때가 시작되므로 서둘러 되돌아가도록 하시오."

스님의 말이 끝나자마자 할머니는 저도 몰래 물 위로 솟아오르게 되었다 한다. 불을 쬐면서 떠듬떠듬 그 경위를 늘어놓는 할머니의 말을 듣고 동네 사람들은 신기해 마지않았다. 되살아난 다음에는 심방(무당)이 되어 심방질을 하면서 지내다 시름시름 앓으면서 딱 1년 반이 지나서 돌아갔다고 한다.

울릉도의 외로운 바위섬(2005년 8월 15일 찍음).

이 이야기는 소섬은 물론이고 제주도 본섬에도 삽시간에 퍼졌다. 제주도 민속학자 김영돈 선생이 1985년 우도면 동천진동에서 해녀 김선옥(당시 46세)에게서 채록하였다고 하는데 증언자의 부친(당시 81세)이 실제 목격자라고 한다.

이같이 바다 속에 들어갔던 이야기는 무수히 많다. 무엇보다 용왕과 용궁이 그러하다. 심청전과 별주부전을 위시하여 수많은 문학예술의 창작품으로서, 또한 민간신앙의 보고로서 용왕과 용궁이 그려진다. 사해용왕에 대한 민중의 이상적 견해는 바다를 영원한 미궁의 세계로 이상화시켜내고 있음을 알게 된다.

섬에 대한 민중의 생각은 대단히 이상적이다. 그러나 일반적인 바다에 대한 생각과는 분명히 다른 것이 있다. 속을 알 수 없는 수중세계가 이상향의 일반적 투사물이라면, 섬은 눈앞에 실제로 전개되는 현실적 투사물이다. 무엇보다 섬은 눈에 보이며, 감지될 수 있고, 다가설 수 있기 때문이다. 그러나 섬은 역시 섬이다. 가까운 섬은 논외로 친다 하더라도 절해고도는 사람의 발길이 쉽게 닿지 않는 단절의 땅일 뿐이다.

바다 속에 용왕 따위가 살고 있을 것으로 생각하는 것과 다르게 섬에는 구체적인 인물이 살고 있음을 인간들은 감지한다. 때로는 무인도가 있지만, 그 무인도조차 이상향으로 설정되곤 한다. 그러나 섬에 관한 생각은 매우 구체적이다. 섬은 피안의 땅이기도 하지만, 뭍과 어떤 형식으로든지 연결된다. 그래서 섬은 현실적일 수밖에 없다. 바다 속에서 천군만마가 출현할 수는 없어도 섬에서는 가능하다고 믿는다. 곧잘 변혁적 무기로서 섬이 등장하였음은 일반적인 이상향으로서의 은신처에다가 구체적인 실존적 조건이 가능케 한 결과물일 것이다.

용궁에서 변혁을 꿈꾸지는 않는다. 용궁에는 질서정연한 왕권이 확립되어 있고, 용왕을 떠받드는 문어, 오징어, 고래, 새우 따위의 해중동물들은

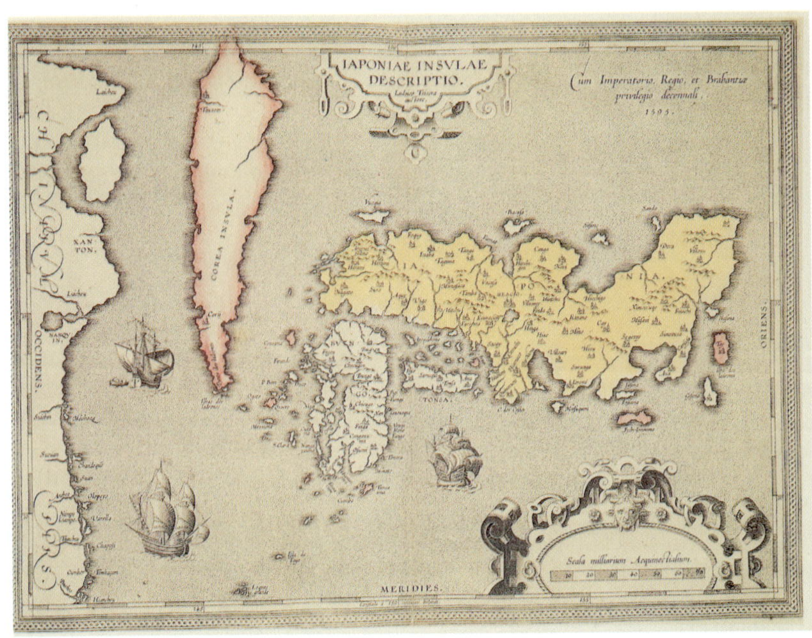


포르투갈의 제수이트 교단의 선교사였던 테이세라가 1592년에 제작하여 스페인의 왕실 지도 제작자인 오르텔리우스에게
보냈고, 그는 1595년에 《지구의 무대》라는 지도책 속에 이 지도를 포함시켜 출판하였다. 마르코 폴로의 《동방견문록》에서
우리나라를 "고려는 물 건너에 있다."고 했는데 물을 바다로 오인하여 우리나라를 섬나라로 그렸다. 우리나라를 서양에 소
개한 최초의 지도다(왼쪽, 1595년, 개인 소장).
동해의 검푸른 바다. 이러한 망망대해에서 마주치는 섬은 유토피아가 아닐 수 없다(오른쪽, 2005년 11월, 블라디보스토크로
가면서 동해 한복판에서 찍음).

대감 따위로 미화될 뿐이다. 토끼가 간을 도려내야겠다는 용왕에 저항하
여 잔꾀를 내기는 하지만, 용왕에게 직선적으로 대항하지는 못한다. 바다
속 미궁의 궁궐이 꿈꾸는 담론은 지극히 체제 안정적이다. 여기에는 숙명
처럼 다가오는 바다의 공격에 무책임할 정도로 힘이 없는 바닷사람들의
용궁에 의탁할 수밖에 없는 순응적인 태도도 잠복되어 있다. 그러나 섬은
많이 다르다. 섬은 실제로 군사를 조련할 수 있고 출병을 준비할 수 있는
잠복처로 활용되기도 한다.

## 섬에서 시작된 변혁의 꿈

　서양인들은 미지의 섬 아틀란티스(Atlantis)를 믿어왔다. 이상향인 아틀란티스는 플라톤 이래 수많은 철학자들의 탐구 대상이었다. 아틀란티스를 찾는 수많은 모험가들이 생겨났으며, '아틀란티스학(學)'까지 탄생하였다.

　우리에게도 이상향으로서의 섬은 하나의 분명한 대망(大望) 체계로 등장하고 있었다. 특히 조선 후기에 양대 전란을 겪으면서 민중들의 현실적인 피해는 물론이거니와 정신적 공황도 심각한 지경이었다. 조선 후기 민중들은 현실의 고통을 극복하기 위한 간단없는 노력을 쏟았다. 온갖 저항운동이 이를 증명한다. 그 대표격으로 이상향을 찾아 나서는 노력을 꼽을 수 있을 것이다. 민란의 기도나 민란의 배경인 진인의 해도로부터의 출래(眞

人海島出來)가 그것이다. 이미 숙종 연
간의 갑술환국(甲戌還國) 당시에도 서
인 측에서는 해도의 정진인(鄭眞人)
을 거론하며 사노(私奴)의 준동을 경
계하기도 했다.

　빈한하고 미천한 자들을 위하여 무
신 망명 역적인 황진기가 장군이 되
어 정진인을 모시고 그들을 해방시키
기 위해 울릉도 월변의 섬에서 나오
고 있으니, 청주와 문의가 먼저 함락

되고 이어서 서울이 함락될 것이며, 이씨를 대신하여 정씨가 가난 없고 귀
천 없는 새 세상을 만들 것이라는 점이 괘서(掛書)와 투서(投書)로 퍼져 당
시 경기, 충청도의 백성들을 동요시킨 사건이 바로 그것이다.

　왕조를 떠들썩하게 했던 것은 동해에 있다는 삼봉도였다. 삼봉도는 이미
15세기 말 성종 연간에 운위된다. 도부배국(逃賦背國)의 무리 1천여 명이
삼봉도에 살고 있었으니 토지가 비옥하고 풍요로우며 멀리서 보면 산봉우
리가 셋이 있어 삼봉도라는 이름이 붙게 되었다. 그 위치는 경흥에서 청명
한 날에 바라보이며, 회령에서 동쪽으로 7주야를 가면 도달한다고 했다.
조정에서는 몇 차례나 이 섬을 수색, 도부배국의 무리를 뿌리 뽑으려 했으
나 뱃길이 험하고, 위치가 정확하지 않아 성공하지 못한다.

　이곳은 백성들에게 세금을 내지 않는 자유의 땅으로 회자되므로 이런 백
성들의 희망을 근절하기 위해 그곳에 갔다 왔다는 사람들을 사실무근인
말을 퍼뜨린 죄로 극형에 처했고, 그 시체를 일도에 돌려 백성들에게 알려
야 한다는 논의까지 제기된다. 역사학자 고(故) 정석종은 삼봉도가 이상향
의 대명사로서 계속 백성들에게 전해져 내려오다 선조 연간에 전국적인

우리에게 섬은 무엇인가. 더러는 삶에 지친 민중들의 도피처였는가
하면 아틀란티스나 이어도처럼 이상향의 꿈을 키우는 희망의 증거이
기도 했다.
1 거문도 가는 길목.
2 울릉도에 딸린 섬들.
3 추자도에 딸린 섬들.
4 홍도에 딸린 섬들.

활동을 한 노비도적 길삼봉의 이름으로 정착한 것이 아닌가 비정한 바 있다.

섬에서 민중의 해방을 이끌 진인이 출래할 것이라고 믿었던 민중들의 심중에서 고통스러운 현실로부터의 해방을 갈구하는 경향을 확인할 수 있다. 이 같은 해도출병설은 끊임없이 이어진다.

순조 4년(1804)에 장연 등곡천 주위를 중심으로 이달우 등이 일대 변란을 꾸몄다가 모의자들이 체포된 장연작변(長淵作變)이 있었다. 군대를 모집하고, 군량미를 확보해 봉기할 것을 결의했다. 여기서도 섬이 등장한다. 백령도와 울릉도에 병영을 마련하여 군량미 1천여 섬을 저장하고 병기를 만들기로 하였다. 백령도 일대에서는 농민들의 협조를 얻고 그곳에서 주점을 차려 자금을 확보하기로 한다.

1813년 2월, 성주 출신 향반 백동원은 "북적(北狄, 홍경래의 관서 농민군)이 나왔으니, 남적 또한 반드시 나올 때가 되었다."고 하였다. 1813년 12월에 실제로 제주도에서는 양제해가 홍경래의 기병에 용기를 얻어 변란을 일으키기도 했는데, 이 역시 해도출병설과 유관하다.

철종 2년(1851) 황해도를 중심으로 해서고변(海西告變)이 터진다. 주모자들은 대청도, 초도 등지에 병기를 저장하고 군사를 조련시켜 황해도와 평안도의 민인 4천여 명을 동원하려 했다가 실패로 돌아간다.

철종 4년(1853) 12월 봉화에서는 역모를 도모하는 흉서가 나붙는다. 흉서 내용 중 '울릉도의 말'이 등장하고, '선동', '흉모' 등의 구절이 나오는 것으로 보아 반역 거병(反逆擧兵)을 도모했던 것이



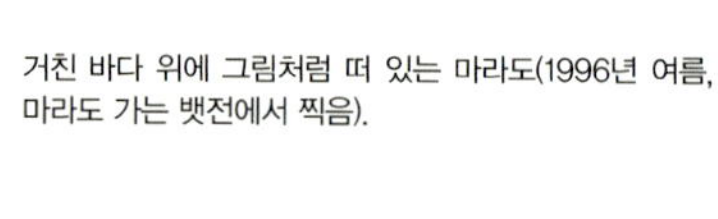
거친 바다 위에 그림처럼 떠 있는 마라도(1996년 여름, 마라도 가는 뱃전에서 찍음).

틀림없다. 이 흉서 때문에 삼남지방에 범인 체포령이 내려지는데 특히 호남의 뱃사람들에 대한 일대 수색령까지 내려졌다.

19세기 초반부터 요란스럽게 당대를 풍미했던 해도출병설은 100여 년이 흐른 1898년에도 남학당(南學黨)과 방성칠난(房星七亂)으로 고스란히 이어진다. 제주도의 독립국가 건설 방안을 제시한 바 있는 방성칠은 《정감록(鄭鑑綠)》류의 각종 비기에 바탕을 둔 민간 예언사상에 따라 민란의 의의를 부여하고 있다. 여기서도 진인이 섬에서 나옴을 명시한다.

해도출병설의 전형적인 전모는 일찍이 평안도 농민전쟁에서 그 단초를 발견할 수 있으니, 이미 19세기 초반에는 해도출병설이 사회변혁 이론으로 자리 잡았음을 보여준다. 홍경래동란기(洪景來動亂記), 동국전란사(東國戰亂史) 등 여러 격문에 비슷하게 나타나는 내용을 살펴보면, "다행히 제세(濟世)의 성인이 청북(淸北) 선천(宣川) 검산 일월봉 아래 군왕포 위의 가야동 홍의도(紅衣島)에서 탄생하였으니, 나면서부터 신령하였고 다섯 살에 신승(神僧)을 따라 중국에 들어갔으며 장성하여서는 강계(江界) 사군지(四郡地) 여연(閭延)에 은거하기 5년에 황명(皇命)의 세신유족을 거느리게 되었으며, 철기(鐵騎) 10만으로 동국을 숙청할 뜻을 가졌다."고 했다.

격문 중의 홍의도는 《정감록》의 해도기병설이 말하는바, 진인의 군사가 있는 해도를 의미하는 구체적인 섬의 명칭이다. 따라서 《정감록》의 해도

기병설이 환상적인 예언이 아닌 현실적 사실로 되고 있고, 그 구체적 증거로서 홍의도의 존재를 보여준다.

대표적인 정감록으로 볼 수 있는 《감결》에서는 진인의 해도출현설 언급이 없으나, 다른 비결의 내용 중에는 진인의 해도출현설이 예언되어 있다. 정진인이 해도에서 군사를 거느리고 나와서 조선을 정벌하고 남쪽 지방(계룡산)에 도읍을 정하고 새 국가를 창건한다는 내용이 그것이다. 진인이 해도에서 양병하여 기병함은 정감록의 예언에 지나지 않는 허황된 것일 수 있으나 당시 조선의 현실적 여건에서 볼 때 양병하고 기병할 수 있는 유일한 곳으로 서남해안의 무수한 해도를 꼽을 수밖에 없을 것이다. 당시의 섬들은 대부분 국영목장이었으므로 말들이 가장 많은 곳이었다. 이런 점에서 해도출병설은 상당한 구체성을 가진다. 특히 19세기 초·중엽의 민중운동에서 해도기병설은 상당한 설득력을 갖고 정감록에 수용된다.

돌이켜보면 16세기 정여립 변혁사건의 대미를 장식하였던 역사의 현장도 바로 죽도다. 죽도는 섬은 아니다. 그렇지만 금강 상류가 굽이치는 가운데 동그란 지형이 형성되어 섬을 방불케 한다. 풍수상으로는 물줄기가 감아 돌아가는 회회지지(回回之地)인바, 상류에서는 입구로 들어오는 사람이 보이되, 입구에서는 상류 쪽이 보이지 않는다. 난세의 피난처로 요긴한 지형조건을 갖추고 있는 곳이니 오해를 살 법도 했다.


## 섬, 이상향의 꿈은 끝났는가


서자로 태어난 홍길동이 신분차별의 폐습을 타파하고, 탐관오리를 징벌하다가 건설한 이상국은 율도였다. 《허생전(許生傳)》에서 학정에 견디다 못해 도둑이 된 사람들을 데려다 건설한 이상향도 섬이었다. 제주도 민중들의 환상의 섬인 이어도도 하나의 유토피아로 작동하였다. 섬은 또한 유배지였다. 죄인으로 내몰려 절해고도(絶海孤島)로 내몰린 지식인들이 득실득실하던 곳이기도 했으니 반역의 꿈이 무르익을 만한 토양을 제공하였다.

조선 후기의 민중들은 진인의 출현을 고대하고 있었다. 정진인이 출현하여 도탄에 빠진 백성을 구해주고 새로운 세상을 선포한다는 믿음은 비단 우리에게만 있었던 것이 아니다. 유럽에서도 독일농민전쟁 시기에 수많은 '유럽식 진인'들이 출현하였다. 프리드리히 엥겔스(F. Engels)는 그의 저서 《독일농민전쟁(The German Revolutions : The Peasant War in Germany)》에서 1476년의 한 사례를 들고 있으니, '피리 부는 한스'에게 현현(顯現)한 성모 마리아가 그것이다.

조선 후기 변혁의 무리들도 대부분 한 손에는 《정감록》 같은 '유언비어 문서철'을, 다른 한 손에는 칼과 창을 드는 방식을 취하였다. 그리고 거사 직전에 애달프게 몰락하는 방식으로 사태가 마무리되었다. 그러나 독일농민전쟁이 그러하듯이 역사적 연속성을 과시하면서 장강대하 같은 물줄기를 형성해내었던 것이다.

아틀란티스는 지구상에 없는 섬일 수도 있다. 이어도, 삼봉도, 홍의도도 모두 존재하지 않는 섬일 수 있다. 그러나 민중들은 그 섬의 진실을 믿었다. 여름만 되면 섬에 가고 싶어하고, 왠지 그 섬들에는 뭔가 있을 것 같다는 착각, 미지의 섬을 찾아 나서는 심리 속에는 전 세계 인류가 공통적으로 간직해온 '아틀란티스'적인 그 무엇이 내재해 있기 때문이다.

21세기의 새로운 이상향은 무엇일까. 아틀란티스는 여전히 '미궁의 바다'에 머물고 있다. 꿈과 약속을 이뤄주던 이상향은 천 년을 뛰어넘는 하나의 기호로 각인되어 유전인자로 전승되고 있으니 섬은 그 자체로 자원이자, 희망이고, 또 이상향이지 않겠는가.

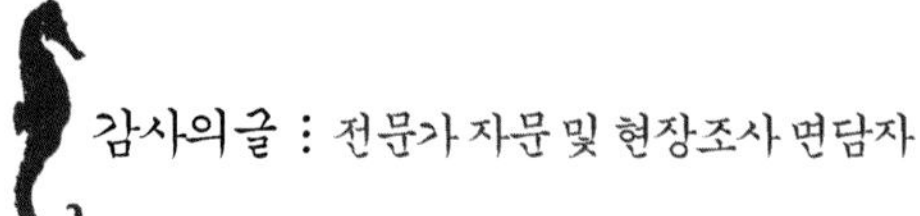


많은 분들의 협조와 도움을 받았다. 오랜 현장에서 인연 맺은 분들이 도움에 나섰고 전혀 새롭게 소개받은 분들, 심지어 생면부지의 낯선 분들이 관해기의 대장정에 동참하였다. 참으로 고마운 일이었다. 어떤 분들은 자신의 논문과 저서로, 수중사진처럼 구하기 어려운 사진제공자로, 길 안내자로, 심지어 배를 몰고 섬으로 데려다준 분도 있었다. 답사가 끝난 밤에 선술집에 앉아 통음하면서 바다 이야기를 나눈 분도 있었고, 공무원이나 수협직원으로서 친절하게 현장까지 안내하며 답사를 도와준 이들도 있다. 국립수산과학원에서는 이윤, 정달상 박사 등 전문연구자를 현장에 파견하여 조사의 전문성을 담보해주는 배려를 베풀었다. 각 지역의 문화원장과 사무국장들의 적극적인 도움도 있었다. 수산과학관의 이기복 큐레이터는 온갖 기초 자료를 챙겨주었다. 자신이 가장 잘 아는 물고기를 이야기할 때는 남루한 일상을 벗어버리고 신명에 겨워 몇 시간이고 이야기를 들려준 어민들도 빼놓을 수 없다.

무엇보다 외길을 걸으면서 곳곳에서 바다를 지키는 지킴이들이 숨어 있음을 발굴해낸 유쾌한 만남들이었다. 이들과 면담하였던 방대한 조사기록과 사진들, 여타 수집된 자료들은 훗날 어떤 식으로든지 세상에 본격 공개될 것으로 믿는다. 최소한의 예의와 신뢰의 표시로서 이 책을 가능케 했던 분들 200여 명의 이름 석자를 기록으로 남긴다(직책은 2004, 2005년 당시 기준, 가나다순).

강덕우(한국사, 인천시 역사자료관 역사문화연구실
　　　　전문위원)
강대환(서귀포시 보목 숲섬 수중환경지킴이)
강무현(해양수산부 차관)
강성남(서울신문 사진부)
강옥엽(한국사, 인천시 역사자료관 역사문화연구
　　　　실 전문위원)
강정극(해양학, 한국해양연구원)
강정효(뉴시스 제주본부기자)
강진국(서귀포시 보목동 마을회장)
강현주(한국해양연구원 대외협력팀장)
고경민(수산학, 제주도 해양수산자원연구소 수산
　　　　연구사)
고경재(양양문화원장)
고석규(한국사, 목포대 사학과 교수)
고안자(잠수, 우도 거주, 2002년 북제주군 잠수상
　　　　수상자)
고정락(수산학, 국립수산과학원 수산연구사)
고종남(태안군청 주민과)
고철환(해양학, 서울대 해양학과 교수)
공병희(포항시청 문화공보과)
구자상(부산환경운동연합 바다위원장)
금강(해남 미황사 주지)
김강민(신안문화원장)
김경섭(경남 고성군청 문화관광계장)
김계담(서귀포문화원장)
김광수(거제수산업협동조합 상임이사)
김광오(울산시청 공보관)
김금충(추자수협 경제상무)
김기백(울릉군 북면 관광개발담당)
김기중(농민, 울진군 북면 말래)
김기창(영흥수산협동조합장)
김기현(심해저자원연구센터장)
김낙기(한국사, 시흥시 향토자료실 전문위원)
김덕중(어민, 강릉 사천진 어촌계장)

김동수(어민, 마산어시장 중매인)
김동전(한국사, 제주대 사학과 교수)
김묘연(어민, 고흥군 나로도 21세기수산 대표)
김병목(영덕군수)
김사홍(해양생물학, 제주도 해양생물다양성연구실)
김산세(거제도 일운수산 대표)
김삼연(마산 오동동아구찔매집 대표)
김상수(월간 우리바다 편집장)
김상중(농민, 울진군 북면 말래)
김성권(울릉문화원 사무국장)
김성현(굴수하식수산업협동조합)
김세윤(통영문화원장)
김수관(수산경영학, 군산대 사회과학대학 교수)
김수동(어민, 영덕군 축산면 차유동)
김수일(어민, 북제주군 신흥리)
김영우(고흥군 봉래면 수산담당)
김영태(어민, 홍성 남당리 축제위원장)
김완복(어민, 서산시 중왕리)
김완찬(어민, 부산시 기장군 공수마을)
김용순(김제문화원 사무국장)
김웅서(해양학, 한국해양연구원 심해저본부장)
김윤자(제주시청 문화체육과)
김장근(수산학, 국립수산과학원 수산연구관)
김정필(고성군청 기획감사실)
김정호(목포문화원 부원장)
김종순(나주시 학예연구사)
김종익(여수시 진남제위원회)
김종희(웅도 어리굴젓 대표)
김진업(영덕문화원 사무국장)
김진영(수산학, 국립수산과학원본부장)
김진옥(기장문화원장)
김춘선(해양수산부 인천해양수산청장)
김현식(통영문화원 사무국장)
김현주(해양학, 한국해양연구원 해양심층수연구센터장)
김형만(거제수협)

김학민(화가)

남궁호삼(강화도 시민연대위원장)

남홍식(어민, 안면도 백사장 대하축제 준비위원장)

노민선(어민, 속초 중앙동)

도준석(서울신문 사진부)

명　완(태안군청 문화예술과)

문무호(어민, 태안군 내파수도)

문야성(어민, 사천시 실안동 실안어촌계, 죽방렴 운영)

박경열(식당, 울산시 장생포 고래식당)

박경훈(제주 전통문화연구소장)

박맹수(영산원불교대학교수)

박봉렬(어민, 남해군 설촌면 문항리)

박봉언(신안군 새어민회장)

박삼숙(식당, 속초시 청호동 박삼숙 생선구이집)

박상규(굴수하식수산협동조합 상무)

박선우(해양수산부 태안 옹도등대장)

박인환(영덕문화원장)

박정우(식당, 영광 법성포)

박철오(기장군 수산과장)

박호삼(어민, 서산시 팔봉면 호리)

박화진(어민, 신안군 우이도)

방효정(인제문화원장)

백태철(농민, 울릉군 석포리)

변상경(해양물리학, 한국해양연구원 전 원장)

부원찬(제주해양수산청장)

서영필(울릉군 북면 면장)

서종수(농업, 울릉도)

성용호(선장, 서귀포시)

손봉기(염업, 신안군 비금도 염전 운영자)

송재희(국립수산과학원 갯벌연구센터연구원)

송하훈(강진문화원 사무국장)

수경스님

신연호(나주시청 문화공보실)

신인홍(잠수, 북제주군 우도)

심재설(해양학, 한국해양연구원 이어도과학기지)

심재억(서울신문 기자)

안국현(영산강 홍어1번지식당 대표)

양동의(순천시 문화관광과)

양용수(수산학, 국립수산과학원)

양정식(북제주군 우도 항로표지원)

양치권(영산강홍어 대표, 영산강뱃길복원추진위원장)

엄철규(굴수하식수산협동조합)

염기대(해양학, 한국해양연구원 원장)

오거돈(전 해양수산부장관)

오경자(식당, 김제군 심포항)

오승국(시인, 제주4·3연구소 사무총장)

오위영(한국해양연구원 정책조정실장)

오정환(어민, 울진군 후포항 삼창호 선장)

옥승현(여수문화원 사무국장)

원승환(국립수산과학원 패류육종연구센터 수산연구사)

유규근(통영시청 공보담당관실)

유명근(간월도 섬마을 어리굴젓 대표)

유성준·유영선(횡계 삼신황태 운영)

윤경태(울산 장승포, 고래고기할매집)

윤대웅(농민, 울진군 북면 말래)

윤만선(어민, 북제주군 비양도 노인회장)

윤병일(어민, 서산시 간월도 이장)

이금훈(어민, 양양군 손양면 오산리)

이긍재(추자수협 유통판매과장)

이기복(역사민속학, 수산과학관 큐레이터)

이대승(어민, 남해군 사동면 미조리)

이명우(인제군청 군정홍보담당)

이복웅(군산문화원장)

이상고(수산경제학, 부경대 수산경영학 교수)

이생기(북제주군 해양수산과)

이선명(수중세계 대표)

이선준(어민, 홍성군 죽도)

이수호(해양수산부 해양정책과)

이영신(시인, 평창문화원 사무국장)
이영호(수산학, 국회의원)
이  윤(해양미생물학, 국립수산과학원 환경연구관)
이인수(수산학, 해양수산부 수산정책국)
이재섭(어민, 북제주군 신흥리 어촌계장)
이정돈(해남군청 문화관광과)
이조복(식당, 신안군 비금면 도초도 시목해수욕장)
이종훈(굴수하식수산업협동조합 전무)
이채성(국립수산과학원 연어연구센터장)
이현태(태안군청 문화예술과)
이형근(굴수하식수산업협동조합 지도선 선장)
이형기(포항 장기곶 등대박물관)
이효명(어민, 남해군 삼동면 물건리)
임선모(어민, 영흥수산협동조합 상무)
임성덕(어민, 거제시 남부면 다포리 다포마을)
임창규(양미리 중매인, 강릉시 주문진읍)
임창용(서울신문 기자)
임학성(한국사, 고려대 민족문화연구원 교수)
장경희(울진군청 공보담당)
장석원(한국빙온 대표)
장안상(어민, 북제주군 비양도 어촌계장)
장용수(어민, 고성군 죽왕면 오호리)
전인현(농민, 울진군 북면 말래)
전재경(법학, 생명회의유사)
정건웅(울릉수협 조합장)
정낙추(태안 낭금리 자염재현자)
정낙칠(염업, 태안군 모항)
정달상(수산학, 국립수산과학원)
정만화(수협중앙회 기획관리부장)
정상태(고흥군청 수산담당)
정석진(평창문화원장)
정용호(포항 항만청)
정우영(태안문화원장)
정원덕(독도수비대원 출신)
정윤석(강진 칠량옹기 기능전승자)

정의철(수산학, 국립수산과학원)
정재덕(구룡포과메기 영어법인회장)
정충국(양양군청 공보담당)
정칠복(어민, 신안군 재원도 이장)
정태호(염업, 태안군 모항)
제종길(해양학, 국회의원, 국회바다포럼 대표의원)
조계화(잠수, 서귀포시 법환리 잠수회장)
조상현(목포문화원 사무국장)
조선수(어민, 서산시 대산읍 독곶리)
조영석(고흥문화원 사무국장)
조영조(국립수산과학원 갯벌연구센터 소장)
좌동렬(제주도 문화유산 해설사)
주만성(어민, 태안군 가의도)
주상준(울진문화원장)
주순자(상인, 부산시 자갈치어시장 꼼장어 판매)
진재언(어민, 신안군 재원도 전 어촌계장)
진한숙(해수부 항로표지 담당관실)
차윤원(삼천포수협 지도과장)
최덕림(순천시청 주민자치과)
최영호(문학, 해군사관학교 인문학과교수)
최한선(고성군청 문화관광과)
최항순(조선공학, 서울대 조선공학과 교수)
탁광일(환경교육·임업컨설턴트, 국민대 교수)
하기호(경남 고성문화원장)
하정남(영산 원불교대학 교무)
한상복(해양학, 한수당자연환경연구원장)
한정규(속초문화원 사무국장)
허남채(순천만생태관 관장)
현춘식(제주도청 학예연구관)
홍광진·이정례(울릉도 지킴이)
홍성협(식당, 서귀포시 강정)
황선도(수산학, 국립수산과학원 남해수산연구소)
황선미(강화도시민연대 사무국장)
황진선(서울신문 문화부)
황필운(추자면사무소 행정선선장)

주강현의 **관해기** 3 — 동쪽바다

**초판 1쇄 발행** 2006년 7월 10일
**초판 5쇄 발행** 2017년 11월 1일

**지은이** 주강현
**발행인** 윤세봄 **단행본사업본부장** 김정현 **편집주간** 신동해
**디자인** 이석운, 김은정 **마케팅** 이현은 이은미 **제작** 류정옥

**발행처** (주)웅진씽크빅 **출판신고** 1980년 3월 29일 제406-2007-000046호
**브랜드** 웅진지식하우스 **주소** 경기도 파주시 회동길 20
**주문전화** 02-3670-1595
**문의전화** 031-956-7409(편집) 02-3670-1123(영업)
**홈페이지** www.wjbooks.co.kr
**페이스북** www.facebook.com/wjbook

ⓒ 주강현 2006, 저작권자와 맺은 특약에 따라 검인을 생략합니다.
ISBN 89-01-05893-6  04910



이 도서의 국립중앙도서관 출판예정도서목록(CIP)은 서지정보유통지원시스템
홈페이지(http://seoji.nl.go.kr)와 국가자료공동목록시스템(http://www.nl.go.kr/kolisnet)에서
이용하실 수 있습니다. (CIP제어번호: CIP2006001440)

책값은 뒤표지에 있습니다.
잘못된 책은 바꿔드립니다.